软件功能安全系列丛书

轨道交通软件功能安全标准解析与实践

工业和信息化部电子第五研究所　组编
主　编　杨春晖
副主编　刘奕宏　于　敏

電子工業出版社
Publishing House of Electronics Industry
北京·BEIJING

内 容 简 介

本书面向轨道交通装备的安全相关软件，围绕功能安全技术，详细讲述了 IEC 62279:2015 标准对软件的全生命周期管理和技术要求，涉及装备研制过程中的计划、需求、设计、实现、测试、验证和确认等活动，并通过实际案例介绍标准的应用及存在的难点和注意事项。希望本书能够帮助读者理解软件功能安全标准，实施软件保证，推动我国轨道交通装备的高质量发展。

本书可供从事轨道交通装备研制的工程技术及管理人员使用，也可供相关科研人员及高等院校师生参考。

图书在版编目（CIP）数据

轨道交通软件功能安全标准解析与实践 / 杨春晖主编；工业和信息化部电子第五研究所组编. —北京：电子工业出版社，2021.9
（软件功能安全系列丛书）
ISBN 978-7-121-35062-7

Ⅰ. ①轨…　Ⅱ. ①杨…　②工…　Ⅲ. ①轨道交通－应用软件－安全标准－研究　Ⅳ. ①U-39

中国版本图书馆 CIP 数据核字（2018）第 215089 号

责任编辑：牛平月
印　　刷：三河市双峰印刷装订有限公司
装　　订：三河市双峰印刷装订有限公司
出版发行：电子工业出版社
　　　　　北京市海淀区万寿路 173 信箱　邮编 100036
开　　本：787×1 092　1/16　印张：14　字数：358.4 千字
版　　次：2021 年 9 月第 1 版
印　　次：2021 年 9 月第 1 次印刷
定　　价：79.00 元

凡所购买电子工业出版社图书有缺损问题，请向购买书店调换。若书店售缺，请与本社发行部联系，联系及邮购电话：（010）88254888，88258888。

质量投诉请发邮件至 zlts@phei.com.cn，盗版侵权举报请发邮件至 dbqq@phei.com.cn。

本书咨询联系方式：（010）88254454，niupy@phei.com.cn。

丛书序

自 18 世纪中叶以来，人类历史先后发生了三次工业革命：第一次工业革命所开创的“蒸汽时代”（1760—1840 年），标志着农耕文明向工业文明的过渡；第二次工业革命进入了“电气时代”（1840—1950 年），使得电力、钢铁、铁路、化工、汽车等重工业兴起；第三次工业革命开创了“信息时代”（1950 年至今），全球信息和资源交流变得更为迅速，工业化与信息化深度融合。三次工业革命的演进和积累使得人类发展进入了繁荣的时代。

中国在前两次工业革命中发展迟缓，在第三次工业革命期间奋起直追，特别是最近十多年来，神州天宫、深海蛟龙、太湖之光、中国天眼、华龙一号、纵横高铁等成就举世瞩目，中华民族踏上了伟大复兴的道路，制造强国、网络强国加快推进数字中国建设。当前，制造业面临重大的变革，工业软件、工业互联网、CPS 为工业装备的设计、生产、运维提供了新的制造平台和方法，软件已成为各行业智能化、互联化的关键。随着软件的规模越发庞大、结构日趋复杂，软件会存在问题或缺陷，它们可能导致失效，甚至引发事故。美国爱国者导弹失效和阿丽亚娜火箭爆炸、我国“7.23 甬温线事故”等均是因嵌入式软件的安全性缺陷而导致的。软件的安全性、可信性成为业内广泛关注的焦点。软件安全性分析、设计、验证、维护等关键基础技术更加重要。

在这个问题的研究上，西方发达国家比我们先走了一步。自 1995 年，麻省理工大学研究团队针对嵌入式软件安全性（Safety）发起了“MIT Safety Project”项目。依托此项目，该团队发表了大量关于软件安全性分析、安全需求管理、安全性设计和验证的论文、著作，为嵌入式软件安全性研究奠定了较好的理论基础。在此之后，该领域的研究得到了国际上广泛关注。2001 年，国际电工委员会（International Electrotechnical Commission，IEC）发布了首个产品安全性标准——IEC 61508《电气/电子/可编程电子安全相关系统的功能安全》。该标准从研发过程管理、安全保障技术等多个方面对安全相关产品（含软件）提出了要求，得到了国际上知名检测认证机构（TUV、SGS、UL、CSA 等）、领军企业（波音、空客、GE、ABB、宝马）的广泛支持，在世界范围产生了较大影响力。

经过十多年的发展，以该标准为基础，结合各领域知识背景，已形成了适用于航空、核电、轨道交通、工业仪表、医疗电子、电驱设备、智能家电等领域的产品安全技术标准，涉及国计民生各重点行业。虽然标准体系逐渐完善，但是功能安全相关标准仍比较松散，针对具体检测的技术方法、工具仍十分缺乏。因此，本丛书对软件功能安全标准进行了梳理，围绕功能安全技术，对软件功能安全相关标准的条款进行了详细解析，并以轨道交通、汽车电子、智能家电等作为典型案例，讨论了其现状、功能与信息案例要点，应用及存在的难点和注意事项等。希望能帮助读者理解和掌握标准条款的内涵，推动标准技术的正确应用，为广大读者做向导，充分理解软件功能安全标准并有效实施软件保证活动。

本丛书由工业和信息化部电子第五研究所负责组织编写，有二十多位工作在软件安全性、软件质量、软件测试评估一线，具有丰富经验的专家和技术人员参与了丛书的编写工作。本丛书具有系统性、实用性和前瞻性，有助于读者全面、系统地了解和掌握软件功能安全技术的全貌。尽管对于书中一些具体概念的提法和技术细节可能存在不同的看法，但是，一方面学术需要争论，另一方面，也会通过具体实践逐步走向共识。相信本丛书能促进轨道行业、汽车电子、智能家电等领域产品软件质量的提升并取得国际认证，助力我国智能制造的高质量发展。

何积丰

前言

轨道交通是国民经济大动脉，是国家的关键基础设施和重大民生工程，是综合交通运输体系的骨干，也是人们主要的交通方式之一，在我国经济社会发展中的地位和作用至关重要。当下我国轨道交通正在飞速发展，截至2019年底，全国铁路营业里程达到13.9万公里，其中高速铁路营业里程超过3.5万公里，城市轨道交通线路运营里程达6172.2公里，城市轨道交通的骨干作用日益凸显，居世界前列。国家发展改革委正式公布的《中长期铁路网规划》指出，到2025年，铁路网规模将达到约17.5万公里，其中高速铁路达到约3.8万公里，根据国家“十四五”规划纲要，城市轨道交通线路运营里程预计将新增6000公里，轨道交通网络覆盖进一步扩大。轨道交通的发展对促进经济社会发展、保障和改善民生、支撑国家重大战略实施、增强我国综合国力和国际影响力等发挥了重要作用。

轨道交通系统的构成主要包括车辆、线路、限界、车站、轨道、供电系统、信号系统、环控系统和运营组织系统等，其控制手段主要依赖信号系统。在自动化、网络化和智能化发展的趋势下，轨道交通已大量使用软件进行控制。而软件作为一种逻辑实体，是人们智力成果的结晶，其复杂程度很高，在提供极大功能便利的同时也存在大量不可控因素，造成软件的质量和可靠性、安全性难以保障，使轨道交通面临着诸多的安全威胁。

轨道交通由于软件问题导致的故障或事故时有发生，有些严重的安全事故不仅造成了极大的财产损失，甚至还造成了人员伤亡，危及社会稳定。例如：2017年11月15日，新加坡裕群地铁站发生地铁列车碰撞事故，造成27名乘客及两名SMRT职员受伤；2011年7月，“7•23甬温线事故”造成多人伤亡，中断行车30余小时，直接经济损失超亿元；北京、上海、广州、深圳、南京等多个城市的地铁因信号系统故障而导致晚点延误、停运等事件也时有发生，给广大市民出行和城市社会生活造成困扰；此外还有一些信息安全问题，如2016年11月旧金山Municipal地铁发生了一次恶意的黑客勒索软件攻击事件，其电脑票价系统遭到黑客攻击，被索要100比特币作为赎金；国内也有城市地铁的邮件系统敏感信息被泄露，地铁管理系统大量内部建造资料被泄露的事件发生。

事后，通过对以上故障或事故的原因进行调查分析，发现相关的信息系统、软件存在严重的设计缺陷或者重大安全漏洞，安全措施不到位，各系统间访问权限控制不到位，系统在设计开发阶段缺少对各种异常情况的全面分析和处理机制，研制过程缺少严格的专业测试，无法在系统上线运行时检测和发现潜在的质量、安全缺陷，最终导致故障或事故的发生，造成了巨大的经济损失甚至人员伤亡，值得我们警醒。

为切实保障轨道交通相关软件的质量与安全，中国铁路总公司印发的《中国铁路总公司科技成果评价管理办法》中明确规定了“采用计算机技术涉及安全的铁路专用技术，应提交第三方评测机构按铁路功能性安全标准进行的安全认证证明”；国家发展改革委在《加强城市轨道交通规划建设管理的通知》（发改基础〔2015〕49 号）中明确要求“应委托有资质的第三方机构开展评估”，“培育关键技术装备认证机构，推动第三方认证工作”；住房城乡建设部在《城市轨道交通建设工程验收管理暂行办法》（建质〔2014〕42 号）中明确要求“有关安全和功能的检测、测试和必要的认证资料应完整；主要功能项目的检验检测结果应符合相关专业质量验收规范的规定；设备、系统安装工程需通过各专业要求的检测、测试或认证”。由此可见，软件的安全测评将是轨道交通产品研制和系统应用的必须环节，第三方的软件测评也将成为未来的发展趋势。

IEC 62279:2015 Railway applications – Communication, signalling and processing systems – Software for railway control and protection systems（轨道交通 通信、信号和处理系统 控制和防护系统软件）标准是开展轨道交通产品软件研制、测评和认证的重要依据，在国内外得到行业广泛认同。该标准由 IEC/TC 9 Electrical equipment and systems for railways（国内对口 SAC/TC 278 全国牵引电气设备与系统标准化技术委员会）编制，标准明确规定了用于铁路通信、信号和处理系统的软件研发生命周期、管理要求和技术要求。

标准的主要技术点包括：

- 规定了轨道交通产品软件的研发生命周期过程；
- 适用于轨道交通产品中的安全相关软件，包括应用程序、操作系统、支持工具、固件；
- 确定了从 SIL0 到 SIL4 的 5 个软件安全完整性等级，其中 SIL1～SIL4 级别涉及安全相关软件，SIL0 级涉及非安全相关软件；
- 确定了不同 SIL 等级所需要提供的功能安全活动证据链。

本书是软件功能安全系列丛书中面向轨道交通领域的一本书。作者所在的技术团队多年来开展了轨道交通制动系统、基于通信的列车自动控制系统（CBTC）、列车控制和管理系统（TCMS）、屏蔽门等多型装备的软件功能安全测评，发出了第一张由国内机构颁发的软件功能安全测评证书，基于自身的工程实践和对 IEC 62279:2015 标准的理解，对标准部分条款进行了解读，并对重要条款的细则进行了详细介绍。希望本书能帮助读者理解和掌握标准条款的内涵，推动标准技术的正确应用，从而促进轨道交通的软件质量提升并取得相关认证。

由于作者的工程实践局限和对标准的理解水平有限，书中难免有纰漏之处，请读者不吝赐教，批评指正。任何意见、建议和探讨都欢迎发邮件至：liuyh@ceprei.com。

杨春晖　刘奕宏　于敏

2021 年 6 月 28 日

目录

第1章

绪　论

1.1 安全性及软件功能安全

工业文明在给人类带来巨大利益的同时，也不可避免地带来了一些灾难。据国际劳工组织（ILO）在第十五届世界职业安全健康大会公布的数据，全世界每年在生产岗位死亡的人数超过 100 万，加之在因安全管理和控制缺陷引发的安全事故中的人员伤亡，全世界每年死于工伤事故和职业病危害的人数约为 200 万，工业安全事故已成为人类最重要的杀手之一。为了实现“安全工业”的目标，越来越多的安全相关系统（包括自动控制系统和自动保护系统）被用在不同的领域，保护工作人员免受伤害，保证机械、整套装置甚至整个工厂自动、正常、安全地运转。

安全事故带来的危害和造成的经济损失是触目惊心的：1974 年英国耐普罗公司在弗利克斯伯勒镇的环己烷装置泄露爆炸，1976 年意大利塞维索市伊克梅萨化工厂二恶英泄漏，1984 年印度中央邦博帕尔市的美国联合碳化物公司农药厂发生氰化物泄漏，1986 年苏联切尔诺贝利核电站核反应堆爆炸，1994 年英国米尔福德港口炼油厂可燃碳氢化合物泄漏，2001 年法国图尔兹 AFZ 化工厂发生硝酸铵爆炸，2005 年英国邦斯菲尔德油库火灾，2010 年墨西哥湾“深水地平线”钻井平台爆炸，2011 年中国浙江省温州市甬温线动车追尾事故……这类不断发生的事故，其原因都是安全相关系统的功能失效。业界开始意识到必须采取相应措施，必须用标准来规范管理和控制工业领域内安全相关系统的使用，必须使技术在安全的框架内发展，让人们在享受现代工业新技术带来的舒适与便捷的同时，又能规避安全风险，避免危害，防止技术缺陷和安全事故的发生。功能安全标准的研究是大势所趋。

为促进安全相关产品的安全性水平的提升，国际电工委员会（IEC）于 2000 年发布了首个产品安全性标准——IEC 61508《电气/电子/可编程电子安全相关系统的功能安全》，该标准从研发过程管理、安全保障技术等多个方面对安全相关产品（含软件）提出了要求，并得到了国际上知名检测认证机构（TÜV、SGS、UL、CSA 等）和领军企业（Boeing、Airbus、GE、ABB、BMW）的支持。国际电工委员会作为世界上成立最早的国际性电工标准化机构，具有权威性，在为促进安全相关产品的安全性水平提升方面起到了引领作用。

该标准对功能安全（Functional Safety）的定义是：“Part of the overall safety relating to the EUC and the EUC control system that depends on the correct functioning of the E/E/PE safety-related systems and other risk reduction measures”（功能安全是指受控装备和受控装备控制系统整体安全相关部分的属性，其取决于电气/电子/可编程系统功能的正确性和其他风险降低措施）。标准制定的目标是保证电气、电子、可编程安全相关系统的安全可靠，当系统发生故障（包括硬件随机故障和软件故障）或错误时，安全相关系统会采取预先设定的措施，保证故障不会引起人员的伤亡、环境的破坏和设备财产的损失。

该标准的内容可概括为以下三个方面：

- 对包括软件、硬件在内的安全相关系统及其部件，在生命周期范围内提供了一个安全监督的系统方法；
- 推荐了确定安全相关系统安全完整性等级（Safety Integrity Level，SIL）的方法；
- 建立了一个基础标准，使其可以直接应用于所有工业领域，同时亦可指导其他领域。

经过十多年的发展，以该标准为基础，结合各领域的知识背景，形成了适用于航空、核电、轨道交通、汽车、工业仪表、医疗电子、扶梯、电驱设备、智能家电等领域的功能安全技术标准，涉及国计民生各重点行业。

1.2 安全相关轨道交通系统

轨道交通系统主要以轨道承载列车运行为导向，以列车运行控制系统（以下简称列控系统）为控制手段，其构成主要包括车辆、线路、限界、车站、轨道、供电系统、环控系统和运营组织系统等，安全性要求为SIL4。一种典型的列控系统组成架构如图1-1所示。

列控系统的核心是列车自动控制（ATC）系统。ATC 系统由计算机联锁（CI）子系统、列车自动防护（ATP）子系统、列车自动驾驶（ATO）子系统、列车自动监控（ATS）子系统构成。各子系统之间相互渗透，实现地面控制与车载控制相结合、现场控制与中央控制相结合，构成一个以安全设备为基础，集行车指挥、运行调整以及列车驾驶自动化等功能为一体的自动控制系统。ATC 系统是现代轨道交通核心控制技术之一，它直接关系到乘客和列车的安全，以及是否能够正确实现列车快速、高密度、有序运行的功能。

其中：

（1）列车自动监控（ATS）子系统主要功能包括：

- 列车识别号追踪、传递和显示；
- 列车运行图编制及管理；
- 列车运行的自动调整；
- 列车进路的控制；
- 实时监视在线列车运行和信号设备的状态（其中含道岔、信号机、电源等）；
- 成为与无线通信、乘客导向、综合监控等系统的接口；
- 提供司机发车指示；
- 培训和运行模拟。

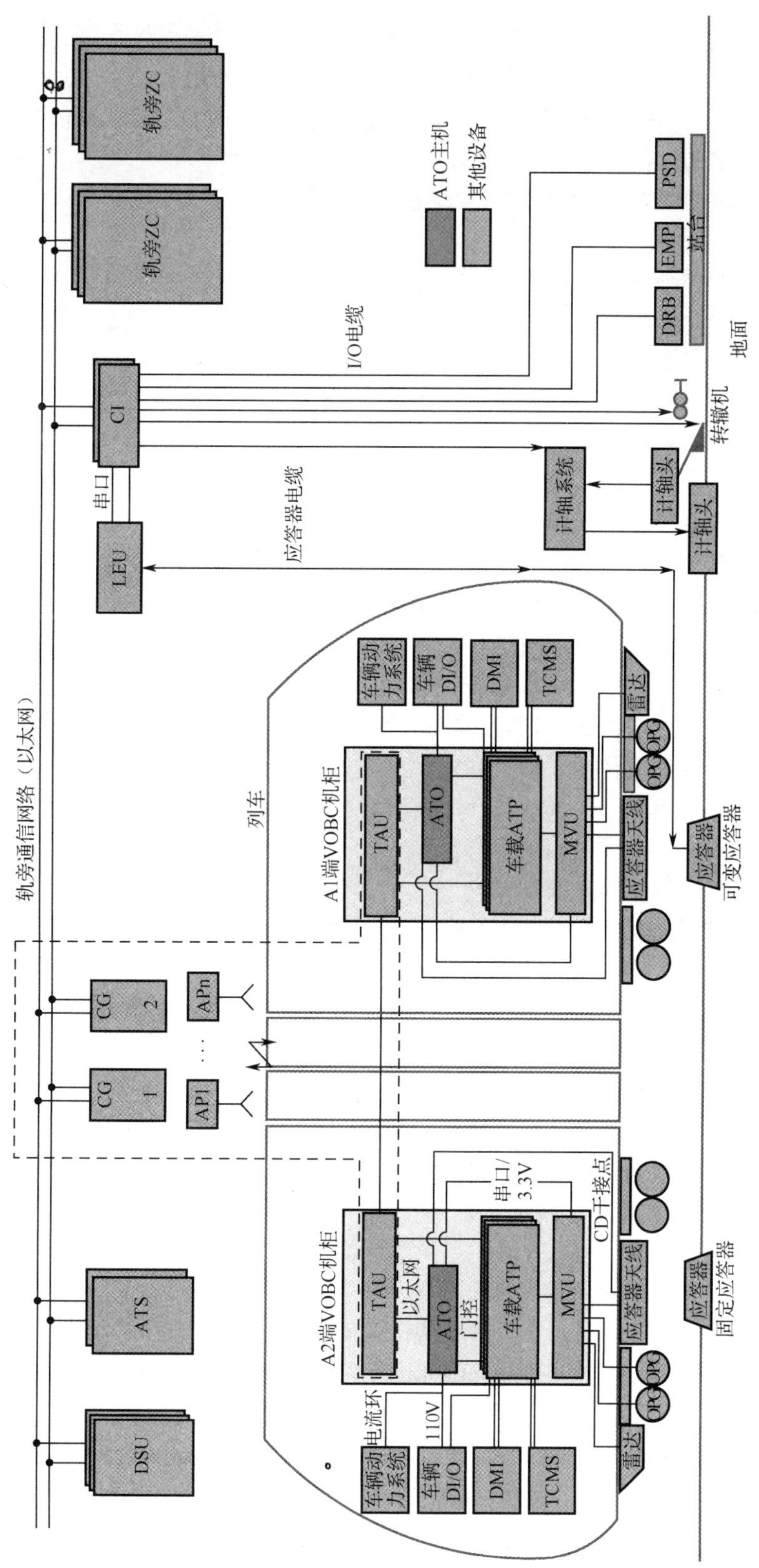

图1-1 一种典型的列控系统组成架构

ATS 子系统主要实现对列车运行的监督和控制，辅助行车调度人员对全线列车运行进行管理。它给行车调度人员显示全线列车的运行状态，监督和记录运行图的执行情况。在列车因故障偏离运行图时及时做出反应。此外，该系统还通过与 ATO 的接口，向旅客提供运行信息通报（列车到达时间、出发时间、运行方向、中途停靠站名等）。

（2）列车自动防护（ATP）子系统主要功能包括：

- 列车定位/测速；
- 安全列车间隔控制；
- 列车速度和方向的监督防护；
- 经济制动使能（实施）；
- 列车完整性监督；
- 轮径确认及磨损补偿；
- 车门/屏蔽门监控；
- 轨道终点、工作区域和折返作业的防护。

ATP 子系统是 ATC 系统的核心和关键。

（3）列车自动驾驶（ATO）子系统主要功能包括：

- 列车在区间运行的自动控制及调整；
- 控制列车按运行图规定的区间运行，自动实现对列车的启动、加速、巡航、惰性、减速和停车的合理控制；
- 在正线车站、折返线和试车线自动实现列车的精确停车控制；
- 在 ATP 子系统的允许下，向列车和屏蔽门控制系统发送开/关车门和屏蔽门的命令；
- 向车辆自动广播系统提供相关信息；
- 记录和统计系统事件的时间和日期。

ATO 子系统主要用于实现“地对车控制”，即用地面信息实现对列车驱动、制动的控制。使用 ATO 子系统后，可以使列车经常处于最佳运行状态，避免了不必要的、过于剧烈的加速或减速，可以明显提高乘坐的舒适度，提高列车准点率及减少轮轨磨损。

除信息系统外，基于微机控制的机车制动系统也是典型的安全相关系统。机车制动系统实现列车自动制动与机车单独制动、空气制动与动力制动的联锁、断钩保护、列车充风流量检测、无动力回送、制动重联、列车速度监控配合、备用制动等功能，具备单机自检、故障诊断、数据记录与存储等智能化、信息化功能，具备 MVB、CAN、RS485 等网络通信接口，通过网络能实现远端制动重联控制，适应现代机车制动机信息化以及网络控制的发展要求。

机车制动系统软件的开发为适应机车制动系统微机化和网络化功能的应用要求，一般分为三个部分：制动控制单元、制动显示屏和通信单元。

制动控制单元实现的功能包括：紧急制动、惩罚制动、常用制动、单独制动、单独缓解、重联控制、联锁、状态检测、故障诊断、自检、备用制动等。制动显示屏是制动控制系统的一部分，通过 RS485 通信协议与制动控制单元之间实现数据交互，实现机车制动系统的初始化和运行状态的监视，记录制动系统的事件和故障信息，为司机提供准确的、实时的系统数据。通信单元主要用于制动系统与其他系统（如中央控制单元、机车牵引系统）的交互。

在中国铁路总公司发布的《交流传动机车微机控制空气制动系统暂行技术规范》中规定，机车制动系统要求至少达到 SIL2 等级以上。

除上述系统外，在轨道交通各类装备中，凡因功能失效可能导致安全事故发生的系统均为安全相关系统，诸如列车控制和管理系统、列车运行监控装置、塞拉门系统等，其研发过程、技术措施必须符合 IEC 62279:2015 等相关标准的技术要求，从而有效地降低产品潜在的安全风险。

1.3 轨道交通系统软件功能安全

为了建立微电子设备安全设计规范和标准，国际电工委员会在 2000 年颁布的 IEC 61508 标准中，首次提出了安全完整性等级（Safety Integrity Level，SIL）。此后也有各类相关标准对其进行补充，逐渐建立起了安全完整的规范框架。目前，我国国标已采用欧洲铁路标准 IEC 62279:2015。

在 IEC 62279:2015 中，将安全完整性分为系统安全完整性、硬件安全完整性和软件安全完整性。软件安全完整性是指一组分级数字，它确定了为将软件中残留风险降低到一个适当水平所必须采用的技术和措施。软件失效造成的损失越大，SIL 越高。

为了保障系统满足相应的安全完整性等级，IEC 62279:2015 中对系统的全生命周期进行了规范。安全软件生命周期被定义为从软件设计构思开始到软件停止使用的生命周期。典型的软件开发生命周期包括系统开发阶段、软件需求阶段、软件架构和设计阶段、软件模块设计阶段、软件模块实现及测试阶段、软件集成阶段、软件确认阶段、软件布署阶段和软件维护阶段，除此之外，还应包括软件计划阶段和软件独立功能安全评估阶段。

系统开发阶段包括软件需求设计、软件结构设计以及软件单元设计等步骤。开发方法及要求包括：①自顶向下的设计方法；②模块化；③开发生命周期每一阶段的验证；④验证后的模块和模块库；⑤清晰的文档；⑥可审计的文档；⑦确认测试。基于上述开发方法，需要形成系统需求规格说明书、系统安全性需求规格说明书、系统结构描述和系统安全性计划。开发文档中应该包含安全性功能、系统配置或体系结构、硬件可靠性需求、安全完整性需求等重要内容。

安全软件测试是软件主要的验证活动。其步骤包括需求检查、需求测试、模块测试、软件集成测试、软件/硬件集成测试、软件确认等。每个测试阶段的具体要求如下：

（1）软件的需求测试依赖于软件需求测试规格说明书，软件需求测试规格说明书用来验证软件需求规格说明书中所述的功能要求，同时也作为对已完成软件进行测试的描述。

（2）软件模块测试的目的是验证每个模块是否实现了预定的功能，软件模块测试规格说明书是否达到了定义需要的测试覆盖率。每个模块的测试依据为与其对应的软件模块规格说明书。通过模块测试，形成软件模块测试报告。

（3）软件集成测试针对已经模块测试通过的功能模块，依据模块测试报告，设计好软件集成测试计划应用文件。通过设计文件完成集成测试，得到集成测试报告。

（4）软件/硬件集成测试是在完成软件集成测试之后，将软件投放到实际的硬件运用环境中，依据集成测试报告和模块测试报告，设计好软硬件集成测试的过程。完成软硬件集成测试后，需要形成软硬件集成测试报告。

软件确认是指在硬件/软件集成测试完成后，形成软件确认报告，并逐一检查。报告包括确认计划的目标和准则检查报告、在目标机器上的整个软件实现需求规格检查报告、软件需求规格说明书所列需求的测试覆盖率检查报告、软件确认报告、测试用例记录及测试结果展示检查报告。其中在软件确认报告应用文件中需要说明：使用的硬件和软件、使用的设备、设备的校准、使用的仿真模型、发现的差异、执行的纠正操作。检查阶段要求上述所有文档材料齐全。

软件独立功能安全评估是评估软件概念、计划、需求、设计、实现、测试和维护等各阶段的活动及其工作产品，使得软件具有规定的软件安全完整性等级并适用于预期应用。该活动基于系统的安全性需求规格说明书和所有的软件及硬件文档，在按照要求选定软件评估人员后，根据选定的软件安全完整性等级要求，由评估员来选择合适的评估方法并将其运用于软件生存周期的各个阶段，并为每个评估形成一份报告，该报告应详述评估结果。通过各个阶段的评估，最终得到完整的软件评估报告。

第2章

目标与安全完整性等级

2.1 软件在系统中的定义

标准 4.1 节主要规定了系统文档对安全相关软件的定义。

2.1.1 标准条款

Objectives, conformance and software safety integrity levels

4.1 The allocation of safety-related system functions to software, as well as software interfaces, shall be identified in the system documentation. The system in which the software is embedded shall be fully defined with respect to the following:

- functions and interfaces;
- application conditions;
- configuration or architecture of the system;
- hazards to be controlled;
- safety integrity requirements;
- apportionment of requirements and allocation of SIL to software and hardware;
- timing constraints

NOTE

The allocation of safety integrity requirements may lead to different SIL for well-separated software and hardware parts of a subsystem. This allocation depends on the contribution of the software and hardware parts of the subsystem to the safety-related functions and on the mechanisms for the failure mitigation including the separation of function with different SIL.

4.1 安全相关系统功能关于软件以及软件接口的分配，应该在系统的说明文件中标明。嵌入式软件系统应该符合下列条件：

- 功能和接口；
- 应用条件；
- 配置或系统的体系结构；

- 被控制的危害；
- 安全完整性需求；
- 分配 SIL 的软件和硬件的条件；
- 时序约束。

注意：软件安全完整性需求的分配可能会导致子系统中良好隔离的软件和硬件存在不同的 SIL 等级。这种分配策略取决于子系统中安全功能的软件和硬件对系统的作用以及不同 SIL 等级隔离功能的失效缓解机理。

2.1.2 条款理解及应用

软件是系统组成的一部分，软件需求来自系统需求。安全相关系统的软件功能和接口应在系统级文档中定义，内容应包含：功能和接口、应用条件、系统配置或体系架构、可控风险、安全完整性需求、分配给软件和硬件的 SIL 需求和条件。为完成系统分析阶段指定的活动目标，一般需要开展的工作如下。

1）概念分析

概念分析的目的是，提高对整体系统及其环境的理解水平，确定整体系统的可容忍风险水平，以便于其他安全性分析活动能够顺利进行。活动目标包括：

（1）对系统或部件的控制功能和所处的物理环境进行全面了解；

（2）确定可能的危险源；

（3）获取相关已确定的危险源信息（毒性、爆炸性、腐蚀性、反应性、易燃性等）；

（4）获取当前相关的安全法规；

（5）考虑相关联的系统或部件之间相互作用所产生的危险；

（6）确定整体系统的不可容忍的风险、可容忍的风险和完全可以接受的风险。

2）系统范围确定

系统范围确定的首要目的是确定系统的边界，第二个目的是确定危险和危险分析的范围。活动的目标包括：

（1）确定在初步危险及风险分析范围内的实际物理设备；

（2）确定在初步危险及风险分析时应考虑的外部设备；

（3）确定与危险有关的子系统间以及它们与其他部分间的接口；

（4）确定需要考虑的可引发事故的事件类型（如零部件失效、程序错误、人员出错）；

（5）可采用初步危险表的方式列出可能需要特别重视的危险或需要深入分析的危险部位。

3）系统中与软件相关的定义

（1）软件对象。软件对象是指待建模分析的软件配置项或系统。软件对象的建模内容主要包括：

- 名称或标识：描述软件对象的唯一名称或标识；
- 软件配置项/系统的内部边界：描述软件配置项的边界，属于软件配置项所在系统的内部边界，用于区分系统内部的软件配置项划分；

- 软件配置项/系统的外部边界：描述软件配置项所在系统的边界；
- 裕度设计（若有）：裕度设计是软件常用的体系结构设计策略，实质也是一种提高软件安全性的手段，建模软件对象的裕度设计策略，能够辅助软件安全性分析时对于裕度的分析。

（2）外部交联设备。外部交联设备是指与软件存在接口交联关系的各类系统、硬件机构、人机交互设备等，它们通过外部输入/输出接口与软件进行数据与控制的交互。分析外部交联设备对软件接口及数据的影响，确定外部交联设备的建模内容，包括：

- 名称或标识：描述外部交联设备的唯一名称或标识；
- 物理限制要求（若有）：描述外部交联设备、尤其是硬件机构的物理限制要求，如作动机构的极限位置、转子机构的转速限制、机械运动顺序等，这些物理限制要求会对软件外部输入/输出接口产生影响，也是软件安全性分析需要考虑的因素之一。
- 裕度设计（若有）：外部交联设备的裕度设计信息不是当前软件对象建模所必需的，其对软件对象的影响一般体现在与之交联的外部接口裕度上，可在后续软件外部输入接口数据的裕度建模时进行描述。
- 环境或人员的影响（若有）：软件对象所在的环境或使用该软件的人员都会影响软件的运行，但这些影响是间接的，这也是软件与硬件最大的区别。软件本身仅通过软件外部接口去“感知”和“控制”外在影响，比如运行环境发生变化，软件通过传感器接口数据的变化去感知；人员发出操作指令，软件通过人机接口数据的变化去识别。描述环境或人员对软件运行的影响也是为了辅助软件安全性分析时对于接口的分析。

（3）软件外部输入接口数据。软件外部输入接口数据是指与软件存在输入关系的外部接口数据元素，它们承担了软件所能感知到的一切信息，如环境因素、物理条件、硬件动作、故障状态、裕度配置等信息，需要重点描述。依据软件架构设计说明书，确定软件外部输入接口数据的建模内容，包括：

- 名称：描述软件外部输入接口数据元素的唯一名称或标识；
- 接口类型：描述软件外部输入接口数据元素对应的接口类型，软件常用的外部接口类型如：离散量、模拟量、CAN 总线、RS-422A/232、RS-485、TCP/UDP、MVB 等；
- 数值/值域：如果软件外部输入接口数据元素为离散型数据，描述该数据元素的各种可能的取值；如果软件外部输入接口数据元素为连续型数据，描述该数据元素的有效取值区间；
- 通信格式：描述软件外部输入接口数据帧的通信协议格式，例如帧头、数据位、状态位、校验位等；
- 时间：描述软件外部输入接口数据取值的时刻信息或持续时间信息；
- 周期：描述软件外部输入接口数据的输入周期信息；
- 故障处理：描述软件外部输入接口数据故障（如极值故障、斜率故障、跳变故障等）的诊断策略、处理策略、恢复策略、缺省值等；
- 裕度设计：描述软件外部输入接口数据的裕度设计（例如双裕度、四裕度）、裕度表决方法及切换策略；
- 交联设备：外部发送或接收数据的组件或设备，与被测软件进行通信。

（4）软件外部输出接口数据。软件外部输出接口数据是指与软件存在输出关系的外部接口数据元素，它们反映了软件所有可见的功能或行为，如硬件控制、故障报警、执行反馈、数据存储等，需要重点描述。结合软件特征“软件外部接口及数据交互复杂”的分析，基于需求标准要求，确定软件外部输出接口数据的建模内容，包括：

- 名称：描述软件外部输出接口数据元素的唯一名称或标识。
- 接口类型：描述软件外部输出接口数据元素对应的接口类型，软件常用的外部接口类型如：离散量、模拟量、CAN 总线、RS-422A/232、RS-485、TCP/UDP、MVB 等。
- 数值/值域：如果软件外部输出接口数据元素为离散型数据，描述该数据元素的各种可能的取值；如果软件外部输出接口数据元素为连续型数据，描述该数据元素的有效取值区间。
- 通信格式：描述软件外部输出接口数据帧的通信协议格式，例如帧头、数据位、状态位、校验位等。
- 时间：描述软件外部输出接口数据取值的时刻信息或持续时间信息。
- 周期：描述软件外部输出接口数据的输出周期信息。
- 故障处理：描述软件外部输出接口数据故障的诊断策略、处理策略、恢复策略、缺省值等。
- 裕度设计：描述软件外部输出接口数据的裕度设计（例如双裕度、四裕度）、裕度表决方法及切换策略；
- 目的设备：描述软件外部输出接口数据对应的目的设备，来自 “外部交联设备”信息。

2.2 软件安全完整性等级

标准第 4.2 至 4.5 条主要规定了软件安全完整性定级、软件需求与安全完整性等级的一致性以及软件安全措施的选择注意事项。

2.2.1 标准条款

> 4.2 The software safety integrity shall be specified as one of five levels, from SIL 0 (the lowest) to SIL 4 (the highest).
>
> 4.3 The required software safety integrity level shall be decided and assessed at system level, on the basis of the system safety integrity level and the level of risk associated with the use of the software in the system.
>
> 4.4 At least the SIL 0 requirements of this European Standard shall be fulfilled for the software part of functions that have a safety impact below SIL 1. This is because uncertainty is present in the evaluation of the risk, and even in the identification of hazards. In the face of uncertainty it is prudent to aim for a low level of safety integrity, represented by SIL 0, rather than none.

4.5 To conform to this European Standard it shall be shown that each of the requirements has been satisfied to the software safety integrity level defined and therefore the objective of the sub-clause in question has been met.

4.2 软件安全完整性应包括五个层次，从 SIL 0（最低）到 SIL 4（最高）。

4.3 应在系统安全完整性等级和系统软件风险等级的基础上，在系统级层面决定和评估所需的软件安全完整性等级。

4.4 如果软件安全完整性等级未达到 SIL1，则至少要达到满足 SIL0 软件安全完整性等级的要求。这是因为在风险识别和风险评估的过程中存在不确定性，针对这种不确定性，使用最低级别的安全完整性等级 SIL0 比无等级要求更好。

4.5 为达到本欧洲标准的要求，每一项软件需求都应满足已定义的软件安全完整性等级要求，并且子条款的目标应该得到满足。

2.2.2 条款理解及应用

功能安全确定评估强调从系统的软件、硬件两个角度出发，从安全功能要求的完备性以及安全功能所具备的可靠性数据两个方面在整个安全生命周期内对系统及其部件等进行全面管理。

在选择如何确定安全系统完整性等级方法时，并不是机械地进行数学计算，而是要从分析方法、分析过程的复杂程度，分析过程是否让人容易理解和接受，实际操作会有什么问题等方面进行考虑。同时分析计算中所采用的数据及工具应及时更新，在参考同样的系统时不能完全照搬。无论采用何种方法进行分析计算，都应制订好程序，以保证计算的有效性、合理性及连续性。国内的各设计及建设单位应根据国家的相关法律要求及各自的安全目标制订其评价方法，才能达到合理设置安全仪表系统及其等级的目的。

目前，比较常见的功能安全完整性等级分析基本流程如下：

1）明确安全目标

依据国家和国际标准、法规、公司政策以及有关要求，明确被评估系统安全目标。

2）危险和风险评估

通过对评估对象进行危险和风险评估，确定危险、潜在的过程偏差及起因，明确引发事件及可能发生的潜在危险事件。危险和风险评估的方法，包括安全复审、检查表分析、假设分析、HAZOP 分析、失效模式和影响分析、因果分析等。

3）安全功能分析

对评估对象的现有安全功能进行分析，明确保护层及现阶段实现的安全程度。

4）明确安全相关系统安全完整性等级

结合对评估对象现有安全程度的分析，增加相关的安全系统来实现被评估系统的安全目标，并确定安全系统安全完整性等级。目前，确定功能安全完整性等级常用的方法有风险图法、安全层矩阵法、保护层分析法等。

BS IEC 62279 的软件安全完整性定级方法源于 IEC 61508 标准。IEC 61508 是最常用的功能安全标准，也是 SIL 验证的基本标准依据。IEC 61508 标准基于安全相关系统的可靠性，是安全相关系统功能安全的基础标准，由 7 个部分组成，描述了安全相关系统的软硬件要求，内容从危险分析和安全功能的详细说明开始，直到系统停用和处理。IEC 61508 提出了 4 个安全完整性等级，即 SIL1、SIL2、SIL3 和 SIL4，级别越高要求其危险失效概率越低。该标准还提出了影响安全完整性等级的两个因素、安全故障的比例和目标失效量的测量。

5）基于系统风险的软件安全完整性评估方法

参考 IEC 61508、MIL-STD-882E、GJB/Z 102A 等标准，基于系统风险的软件安全完整性评估过程如图 2-1 所示。

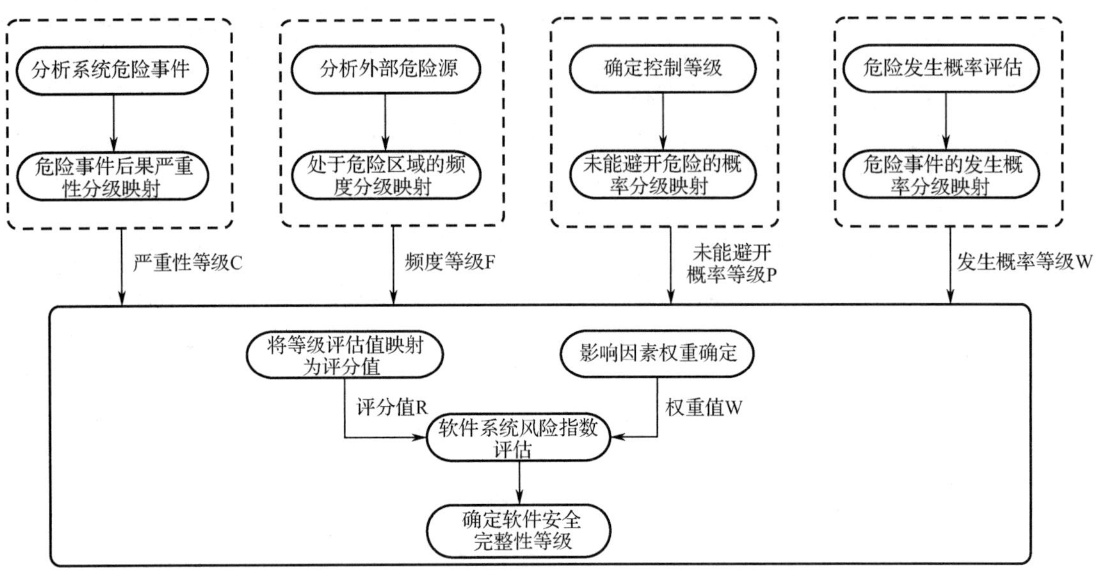

图 2-1　基于系统风险的软件安全完整性评估过程

依据图 2-1 所示的评估过程，具体操作过程如下：

步骤一　确定系统危险事件后果严重性等级 C

（1）确定软件所在顶层功能故障状态 FC。

- 使用 FHA 方法，分析软件所在系统的顶层功能故障状态 FC；
- 系统有多个顶层功能，若软件属于一个或多个顶层功能，则必须对这些顶层功能进行故障状态 FC 分析。

（2）分析顶层功能故障状态所导致的系统危险。

- 依据系统功能所处阶段，分析各类功能故障状态 FC 所可能导致的系统危险，即对任务完成的影响情况；
- 顶层功能通常具有多个故障状态，必须对每个故障状态进行系统危险性分析。

（3）建立系统危险严重等级列表。

典型的系统危险严重等级列表见表 2-1。

表 2-1 系统危险严重等级列表

等级描述	等级标识	危险描述
灾难性的	A	造成系统功能全部丧失
		导致安全关键系统任务彻底失败
危险的/严重的	B	造成系统功能大部分丧失，对安全功能带来重大隐患，给人员操纵带来极大困难
		导致安全关键系统任务完成效果大幅降低，包括： ● 完成任务效果显著降低 ● 完成任务时间显著延长
较重的	C	造成系统功能部分丧失，对安全功能来不利影响，给人员操纵带来不便
		导致系统任务完成的效果降低，降低的程度包括： ● 完成任务效果降低 ● 完成任务时间延长
较轻的	D	造成系统功能小部分丧失，不会对安全功能带来不良影响，人员可以应对
		导致系统任务完成的效果小幅下降
无影响的	E	对于安全功能、人员以及乘客没有任何影响；对于系统任务的完成也没有任何影响

（4）建立系统危险严重等级列表。

- 最后，依据顶层功能故障状态所导致的危险分析结果，与表 2-1 相对照，确定相应的系统危险严重等级；
- 系统顶层功能通常具有多个故障状态，因此会有多个危险严重等级评估结果，选择最高级别作为该系统顶层功能的危险严重等级。

步骤二 确定系统处于危险区域的频度等级 F

（1）确定软件所在系统可能接触到的外部危险源

- 采用 PRA、ZSA 等方法，分析软件所在系统可能接触到的外部危险源；
- 可从外部交联设备、执行机构、物理环境因素、人机交互、系统运行特征等角度出发，确定系统的可能的外部危险源。

（2）确定系统与外部危险源相交互的可能性

- 结合系统运行特征和体系结构，借助专家经验来确定系统运行时与外界危险源相交互的可能性，即频度值；
- 也可依据历史测试数据或用户使用数据，对系统与外部危险源相交互的可能性进行评估。

（3）建立系统处于危险区域的频度等级表

结合系统特征，确定系统处于危险区域的频度等级表见表 2-2。

表 2-2 系统处于危险区域的频度等级表

等 级 描 述	等 级 定 义	分 级 依 据
频繁	H	系统处于危险区域的概率大于 20%
经常	M	系统处于危险区域的概率大于 10%小于 20%
偶尔	O	系统处于危险区域的概率大于 1%小于 10%
极少	L	系统处于危险区域的概率小于 1%

（4）评估系统处于危险区域的频度等级 F

- 依据系统运行时与外界危险源相交互的频率值，与表 2-2 对照，定量评估系统处于危险区域的频度等级 F;
- 系统运行过程中会处于多种类型的危险区域，即不同类型的危险源，每次进行软件安全等级评估工作时，需要根据不同类的危险源分别进行系统处于危险区域的频度评估，获得多个频度等级评估结果。此时，选择最高等级作为系统处于危险区域的频度等级。

步骤三　确定未能避开危险事件的概率等级 P

参考 MIL-STD-882E 等标准，未能避开危险事件的概率可由以下方式进行衡量。

（1）描述软件对系统危险事件的控制能力。结合系统体系架构，从软件对系统/子系统危险的控制程度、软件对系统/子系统功能的控制程度、裕度备份措施设置三个方面来描述软件对系统危险事件的控制能力，描述软件控制能力。

（2）建立软件控制能力分级表格。结合系统特征，建立软件控制能力分级表格，见表 2-3。

表 2-3　软件控制能力分级表格

软件控制等级	控制分类描述	控制分类细化条目（满足以下任意一条或多条）
I	软件对存有潜在危险的硬件系统、子系统的功能行使自主控制，没有任何可能的干预来阻止危险的发生。软件的失效将直接导致危险的发生	系统中不存在任何安全性措施，若软件失效将直接导致某个系统危险的发生
		软件对某个系统危险提供自主监控、缓解或消除
		软件自主控制着所有或大部分系统/子系统的重要功能，包含多个交互作用的并行处理器或多个接口
II	IIA：软件对存有潜在危险的硬件系统、子系统的功能控制，同时允许独立的安全性措施在规定时间内进行干涉以缓解或消除危险。但是这些安全性措施还不够充分	软件失效将导致某个系统危险的发生，但是存在着独立的安全性措施（如硬件备份、系统结构划分、软件多版本非相似冗余、安全性监控等），在规定时间内进行干涉以全部或部分缓解或消除危险，但是还不能为每一种系统危险都提供针对性的安全性措施
		软件自主控制着系统/子系统的部分重要功能，包含部分接口且无并行处理
	IIB：软件会显示告警信息要求其他安全性措施或操作员立即采取行动，阻止或缓解危险的发生。软件失效会放任系统危险的发生	如果系统将要进入某个危险状态，软件将进行及时监控并给出提示信息，辅助其他安全性措施立即阻止或缓解危险的发生，或者提醒操作员立即采取措施阻止或缓解危险的发生
		软件自主处理安全关键命令或数据，直接导出安全性决策
III	IIIA：软件参与存有潜在危险的硬件系统、子系统或部件功能的实现，同时还要求其他软硬件或人员采取措施以完成功能实现。对每一个危险事件存在若干独立的安全性措施	软件参与存有潜在危险的硬件系统/子系统功能的实现，同时还要求其他软硬件或相关人员采取措施以完成功能的实现。这里仅包含有限数目的接口
		软件失效将导致某个系统危险的发生，但每一个系统危险事件都存在若干独立且及时的安全性措施来缓解或消除
	IIIB：软件可产生用于制订安全关键决策的安全关键信息	软件可提供用于制定安全关键决策的安全关键信息。
		如果系统将要进入某个危险状态，软件将给出提示信息，提醒操作员采取相应的措施来阻止或缓解危险的发生

续表

软件控制等级	控制分类描述	控制分类细化条目（满足以下任意一条或多条）
IV	软件既不控制或参与实现硬件系统、子系统的安全关键功能，也不提供用于制订安全关键决策的安全关键信息	软件既不控制也不参与实现硬件系统、子系统的安全关键功能，仅包含极少量的接口
		软件失效几乎不会导致某个系统危险的发生。每一个系统危险事件都存在若干独立且及时的安全性措施来缓解或消除
		软件不提供用于制定安全关键决策的安全关键信息，也不对危险的发生提供任何告警信息

（3）确定软件控制等级，进而获得概率等级 P

- 将软件控制能力与“软件控制能力分级表格”中的内容进行比对，确定软件控制等级；
- 若同一个软件对应多个控制等级，应取最高级作为该软件对危险事件的控制等级；
- 将软件控制等级的 I、II、III、IV 映射为相应的四个概率等级，即“很高”“较高”“一般”及“很低”，依此确定“未能避开危险的概率等级 P”。

步骤四　确定危险事件的发生概率等级 W

（1）获得危险发生概率近似评估值。

- 通过经验数据统计分析、专家经验或者异常激励发生条件仿真等方式，获得系统危险发生概率近似评估值；
- 危险发生概率的定量评估值只能通过大量经验数据统计分析、专家经验或者异常激励发生条件仿真等方式获得，不需要非常精确的评估结果，工程上只需要达到规定数量级即可。

（2）建立系统危险发生概率等级表。

典型的系统危险发生概率等级表见表 2-4。

表 2-2　系统危险发生概率等级表

等级描述	等级定义	分级方法
非常可能	1	危险将频繁发生：$P>10^{-1}$
很可能	2	在某一项的生命期中危险将发生的数次：$10^{-3}<P\leqslant 10^{-1}$
可能	3	在某一项的生命期中的某时刻危险可能发生：$10^{-6}<P\leqslant 10^{-3}$
不太可能	4	在某一项的生命期中危险发生的可能很小：$10^{-9}<P\leqslant 10^{-6}$
不可能	5	危险几乎不可能发生：$P\leqslant 10^{-9}$

步骤五　确定软件安全完整性等级

将软件所在系统风险指数与映射索引表格中的内容进行比对，确定最终的软件安全完整性等级综合评估结果。软件可能属于多个不同的系统顶层功能。此时，需要针对每一项顶层功能进行上述研制等级分配过程，同一软件的不同功能可能会有多个安全完整性等级的评估结果。最后，选择最高等级作为该软件的安全等级。软件安全相关功能 SIL 定级如图 2-2 所示。

其中，C 代表危险事件后果，F 代表暴露率与危险的概率，P 代表避开危险的概率，W 代表危险发生概率等级。图中 1～4 代表 SIL1～SIL4。

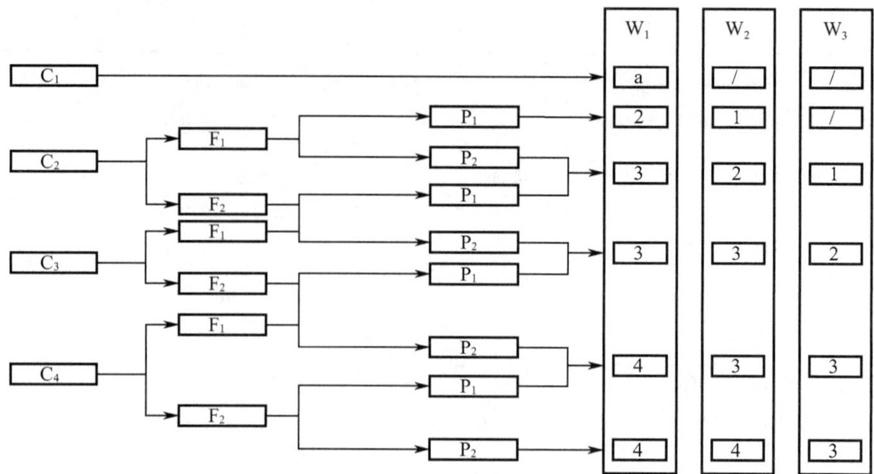

图 2-2　软件安全相关功能 SIL 定级

 2.3 软件功能安全技术措施

标准 4.6 节至 4.10 节主要规定了软件安全措施的选取原则以及选择时的注意事项。

2.3.1 标准条款

> 4.6 Where a requirement is qualified by the words "to the extent required by the software safety integrity level", this indicates that a range of techniques and measures shall be used to satisfy that requirement.
>
> 4.7 Where 4.6 is applied, tables from normative Annex A shall be used to assist in the selection of techniques and measures appropriate to the software safety integrity level. The selection shall be documented in the Software Quality Assurance Plan or in another document referenced by the Software Quality Assurance Plan. Guidance to these techniques is given in the informative Annex D.
>
> 4.8 If a technique or measure which is ranked as highly recommended (HR) in the tables is not used, then the rationale for using alternative techniques shall be detailed and recorded either in the Software Quality Assurance Plan or in another document referenced by the Software Quality Assurance Plan. This is not necessary if an approved combination of techniques given in the corresponding table is used. The selected techniques shall be demonstrated to have been applied correctly.
>
> 4.9 If a technique or measure is proposed to be used that is not contained in the tables then its effectiveness and suitability in meeting the particular requirement and overall objective of the sub-clause shall be justified and recorded in either the Software Quality Assurance Plan or in another document referenced by the Software Quality Assurance Plan.
>
> 4.10 Compliance with the requirements of a particular sub-clause and their respective

techniques and measures detailed in the tables shall be verified by the inspection of documents required by this European Standard. Where appropriate, other objective evidence, auditing and the witnessing of tests shall also be taken into account.

4.6 凡出现“应达到软件安全完整性等级要求”字样，表明一系列的技术和措施应被用于满足这一需求。

4.7 对于条款 4.6，规范附件表 A 应被用于指导根据相应的软件安全完整性等级选择合适的技术措施。技术措施也应在《软件质量保证计划》及其他相关文件中记录。技术措施详见附件 D。

4.8 如果附表中一项被列为高度推荐（HR）的技术措施没有被使用，那么使用其他替代技术措施的理由详细记录在《软件质量保证计划》及其相关文件中。但若使用了被认可的技术组合时则不需要特别说明。

4.9 如果使用某些标准附件表格之外的技术，则需要在软件质量保证计划或相关文档中论证和说明这种技术对特殊需求和条款的有效性和适合性。

4.10 对标准中特定子条款和附表中各种技术措施的遵循情况应该按照标准要求进行审查，在适当时，其他客观证据、审计和目击测试也应考虑。

2.3.2 条款理解及应用

根据 BS IEC 62279 定义的软件安全生命周期，主要包括软件安全需求规范、软件设计和开发（软件结构设计、支持工具和编程语言、详细设计、软件模块测试和集成）、可编程电子集成（硬件和软件）、软件安全确认、修改、软件验证、功能安全评估等阶段。

各阶段根据安全完整性等级推荐了可选择的技术措施，每一种技术都按安全完整性等级 SIL0 至 SIL4 推荐。应用者可以根据安全完整性等级选择适当的技术和措施。其中，M 表示强制使用，HR 表示高度推荐，R 表示推荐，NR 表示不推荐。如果附表中一项被列为高度推荐（HR）的技术措施没有被使用，那么使用其他替代技术措施的理由详细记录在《软件质量保证计划》及其相关文件中。软件需求技术措施见表 2-5，软件体系结构技术措施见表 2-6，软件设计与实现技术措施见表 2-7，验证和测试技术措施见表 2-8，集成技术措施见表 2-9，整体软件测试技术措施见表 2-10，软件分析技术措施见表 2-11。表中所涉及的内容在后续章节均有详细说明。

表 2-5 软件需求技术措施

技术/方法	SIL0	SIL1	SIL2	SIL3	SIL4
1. 形式化方法（基于数学方法）	-	R	R	HR	HR
2. 模型化方法	R	R	R	HR	HR
3. 结构化方法	R	R	R	HR	HR
4. 判定表	R	R	R	HR	HR
要求： ● 软件需求规格说明书应使用自然语言和必要的形式化或半形式化方法来描述； ● 本表描述了清楚而精确定义规格说明书的附加需求，应选择表中一些技术来满足使用的软件安全完整性等级。					

表 2-6 软件体系结构技术措施

技术/方法	SIL0	SIL1	SIL2	SIL3	SIL4
1. 防御性编程	-	HR	HR	HR	HR
2. 故障检测与诊断	-	R	R	HR	HR
3. 纠错码	-	-	-	-	-
4. 检错码	-	R	R	HR	HR
5. 失效断言编程	-	R	R	HR	HR
6. 安全袋技术	-	R	R	R	R
7. 多版本技术	-	R	R	HR	HR
8. 恢复块	-	R	R	R	R
9. 后向恢复	-	NR	NR	NR	NR
10. 前向恢复	-	NR	NR	NR	NR
11. 重试恢复机制	-	R	R	R	R
12. 执行路径记忆	-	R	R	HR	HR
13. 人工智能—故障纠正	-	NR	NR	NR	NR
14. 软件动态重构	-	NR	NR	NR	NR
15. 软件错误影响分析	-	R	R	HR	HR
16. 故障弱化	-	R	R	HR	HR
17. 信息隐藏	-	-	-	-	-
18. 封装信息	R	HR	HR	HR	HR
19. 完全接口定义	HR	HR	HR	M	M
20. 正规方法	-	R	R	HR	HR
21. 建模	R	R	R	HR	HR
22. 结构化方法	R	HR	HR	HR	HR
23. 计算机辅助设计和规范工具支持的建模	R	R	R	HR	HR

要求：

（1）SIL3 和 SIL4 推荐的技术措施组合是：

- 1、7、19、22 和从 4、5、12、21 中任选一个；
- 1、4、19、22 和从 2、5、12、15、21 中任选一个。

（2）SIL1 和 SIL2 推荐的技术措施组合是：

1、19、22 和从 2、4、5、7、12、15、21 中任选一个。

（3）其中的一些问题可能会在系统层级进行定义。

（4）检错码可以根据 EN 50129 的要求使用。

注：技术/方法 19 用于外部接口。

表 2-7 软件设计与实现技术措施

技术、方法	SIL0	SIL1	SIL2	SIL3	SIL4
1．正规方法	-	R	R	HR	HR
2．建模	R	HR	HR	HR	HR
3．结构化方法	R	HR	HR	HR	HR
4．模块化方法	HR	M	M	M	M
5．组件	HR	HR	HR	HR	HR
6．设计和编码标准	HR	HR	HR	M	M
7．可分析程序	HR	HR	HR	HR	HR
8．强类型编程语言	R	HR	HR	HR	HR
9．结构化程序设计	R	HR	HR	HR	HR
10．编程语言	R	HR	HR	HR	HR
11．语言子集	-	-	-	HR	HR
12．面向对象程序设计	R	R	R	R	R
13．过程式程序设计	R	HR	HR	HR	HR
14．元程序	R	R	R	R	R

要求：
（1）SIL3 和 SIL4 的推荐技术措施组合是：
4、5、6、8 和从 1、2 中任选一个；
（2）SIL1 和 SIL2 的推荐技术措施组合是：
3、4、5、6 和从 8、9、10 中任选一个；
（3）元程序应仅限于生产编译之前的软件源代码。

表 2-8 验证和测试技术措施

技术/方法	SIL0	SIL1	SIL2	SIL3	SIL4
1．正式证明	-	R	R	HR	HR
2．静态分析	-	HR	HR	HR	HR
3．动态分析与测试	-	HR	HR	HR	HR
4．指标	-	R	R	R	R
5．可追溯性	R	HR	HR	M	M
6．软件错误影响分析	-	R	R	HR	HR
7．代码测试覆盖率分析	R	HR	HR	HR	HR
8．功能/黑盒测试	HR	HR	HR	M	M
9．性能测试	-	HR	HR	HR	HR
10．接口测试	HR	HR	HR	HR	HR

要求：
（1）SIL3 和 SIL4 的推荐技术措施组合是：
3、5、7、8 和从 1、2、6 中任选一个；
（2）SIL1 和 SIL2 的推荐技术措施组合是：
5 和从 2、3、8 中任选一个。
注 1：技术/措施 1、2、4、5、6 和 7 是用于验证活动。
注 2：技术/措施 3、8、9 和 10 是用于测试活动。

表 2-9　集成技术措施

技术/方法	SIL0	SIL1	SIL2	SIL3	SIL4
1．功能测试和黑盒测试	HR	HR	HR	HR	HR
2．性能测试	-	R	R	HR	HR

表 2-10　整体软件测试技术措施

技术/方法	SIL0	SIL1	SIL2	SIL3	SIL4
1．性能测试	-	HR	HR	M	M
2．功能测试和黑盒测试	HR	HR	HR	M	M
3．建模	-	R	R	R	R
要求： SIL1 和 SIL2 的推荐技术措施组合是 1 和 2。					

表 2-11　软件分析技术措施

技术/方法	SIL0	SIL1	SIL2	SIL3	SIL4
1．静态软件分析	R	HR	HR	HR	HR
2．动态软件分析	-	R	R	HR	HR
3．因果图	R	R	R	R	R
4．事件树分析	-	R	R	R	R
5．软件错误影响分析	-	R	R	HR	HR
要求： 从以上技术中选择一个或多个来满足使用软件安全完整性等级的要求。					

第3章

软件管理与组织

3.1 组织、岗位与职责

标准第 5 章规定了软件研发的组织管理、人员能力和软件生命周期的相关要求。标准 5.1 节从人员岗位职责、人员独立性方面阐述了产品研发的要求。

3.1.1 标准条款

> 5.1 Organisation,roles and responsibilities
>
> 5.1.1 Objective
>
> 5.1.1.1 to ensure that all personnel who have responsibilities for the software are organized,empowered and capable of fulfilling their responsibilities.
>
> 5.1.2 Requirements
>
> 5.1.2.1 As a minimum, the supplier shall implement the parts of EN ISO 9001 dealing with the organization and management of the personnel and responsibilities.
>
> 5.1.2.2 Responsibilities shall be compliant with the requirements defined in Annex B.
>
> 5.1.2.3 The personnel assigned to the roles involved in the development or maintenance of the software shall be named and recorded.
>
> 5.1.2.4 An Assessor shall be appointed by the supplier, the customer or the Safety Authority.
>
> 5.1.2.5 The Assessor shall be independent from the supplier or, at the discretion of the Safety Authority, be part of the supplier's organisation or of the customer's organisation.
>
> 5.1.2.6 The Assessor shall be independent from the project.
>
> 5.1.2.7 The Assessor shall be given authority to perform the assessment of the software.
>
> 5.1.2.8 The Validator shall give agreement/disagreement for the software release.
>
> 5.1.2.9 Throughout the Software Lifecycle, the assignment of roles to persons shall be in accordance with 5.1.2.10 to 5.1.2.14, to the extent required by software SIL.
>
> 5.1.2.10 The preferred organisational structure for SIL 3 and SIL 4 is:

1) Requirements Manager, Designer and Implementer for a software component can be the same person.

2) Requirements Manager, Designer and Implementer for a software component shall report to the Project Manager.

3) Integrator and Tester for a software component can be the same person.

4) Integrator and Tester for a software component can report to the Project Manager or to the Validator.

5) Verifier can report to the Project Manager or to the Validator.

6) Validator shall not report to the Project Manager i.e. the Project Manager shall have no influence on the validator's decisions but the validator informs the Project Manager about his decisions.

7) A person who is Requirements Manager, Designer or Implementer for a software component shall neither be Tester nor Integrator for the same software component.

8) A person who is Integrator or Tester for a software component shall neither be Requirements Manager, Designer nor Implementer for the same software component.

9) A person who is Verifier shall neither be Requirements Manager, Designer, Implementer, Integrator, Tester nor Validator.

10) A person who is Validator shall neither be Requirements Manager, Designer, Implementer, Integrator,Tester nor Verifier.

11) A person who is Project Manager can additionally perform the roles of Requirements Manager, Designer, Implementer, Integrator, Tester or Verifier providing that the requirements for the independence between these additional roles are respected.

12) Project Manager, Requirements Manager, Designer, Implementer, Integrator, Tester, Verifier and Validator can belong to the same organization.

13) The assessor shall be independent and organisationally independent from the roles of Project Manager, Requirements Manager, Designer, Implementer, Integrator, Tester, Verifier and Validator.

However, the following options may apply:

14) A person who is Validator may also perform the role of Verifier, but still maintaining independence from the Project Manager. In this case the Verifier's output documents shall be reviewed by another competent person with the same level of independence as the Validator. This organisational option shall be subject to Assessor's approval.

15) A person who is Verifier may also perform the role of Integrator and Tester, in which case the role of Validator shall check the adequacy of the documented evidence from integration and testing with the specified verification objectives, hence maintaining two levels of checking within the project organisation.

5.1 组织、角色和职责

5.1.1 目标

本条款的目标是为了确保所有对软件负有责任的人员有组织、有权限、有能力履行职责。

5.1.2 需求

5.1.2.1 供应商最低限度应执行 EN ISO 9001 中关于人员职责管理与组织的相关要求。

5.1.2.2 人员的职责应符合附件 B 中规定的要求。

5.1.2.3 应该对参与软件开发与维护的人员角色进行命名和记录。

5.1.2.4 评估人员由客户、供应商或安全权威机构指定。

5.1.2.5 评估员应独立于供应商，或由安全权威机构酌情决定其属于供应商或客户组织中的哪个部门（或子机构）。

5.1.2.6 评估员应该独立于项目之外。

5.1.2.7 评估人有权对软件进行评估。

5.1.2.8 对于软件发布，应由验证人员给出同意或不同意结果。

5.1.2.9 在整个软件生命周期中，人员角色的安排应该与标准条款 5.1.2.10～5.1.2.14 以及软件 SIL 等级的要求相一致 。

5.1.2.10 SIL 3 和 SIL 4 的首选组织结构为：

1）软件组件的需求经理，设计师和实现者可为同一人。

2）软件组件的需求经理，设计师和实现者应向项目经理汇报。

3）用于软件组件的集成者和测试者可为一人。

4）软件组件的集成者和测试者可向项目经理或验证人员汇报。

5）确认者可以向项目经理或验证者汇报。

6）验证者不应要求向项目经理汇报，即项目经理不能够影响验证者的决定；但验证者应应告知项目经理其决定。

7）担任软件某一组件的需求经理，设计者或实现者的人员都不应作为同一软件组件的测试者或集成者。

8）作为软件某一组件的集成者或测试人员不应作为同一软件组件的需求经理，设计者或实现者。

9）担任确认者的人员不得是需求经理、设计者、实现者、集成者、测试者或确认者。

10）验证者不得是需求经理、设计师、实现者、集成者、测试者和确认者。

11）担任项目经理的人员在满足额外角色的独立性要求的情况下，可兼任需求经理、设计人员、实现者、集成者、测试者或验证者。

12）项目经理，需求经理，设计师，实现者，集成者，测试员，验证者和确认者可属同一组织。

13）评估者应该具有独立性，并且独立于项目经理，需求经理，设计者，执行者，集成者，测试者，验证者和确认者所属的组织。

然而，以下选项可适用：

14）确认者也可担当验证者的角色，但仍独立于项目经理。在此情况下，验证者的输出文件应由其他具有相同级别独立性能够胜任的确认者审查。这种组织情况应得到评估员认可。

15）验证者也可担任集成者和测试者的角色，在此情况下，确认者应检查具体集成和确认目标下的集成和测试文档证据的充分性，从而在项目组织内维持两个层次的检查。

3.1.2 条款理解及应用

对于安全相关的产品开发，项目实施方应从研发流程、人员职责、独立性要求三个方面进行管理。

1. 研发流程

对于研发流程的要求是为了降低功能安全产品的系统失效。这个要求可以分为两个层次，第一层次是产品研发组织是否通过了基本的认证，比如公司的 ISO 9001/14000 认证，软件的 CMM/CMMI 认证；第二层次是产品研发组织所使用的研发流程是否完善，研发流程的执行是否彻底，在项目中使用的方法和工具是否成熟，研发过程中的文档是否完整等。需要注意的是，研发流程往往很受重视，而产品的生产、运行和维护流程却容易被忽视，但功能安全是涵盖整个产品生命周期的，任何一个阶段的流程不完善都会影响到该产品的 SIL 认证结果。

2. 独立性要求

标准对人员独立性的要求如图 3-1 所示。

由图 3-1 可知，对于 SIL0～SIL4 级的软件功能开发，评估者一般应是独立的第三方机构。

SIL0 级的软件功能开发，允许需求经理、设计者和执行者为同一个人，这三个角色应直接向项目经理汇报项目实施情况；集成者、测试者、验证者和确认者可以为同一个人，这四个角色可以向项目经理汇报项目实施情况，也可以向其他质量负责人汇报项目实施情况。

SIL1 级与 SIL2 级的软件功能开发使用了相同的独立性要求。在这两个级别的软件开发中，需求经理、设计者和执行者可以为同一个人，这三个角色应直接向项目经理汇报项目实施情况；集成者和测试者可以是同一个人，验证者和确认者可以是同一个人，这四个角色可以向项目经理汇报项目实施情况，也可以向其他质量负责人汇报项目实施情况。

SIL3 级与 SIL4 级的软件功能开发使用了相同的独立性要求。在这两个级别的软件开发中，需求经理、设计者和执行者可以为同一个人，这三个角色应直接向项目经理汇报项目实施情况；集成者和测试者可以是同一个人，但需要独立的验证者，这三个角色可以向项目经理汇报项目实施情况，也可以向其他质量负责人汇报项目实施情况；此外，需要独立的确认者，确认者不应向项目经理汇报项目实施情况，应向其他质量负责人汇报项目实施情况。

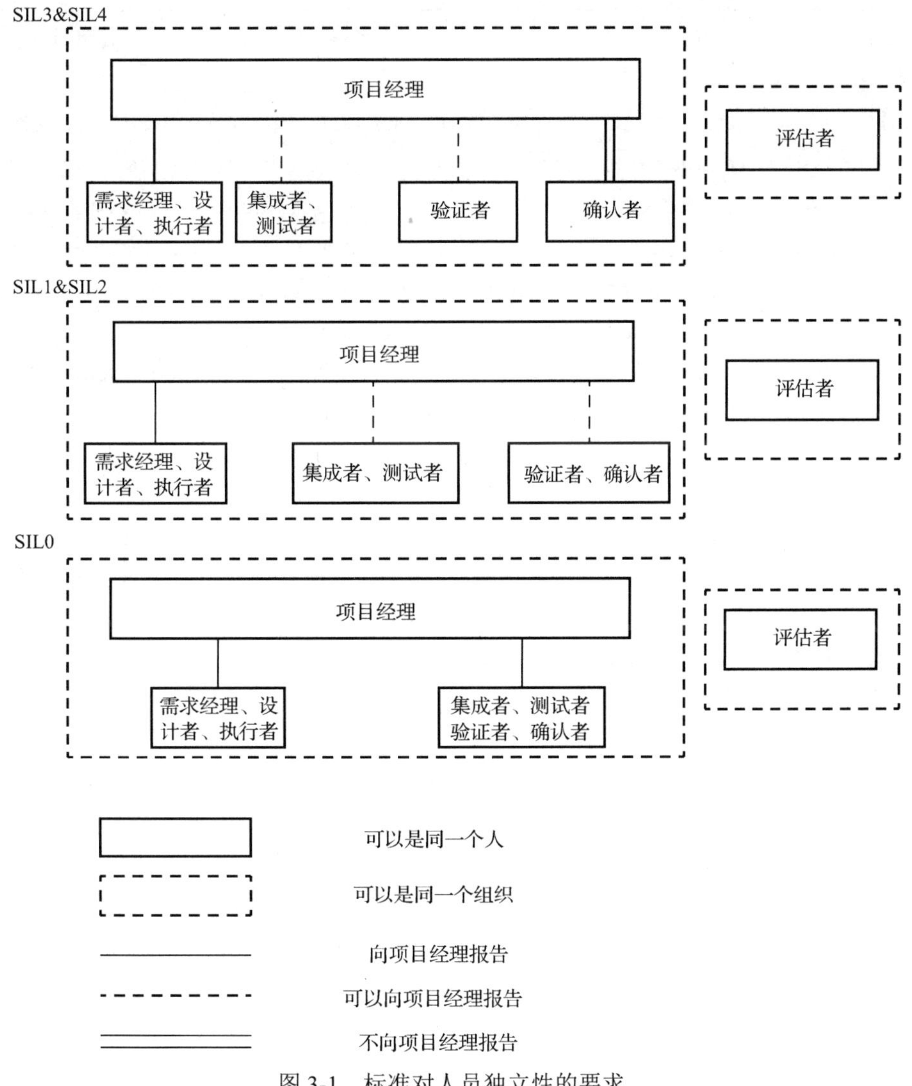

图 3-1　标准对人员独立性的要求

3.2 软件人员能力

标准第 5.2 条从人员岗位职责方面阐述了产品研发的要求。

3.2.1 标准条款

> 5.2　Personnel competence
>
> 5.2.1　Objectives
>
> 5.2.1.1　To ensure that all personnel who have responsibilities for the software are competent to discharge those responsibilities by demonstrating the ability to perform relevant

tasks correctly, efficiently and consistently to a high quality and under varying conditions.

5.2.2 Requirements

5.2.2.1 The key competencies required for each role in the software development are defined in Annex B. If additional experience, capabilities or qualifications are required for a role in the software life cycle, these shall be defined in the Software Quality Assurance Plan.

5.2.2.2 Documented evidence of personnel competence, including technical knowledge, qualifications, relevant experience and appropriate training, shall be maintained by the supplier's organisation in order to demonstrate appropriate safety organisation.

5.2.2.3 The organisation shall maintain procedures to manage the competence of personnel to suit appropriate roles in accordance to existing quality standards.

5.2.2.4 Once it has been proved to the satisfaction of an assessor or by a certification that competence has been demonstrated for all personnel appointed in various roles, each individual will need to show continuous maintenance and development of competence. This could be demonstrated by keeping a logbook showing the activity is being regularly carried out correctly, and that additional training is being undertaken in accordance with EN ISO 9001 and ISO/IEC 90003:2004, 6.2.2 "Competence, awareness and training".

5.2 人员技能

5.2.1 目标

确保所有对软件负有责任的人员有权利运用他们的职责，并且证明他们有能力在不同条件下正确、高效地完成相关任务，并始终如一追求高质量。

5.2.2 要求

5.2.2.1 软件开发过程中每个角色的主要能力要求见附录 B。在软件生命周期中，如果对某个角色有额外的经验、能力或资质方面的要求应该在软件质量保证计划中定义。

5.2.2.2 为了证明具备合适的安全组织管理，供应商应该对人员能力证明（包括技术知识、资格证书、相关经验和合适的培训记录等）进行记录。

5.2.2.3 公司应该根据现行的质量标准维护规程，以保证人员能力与其角色相匹配。

5.2.2.4 在个人满足评估员的要求或具备胜任其角色的资格证明的情况下，还必须提供不断维护和提高个人能力的证明。这些可以通过正确实施活动的日志，以及按照 EN ISO 9001 和 ISO/IEC 90003:2004 中 6.2.2“能力，意识，培训”要求进行的培训记录来证明。

3.2.2 条款理解及应用

标准具体规定了从事安全相关产品研发中需求经理、设计者、执行者、集成者、测试者、验证者和确认者 7 个角色应履行的职责及技术要求。

1）需求经理

（1）需求经理其职责为：

- 负责定软件需求；
- 应该制定软件需求规格说明书；

- 应该建立和保持系统级需求的可追溯性；
- 应该确保规格说明书、软件需求变更和配置管理材料齐全，包括：状态、版本、授权状态；
- 应该确保软件需求规格说明书的一致性和完整性（参考用户需求和最终的应用环境）；
- 应该形成和维护软件需求文档。

（2）其技能要求为：

- 具备需求管理的能力；
- 在应用程序领域具有丰富的经验；
- 在应用程序领域安全性方面具有的丰富经验；
- 应该熟悉整个系统的所有角色和应用环境；
- 应该了解分析技术和成果；
- 应该理解适用的法规。

2）软件设计者

（1）软件设计者其职责为：

- 将具体的软件需求转换成满意的方案；
- 应该制定自己的体系结构和相应的解决方案；
- 应该制定或选择设计方法和支持工具；
- 应该运用适当的设计规则和标准；
- 应该在适当的地方开发组件规范；
- 应该保持具体软件需求的可追溯性；
- 应该开发和维护设计文档；
- 应该确保设计文档的变更和配置管理。

（2）其技能要求为：

- 具备应用领域工程适应的能力；
- 懂得安全设计原则；
- 具备设计分析方法和设计测试方法的能力；
- 能够在给定的环境中遵循设计约束进行工作；
- 具有良好的理解问题的能力；
- 应该了解硬件平台、操作系统和接口系统的强加约束；
- 应该了解标准的相关要求。

3）软件执行者（编码人员）

（1）软件实现者（编码人员）其职责为：

- 将设计方案转换成数据/源代码/其他设计表现；
- 能够将源代码转化成可执行代码/其他设计表现；
- 能够应用安全设计原则；
- 能够运用指定的准备数据/编码标准；
- 能够进行分析来验证中间结果；
- 能够将软件整合到目标机器上；

- 能够开发和维护实施文档，包括应用方法、数据类型和列表；
- 应该保持设计的可追溯性；
- 能够维护产生或修改的数据/代码变更和配置。

（2）其技能要求为：

- 具备应用领域工程适应的能力；
- 具备熟练运用实现语言和支持工具的能力；
- 具备熟练运用指定的编码标准和编程风格的能力；
- 应该了解硬件平台、操作系统和接口系统的强加约束；
- 应该了解标准的相关要求。

4）软件测试者

（1）软件测试者其职责为：

- 应该确保有效地策划测试活动；
- 开发测试规范（目标和用例）；
- 确保测试目标在软件需求规格说明书中的可追溯性以及测试用例在指定测试目标中的可追溯性；
- 能够确保计划测试的实施和指定测试的实现；
- 应该识别偏离预期结果的差异并记录在测试报告中；
- 与相关变化管理人员交流差异并进行评估和决策；
- 在报告中捕获结果；
- 能够选择软件测试设备。

（2）其技能要求为：

- 具备实施测试的能力，例如软件需求测试、数据测试、代码测试等；
- 熟悉各种测试和验证方法/理论，并能够在给定内容情况下选择最适合的方法；
- 具备根据给定规范编写测试用例的能力；
- 应该具有分析思考的能力和良好的观察技能；
- 应该了解标准的相关知识。

5）软件验证者

（1）软件验证者其职责为：

- 能够开发软件验证计划（可能包括质量问题），陈述需要验证的内容和需要作为证据的过程（例如回顾、分析等）和测试类型；
- 开发测试规范（目标和用例）；
- 确保测试目标在软件需求规格说明书中的可追溯性以及测试用例在指定测试目标中的可追溯性；
- 能够确保计划测试的实施和指定测试的实现；
- 应该识别偏离预期结果的差异并记录在测试报告中；
- 与相关变化管理人员交流差异并进行评估和决策；
- 在报告中分析结果。

（2）其技能要求为：

- 具备实施测试的能力，例如软件需求测试、数据测试、代码测试等；

- 熟悉多种测试和验证方法及理论，并能够在给定内容基础上选择最适合的验证方法；
- 具备根据给定规范编写测试用例的能力；
- 应该具有分析思考能力和良好的观察技能；
- 应该了解和掌握 EN 50128 的相关要求。

6）软件集成者

（1）软件集成者其职责为：

- 应该能够使用软件标准来管理软件的一体化进程；
- 能够依据软件架构设计规格说明和软件组件设计说明制定软件集成测试规格说明和软件/硬件集成测试规格说明书，说明必要的输入组件、集成活动的顺序和组件的集成结果；
- 能够在集成过程中开发和维护集成记录；
- 能够发现集成异常现象，并记录和传达给相关的变更管理人员进行评估和决策；
- 能够编写组件和整个系统的集成报告并说明集成结果。

（2）其技能要求为：

- 具备组件集成能力，包括相关的程序设计语言、软件接口、操作系统、数据、平台、代码等；
- 熟悉多种集成方法/理论，并能够在给定内容情况下选择最适合的集成方法；
- 能够正确理解不同中间水平的设计和功能要求；
- 能够根据一组集成功能得知集成测试的类型；
- 在系统层次角度有良好的分析思考能力和观察能力；
- 应该了解和掌握 EN 50128 的相关要求。

7）软件确认者

（1）软件确认者其职责为：

- 应该对预期环境的应用软件有系统的理解；
- 应该确认计划指定软件的基本任务和活动，并经评估者同意；
- 应该针对预期环境/使用检查软件需求；
- 应该根据软件需求对软件进行检查，保证满足软件需求；
- 应该根据欧洲标准包括 SIL 的要求评估软件进程和开发软件的一致性；
- 应该检查软件的正确性、一致性以及验证和测试的充分性；
- 应该检查软件的正确性、一致性以及测试用例和执行用例的充分性；
- 应该确保所有确认计划的实施；
- 应该检查和分类所有的偏差风险（影响），并记录和提交给负责变更管理并做决定的人员；
- 应该对预期应用软件的适应性做出评价，并说明应用约束；
- 应该根据确认计划寻找差异；
- 应该在不同阶段适当地对整个项目进行审计、检查或审查（作为正常开发进程的实例化）；
- 应该适当地结合以前的应用软件检查和分析确认报告；
- 应该检查开放方案在软件需求中是否可追溯；

- 应该确保对相关的风险日志和遗留的风险进行检查，并确保通过适当的风险控制或转移方法能使得所有的风险得到避免；
- 应该形成确认报告；
- 应该对软件的发布给出结论。

（2）其技能要求为：

- 具备验证实施能力；
- 在应用软件的安全性方面有丰富的经验；
- 熟悉多种确认方法/理论，能够在给定内容基础上选择最适合的确认方法；
- 能够根据预期应用软件给定的规格书获得确认信息的类型；
- 能够结合不同的来源和证据类型对应用的适用性或应用的约束和限制形成一个整体的观点；
- 具有良好的分析思考能力和良好的观察技能；
- 具有对软件整体角度的理解能力，包括对应用环境的理解；
- 应该了解和掌握 EN 50128 的相关要求。

8）软件评估者

（1）软件评估者其职责为：

- 应该对预期环境的应用软件有系统的理解；
- 应该编写评估计划，并与安全权威部门和用户组织（与评估者签订合同）进行沟通；
- 应该根据欧洲标准包括 SIL 的要求评估软件进程和开发软件的一致性；
- 应该对软件开发阶段项目策划人员和组织的能力进行评估；
- 应该对验证和确认过程以及支撑的证据进行评估；
- 应该对软件开发采纳的质量管理系统进行评估；
- 应该对配置和变更管理系统及其使用证据进行评估；
- 在评估报告中识别和评估任何与软件需求有差异的风险（影响）；
- 确保评估计划的实施；
- 在开发过程的不同阶段，适当对整个开发过程进行安全审计和检查；
- 对开发软件的适应性给出专业评价观点，包括预期使用细节约束、应用状态和风险控制角度；
- 形成测试报告并在测试过程中维护记录。

（2）其技能要求为：

- 具备良好的评估技术和评估实施能力；
- 有安全权威部门认可的注册证书；
- 具有不断获得提高安全规范和应用规范领域经验水平的能力；
- 能够检查已经应用内容的方法或方法的组合；
- 能够理解相关的安全性、人力资源、技术和质量管理进程是否满足 IEC 62279 的要求；
- 熟悉评估方法/理论；
- 具有良好的分析思考能力和良好的观察技能；
- 能够结合不同的证据来源和证据类型对应用的适用性或应用的约束、限制形成一个整体的观点；

- 具有对软件整体角度的理解能力，包括对应用环境的理解；
- 能够判断所有开发过程的充分性（如质量管理、配置管理、验证和确认过程）；
- 应该了解和掌握 EN 50128 的相关要求。

9）项目经理

（1）项目经理其职责为：

- 应该确保在项目和进度按计划核查过程中质量管理系统及相关角色能够各自发挥作用；
- 应该收集充足的优秀资源以实现项目中包含的基本任务，包括安全性活动以及必要的角色独立性；
- 应该确保遵循 IEC 62279 要求，任命合适的项目验证者；
- 应该对软件的交付和部署负责，并确保从利益相关者角度出发安全性需求得到满足；
- 应该允许充足的时间来正确实现安全任务；
- 应该在整个开发过程中支持部分和完全的安全交付；
- 确保安全性相关的大量结论记录和可追溯性得到维护。

（2）其技能要求为：

- 应该理解 IEC 62279 中质量、能力、组织、管理的需求；
- 懂得安全性进程需求；
- 能够权衡不同的观点并理解一个决定或观点执行后对安全性的影响；
- 了解软件开发进程的需求；
- 应该了解其他相关标准的要求。

10）配置经理

（1）配置经理其职责为：

- 应该负责制订软件配置管理计划；
- 应该拥有自己的配置管理系统；
- 应该设置所有的软件组件在配置管理系统中是清晰独立的版本；
- 应该准备发布声明，包括软件组件的不兼容版本。

（2）其技能要求为：

- 具备软件配置管理能力；
- 应该了解和掌握 EN 50128 的相关要求。

3.3 软件生命周期

标准 5.3 节对软件研发生命周期模型、软件研制过程中各阶段产生的文档成果进行了要求。

3.3.1 标准条款

5.3 Lifecycle issues and documentation 5.3.1 Objectives

5.3.1.1 To structure the development of the software into defined phases and activities.

5.3.1.2 To record all information pertinent to the software throughout the lifecycle of the software.

5.3.2 Requirements

5.3.2.1 A lifecycle model for the development of software shall be selected. It shall be detailed in the Software Quality Assurance Plan in accordance with 6.5. Two examples of lifecycle models are shown in Figure 3 and Figure 4.

5.3.2.2 The lifecycle model shall take into account the possibility of iterations in and between phases.

5.3.2.3 Quality Assurance procedures shall run in parallel with lifecycle activities and use the same terminology.

5.3.2.4 The Software Quality Assurance Plan, Software Verification Plan, Software Validation Plan and Software Configuration Management Plan shall be drawn up at the start of the project and maintained throughout the software development life cycle.

5.3.2.5 All activities to be performed during a phase shall be defined and planned prior to the commencement of the phase.

5.3.2.6 All documents shall be structured to allow continued expansion in parallel with the development process.

5.3.2.7 For each document, traceability shall be provided in terms of a unique reference number and a defined and documented relationship with other documents.

5.3.2.8 Each term, acronym or abbreviation shall have the same meaning in every document. If, for historical reasons, this is not possible, the different meanings shall be listed and the references given.

5.3.2.9 Except for documents relating to pre-existing software (see 7.3.4.7), each document shall be written according to the following rules:

- It shall contain or implement all applicable conditions and requirements of the preceding document with which it has a hierarchical relationship;
- It shall not contradict the preceding document.

5.3.2.10 Each item or concept shall be referred to by the same name or description in every document.

5.3.2.11 The contents of all documents shall be recorded in a form appropriate for manipulation, processing and storage.

5.3.2.12 When documents which are produced by independent roles are combined into a single document, the relation to the parts produced by any independent role shall be traced within the document.

5.3.2.13 Documents may be combined or divided in accordance with 5.3.2.12. Some development steps may be combined, divided or, when justified, eliminated, at the discretion of the Project Manager and with the agreement of the Validator.

5.3.2.14 Where any alternative lifecycle or documentation structure is adopted it shall be established that it meets all the objectives and requirements of this European Standard.

5.3 生命周期问题和文档

5.3.1 目标

5.3.1.1 规范软件开发的阶段和活动。

5.3.1.2 记录贯穿整个软件生命周期的所有相关信息。

5.3.2 要求

5.3.2.1 应为软件开发选择生命周期模型，并根据第 6.5 节在软件质量保证计划中对该模型加以详细说明。两个生命周期模型的样例如图 3 和图 4 所示（图片请翻阅标准原文）。

5.3.2.2 应该考虑生命周期模型各阶段迭代执行的可能性。

5.3.2.3 质量保证规程应与生命周期活动一起运行，并且使用相同的术语。

5.3.2.4 软件质量保证计划，软件验证计划，软件确认计划和软件配置管理计划应该在项目启动阶段起草并且贯穿整个软件开发过程。

5.3.2.5 各阶段所有要进行的活动应在该阶段开始之前先行定义和计划。

5.3.2.6 所有文档应该结构化，以便随开发进程不断扩展。

5.3.2.7 各个文档应有唯一的索引编号，与其他文档应有确定的记录在案的文档关系，以便进行文档追溯。

5.3.2.8 每个文档对缩略语和简写词应有相同的解释。如果由于历史的原因，做不到这一点，就应给出不同的释义和参考资料。

5.3.2.9 除早期开发软件的文档外（见 7.3.4.7 小节），各文档应按以下规则书写：

- 应包括或执行所有与之具有层次关系的前期文档的适用条件和要求；
- 不应与前期文档有抵触。

5.3.2.10 每个文档中，每个条目或概念使用相同的名称或描述。

5.3.2.11 所有文档内容应以适合操作、处理和存储的形式来记录。

5.3.2.12 当多个独立角色完成的文档整合成单个文档时，文档中各独立完成部分之间的关系应能够追溯。

5.3.2.13 文档可以根据标准 5.3.2.12 进行组合与分割。在征得验证者同意后，项目经理可对开发步骤进行合并、分割或者取消（应当经过判断）。

5.3.2.14 被采纳的任何替代生命周期或文档架构的部分应该满足标准中所有的目标和要求。

3.3.2 条款理解及应用

对于软件研发的生命周期，标准中推荐使用 V 模型进行开发。V 模型是软件测试过程中常见的一种模型，它反映了开发过程和测试过程的关系，在测试软件的过程中起着重要的作用。在这种模型的测试过程中，首先进行可行性研究需求定义，然后以书面的形式对需求进行描述，产生需求规格说明书；之后，开发人员根据需求规格说明书来对软件进行概要设计，测试人员根据需求规格说明书设计出系统测试用例；概要设计之后，开发人员根据概要设计对软件进行详细设计，测试人员根据概要设计设计出集成测试用例；详细设计之后，开发人员根据详细设计进行编码，测试人员根据详细设计设计出单元测试用例；编码完成之后，测试人员根据单元测试用例对设定的软件测试单元进行测试，单元测试完成之后，进行集成测试，然后进行系统测试，最后进行验收测试。典型的软件研发 V 模型如图 3-2 所示。

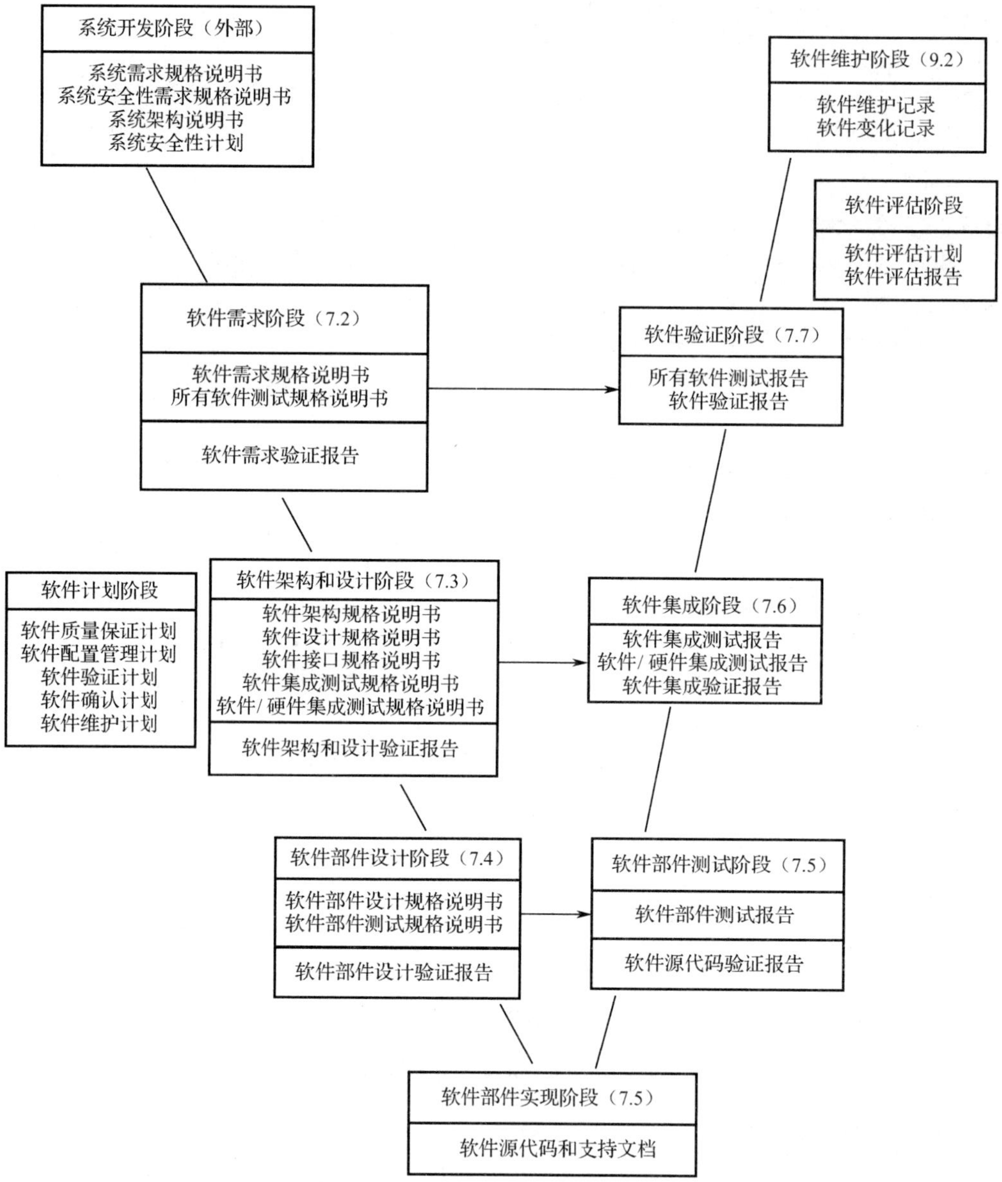

系统开发阶段（外部）
系统需求规格说明书
系统安全性需求规格说明书
系统架构说明书
系统安全性计划

软件维护阶段（9.2）
软件维护记录
软件变化记录

软件评估阶段
软件评估计划
软件评估报告

软件需求阶段（7.2）
软件需求规格说明书
所有软件测试规格说明书
软件需求验证报告

软件验证阶段（7.7）
所有软件测试报告
软件验证报告

软件计划阶段
软件质量保证计划
软件配置管理计划
软件验证计划
软件确认计划
软件维护计划

软件架构和设计阶段（7.3）
软件架构规格说明书
软件设计规格说明书
软件接口规格说明书
软件集成测试规格说明书
软件/硬件集成测试规格说明书
软件架构和设计验证报告

软件集成阶段（7.6）
软件集成测试报告
软件/硬件集成测试报告
软件集成验证报告

软件部件设计阶段（7.4）
软件部件设计规格说明书
软件部件测试规格说明书
软件部件设计验证报告

软件部件测试阶段（7.5）
软件部件测试报告
软件源代码验证报告

软件部件实现阶段（7.5）
软件源代码和支持文档

图 3-2　典型的软件研发 V 模型

图 3-2 中每个阶段的目标及具体活动的描述如下：

1）需求分析

目标：明确用户需求，并对需求进行分析和提取。

活动：通过和用户进行充分沟通，了解用户的需求，并对用户的需求进行分析，然后将整理好的需求分析转交给用户，以便用户对自己的需求进行确认。需求分析做好以后，转交给概要设计人员和测试部门，概要设计人员以需求分析为依据进行软件概要设计，测试部门也以需求分析为依据对软件做出系统测试的测试用例。

2）软件架构设计

目标：对软件的结构与组成进行整体的、概要的设计。

活动：本阶段的设计过程中，主要需要明确设计出如下三点，即软件架构、各个模块功能的设计和模块与模块之间的接口。明确软件架构，即需要确定软件在实现过程中需要应用哪种应用服务模式；明确各个模块功能的设计，即需要明确说明各个模块及各个模块需要完成什么功能；明确模块与模块之间的接口，即需要明确模块和模块进行通信的规则。

3）软件部件设计

目标：对各个软件组件进行详细设计

活动：软件部件设计必须遵循软件概要设计来进行。软件部件设计方案的更改，不得影响到软件架构设计方案；如果需要更改软件架构设计，必须经过项目经理的同意。

在软件部件设计阶段，设计者的工作对象是各个具体的软件模块，根据架构设计赋予的局部任务和对外接口，设计并表达出模块的算法、流程、状态转换等内容。软件部件设计阶段需要将各个软件模块的流程图、状态图、局部变量及对外接口用相应的文字进行清晰的描述。此外，组织进行设计评审。

4）软件部件实现

目标：根据软件部件的设计完成软件编码。

活动：软件部件实现过程是使用选定的程序设计语言，把部件的设计描述翻译为用该语言书写的源程序。源程序应该正确可靠、简明清晰，而且具有较高的效率。程序员首先应该选择设计程序的设计语言，选择设计语言是前提，其次再考虑编码过程中的规则与步骤。安全相关软件的编码一般需要保证70%以上的注释率。

5）软件部件测试

目标：验证和确认代码的开发是否符合部件设计的要求，记录测试结果。

活动：软件部件测试阶段的活动包括代码静态分析、代码走查和单元测试。

代码静态分析是进行代码的控制流分析、数据流分析、接口分析、表达式分析和软件结构度量元分析。同时通过静态分析获得程序的基本信息，包括程序规模、模块数、注释率、模块圈复杂度等。

（1）控制流分析。控制流分析是指使用控制流程图系统地检查被测程序的控制结构的工作。控制流按照结构化程序规则和程序结构的基本要求进行程序结构检查，要求被测程序不得包含下述情形：

- 转向并不存在的语句；
- 没有使用的语句；
- 没有使用的子程序定义；
- 调用并不存在的子程序；
- 从程序入口进入后无法达到的语句；
- 不能达到停止语句的语句。

（2）数据流分析。数据流分析是指用控制流程图来分析数据发生的异常情况的工作。异常是指被初始化、被赋值或被引用过程中出现的行为序列的异常。

利用数据流分析法可以查出引用未定义变量、对以前未使用的变量再次赋值等程序差错。

（3）接口分析。接口分析包括实际分析和程序静态分析，接口一致性的设计分析涉及模块之间接口一致性和模块与外部数据库之间的一致性。程序的接口分析主要包括子程序以及函数之间的接口一致性，包括检查形参与实参的类型、数量、维度、顺序以及使用的一致性。

（4）表达式分析。表达式分析主要是分析被测软件是否有表达式错误。表达式错误包括但不限于：括号使用不正确、数组引用错误、作为除数的变量可能为零、作为开平方的变量可能为负，作为正切值的变量可能为 π/2，浮点数变量比较时会产生错误等。

（5）软件结构度量元分析。通过对软件的度量元，包括扇入、扇出、圈复杂度等进行分析，评价软件的部件或单元间调用关系上的复杂性。

（6）代码语义分析。

依据 GB/T 28169—2011《嵌入式软件 C 语言编码规范》、GJB 5369—2005《航天型号软件 C 语言安全子集》、MISRA C 等相关标准，对源代码进行语义分析，主要包括数组越界检查、内存泄漏检查、指针检查、安全性漏洞扫描、变量未初始化检查以及数据流分析等。

代码走查根据被测软件编程语言及相关编码规范，以及软件需求和设计文档进行。代码走查的测试内容包括：检查软件设计文档与代码实现的一致性；检查代码执行标准的情况；检查代码逻辑表达的正确性；检查代码结构的合理性；检查代码的可读性等。代码走查的审查项包括但不限于以下方面：寄存器使用、格式、入口和出口连接、程序语言的使用、存储器使用、测试和转移、性能、可维护性、逻辑、软件多余物、循环、子程序和过程、嵌套结构、寻址与数组、数据结构等。

单元测试依据委托方提供的软件部件设计文档确定被测软件包含的软件单元，结合被测软件特性、安全重要等级和不同覆盖率类型的优缺点，选取语句覆盖、分支覆盖、路径覆盖或 MC/DC 覆盖等类型，对全部软件单元开展单元测试，包括功能测试、接口测试、边界测试、结构覆盖测试等。

软件单元测试要达到以下要求：

- 对软件设计文档中规定的软件单元功能进行测试，以验证其是否满足规定的要求；
- 对软件设计文档中规定的软件单元接口进行测试，验证接口实现的正确性；
- 对软件设计文档中规定的软件单元的各输入、输出数据边界值进行测试；
- 对软件单元进行结构覆盖测试，包括语句覆盖、分支覆盖、路径覆盖、MC/DC 覆盖等；
- 测试软件单元在运行过程中发生错误时，其错误处理措施是否有效；
- 测试软件单元内部的数据结构是否完整，检查数据类型说明、变量初始化、缺省值设置等是否正确；
- 每个软件特性应至少被一个正常测试用例和一个被认可的异常测试用例覆盖；
- 测试用例的输入应至少包括有效等价类值、无效等价类值和边界数据值；
- 对输出数据及其格式进行测试。

6）软件集成与测试

目标： 完成软件部件的组装与测试，确认各模块能够正确地结合到一起，实现架构设计的各项指标。

活动： 在单元测试的基础上，将软件架构设计文档的要求组装成系统或子系统，进行软件与软件集成、软件与硬件集成，并对集成后的部件进行测试。

在此阶段，对设计测试用例开展功能、性能、安全性、可靠性等方面的测试，验证软件组装后各部分工作是否达到或实现相应技术指标及要求。

（1）功能测试。通过正常值、非正常值的等价类输入数据值和边界值的输入数据值测试，检查：

- 模块（或单元）间参数传递与结果返回的正确性；
- 模块（或单元）组装后，部件功能的正确性；
- 全局数据结构的正确性。

（2）性能测试。主要测试运行时间、占用空间、精度等。

（3）接口测试。主要测试：

- 模块（或单元）间接口数据流的正确性；
- 数据通过接口是否丢失；
- 软件单元之间是否相互存在不良影响；
- 全局数据结构是否存在问题。

（4）逻辑测试。要求模块（或单元）间调用满足语句覆盖率、分支判断覆盖率、条件覆盖率等的要求。软件集成测试关注以下几点：

- 在把各个模块连接起来的时候，穿越模块接口的数据是否会丢失；
- 各个子功能组合起来，能否达到预期要求的父功能；
- 一个模块的功能是否会对另一个模块的功能产生不利的影响；
- 全局数据结构是否有问题；
- 单个模块的误差积累起来，是否会放大。

7）软件确认

目标： 对最终软件系统进行全面的测试，从而验证和确认软件的质量特性是否满足需求规格说明书的要求。

活动： 本阶段一般需要提取软件需求规格说明中的所有测试点，充分考虑系统的全部工况，对软件所在的系统进行验证。

验证一般建议采用黑盒测试的方法开展，包括：功能测试、性能测试、接口测试、人机交互测试、强度测试、安全性测试、安装性测试、兼容性测试、负载测试等。

（1）功能测试。对技术规格中的各项功能进行以下测试，验证系统是否达到所规定的要求：正常值的等价类输入数据检测；非正常值的等价类输入数据检测；边界值的输入数据检测。

（2）性能测试。

- 准确性测试：测试软件产品提供具有所需精确度的正确的或相符的结果或效果的能力。如，软件在获得定量结果时程序计算的精确性；
- 时间特性测试：测试在规定条件下，软件产品执行其功能时，提供适当的响应和处理时间以及吞吐率的能力。测试系统完成其功能的实时性能，测试系统对并发事务和并发访问的处理能力等；

- 资源利用方面：测试在规定条件下，软件产品执行其功能时，使用合适数量和类别的资源的能力。测试系统的负载能力，测试系统的软件或硬件因素是否制约了软件的性能，测试系统运行时占用的空间。

（3）接口测试。

- 测试系统内部接口的正确性和一致性；
- 测试系统外部接口的正确性和一致性，即测试软件产品与一个或更多的规定系统进行交互的能力；
- 容错性测试：测试在软件出现故障或者违反指定接口的情况下，软件产品维持规定性能级别的能力。

（4）人机界面测试。

- 易学性测试：测试软件产品的应用使用户易于学会的能力，如人机交互界面与用户手册或操作手册的一致性；
- 易操作性测试：测试软件产品使用户易于操作和控制的能力，如人机交互界面字符、文字的正确性，人机交互界面的有效性，人机交互界面的健壮性；
- 吸引性：软件产品吸引用户的能力（例如颜色的使用和图形化界面的设计）。

（5）强度测试。

- 性能强度测试：要求处理的信息量，超过设计允许的最大值；数据传输能力的饱和试验，要求超出设计能力传输更多的数据（内存的写入和读出、外部设备、其他分系统及内部界面的数据传输等）；存储范围（如缓冲区、表格和临时信息区）超过额定大小的能力。
- 降级能力强度测试。对于设计上允许降级运行的软件，测试计算机部分硬件失效（或瞬间失效）时其自恢复能力。
- 健壮性测试。测试系统在遇到意外的情况下，是否具有足够的健壮性。

（6）安全性测试。验证被测试软件是否满足软件技术规格书或需求规格说明书的要求，重点检查软件的防止灾难故障能力、容错能力、对数据非法访问的保护能力。

- 测试系统在硬件或软件出现故障情况下的处理和保护能力；
- 测试当软件 / 硬件配置切换到标准配置以下时的处理和保护能力；
- 测试系统容错操作的能力。

（7）兼容性测试

- 测试嵌入式软件的软硬件之间的兼容性；
- 测试系统与外设的兼容性；
- 测试应用软件与操作系统之间的兼容性；
- 测试不同应用软件之间的兼容性。

（8）负载测试。负载测试是一种性能测试，测试数据在超负荷环境中运行时程序的承担能力。

第4章

软件测试

4.1 软件测试过程

标准 6.1.2、6.1.3、6.1.4.1、6.1.4.2 节对软件测试的输入/输出文档、工具环境以及软件测试过程提出了具体的要求。

4.1.1 标准条款

6.1 Software testing

6.1.1 Objective

6.1.1.1 The objective of software testing, as performed by the Tester and/or Integrator, is to ascertain the behaviour or performance of software against the corresponding test specification to the extent achievable by the selected test coverage.

6.1.2 Input documents

All necessary System, Hardware and Software Documentation as specified in the Software Verification Plan.

6.1.3 Output documents

1) Overall Software Test Specification
2) Overall Software Test Report
3) Software Integration Test Specification
4) Software Integration Test Report
5) Software/Hardware Integration Test Specification
6) Software/Hardware Integration Test Report
7) Software Component Test Specification
8) Software Component Test Report

6.1.4 Requirements

6.1.4.1 Tests performed by other parties such as the Requirements Manager, Designer or Implementer, if fully documented and complying with the following requirements, may be accepted by the Verifier.

6.1.4.2 Measurement equipment used for testing shall be calibrated appropriately. Any tools, hardware or software, used for testing shall be shown to be suitable for the purpose.

6.1 软件测试

6.1.1 目标

6.1.1.1 软件测试一般由集成者或测试者执行，其目的是确定软件的运行状况或性能是否与相应的软件测试规范一致。而测试说明一般是根据选定的测试范围确定的。

6.1.2 输入文档

软件验证计划中指明的所有需要的软件、硬件文档。

6.1.3 输出文档：

1）系统软件测试规范；

2）系统软件测试报告；

3）软件集成测试规范；

4）软件集成测试报告；

5）软硬件集成测试规范；

6）软硬件集成测试报告；

7）软件部件测试规范；

8）软件部件测试报告。

6.1.4 要求

6.1.4.1 若能按照下文的要求开展测试工作并形成完整的文档记录，软件开发过程的其他参与者比如需求管理者、设计者或实施者，也能够得到确认者的认可。

6.1.4.2 测试过程中所用到的测量设备都要经过校准。要证明测试使用的所有工具、硬件和软件都是适用的。

4.1.2 条款理解及应用

在 IEC 62279 标准中，软件测试的输入文件一般包括：依据的测试标准、软件需求规格说明书、软件安全规格说明书、软件结构设计规格说明书、软件模块设计规格说明书以及列车总线通信协议。

软件测试的输出文件包括：系统软件测试规范、系统软件测试报告、软件集成测试规范、软件集成测试报告、软硬件集成测试规范、软硬件集成测试报告、软件部件测试规范、软件部件测试报告。研制企业应有规定和措施，确保计算机系统中的文件与其他载体上的文件在内容、修订、版本控制、发布、存档等方面的一致性。

软件测试过程，一般包括测试需求分析、测试项目策划、测试设计和实现、测试执行和回归测试、测试总结所开展的技术活动以及测试计划、测试需求、测试说明、测试就绪、测试结果等测试技术进行的评审活动。

在软件测试过程中，应确保测试数据和测试设备的完好、安全、稳定，测试场地一般应具备防静电、电源故障保护措施。如果软件测试在实验室固定场所以外进行，应有措施控制测试设施，环境条件应满足测试任务要求，确保其测试记录及数据的完整和安全，防止非授权实体的进入。对结果有影响的因素，实验室应进行监控并记录环境条件，应有防止出现计算机病毒、木马程序等不良程序交叉感染的测试环境。

软件测试的记录应在一定时间段内进行保存，软件测试项目技术记录可包括：

- 测试输入项记录：被测试软件清单、与软件测试相关的文件清单等；
- 测试技术文档：测试（回归测试）方案、测试（项目）计划、测试需求规格说明、测试说明、软件测试报告的副本等；
- 测试环境记录：测试场地设施记录、被测试软件运行平台软硬件记录、测试设备记录、测试工具软件记录、陪测的设备和软件记录等；
- 测试执行记录：测试记录（日志）、文档检查记录、软件问题单（报告）、源程序缺陷报告、测试问题单（报告）等；
- 技术评审记录：对软件测试合同、测试输入项、测试技术文档、测试环境、测试结果等进行技术评审的记录。

软件测试设备可包括测试工具软件以及计算机系统、网络系统、适配器、测试输入和结果输出等硬件设备。有指标要求的测试工具在投入使用前应对其使用范围进行检查。例如，允许 500 个用户的测试工具，在初次使用前，应采用适当的方法对其是否符合要求予以核查确认。

测试采用的软件测试方法，一般包括测试用例集、测试工具（软件和硬件）及其使用方法、依托测试工具运行测试用例获得测试结果的相关程序三要素。为了保证不影响软件测试方法的运用和测试结果，实验室应具有适当的软件测试方法使用指导书，有措施确保测试用例、测试脚本、测试数据和测试工具的一致、有效。

测试工具软件的不同版本，均应加以唯一性标识。设备记录还应包括测试所用设备的配置及支撑软件等信息（包括工具类型、名称、生产厂商、版本号、用途与性能、启用时间、许可证数、主要选件、技术文件及运行平台等信息）。实验室应对测试工具软件进行版本管理以及版本升级和配置控制，防止误用。正在进行测试的设备应张贴“测试中”的标识，并在屏保中设置标识，以避免因错误调整测试环境而影响测试工作的进行。

此外，测试过程中应根据实际情况决定是否进行软件测试测量不确定度的评定。如，当软件检测结果涉及测量值并有量值精确度要求时，应具备评定测量不确定度的程序，分析不确定度的影响因素及其对软件测试结果的可能影响。

4.2 软件测试规范

标准 6.1.4.3 和 6.1.4.4 节对软件测试规范提出了具体的要求。

4.2.1 标准条款

> 6.1.4.3 Software testing shall be documented by a Test Specification and a Test Report, as defined in the following.

6.1.4.4 Each Test Specification shall document the following:
1) test objectives,
2) test cases, test data and expected results,
3) types of tests to be performed,
4) test environment, tools, configuration and programs,
5) test criteria on which the completion of the test will be judged,
6) the criteria and degree of test coverage to be achieved,
7) the roles and responsibilities of the personnel involved in the test process,
8) the requirements which are covered by the test specification,
9) the selection and utilisation of the software test equipment.
6.1.4.3 按照以下的要求，软件测试应在测试规范与测试报告文档中进行详细记录。
6.1.4.4 软件测试规范需要记录以下内容：
1）测试目的；
2）测试用例、测试数据和预期结果；
3）要执行的测试类型；
4）测试环境、工具、配置和程序；
5）判定完成测试的标准；
6）要达到的测试覆盖标准和程度；
7）测试过程涉及人员的角色和职责；
8）测试说明所覆盖的软件需求；
9）软件测试设备的选择和使用。

4.2.2 条款理解及应用

软件测试规范需要明确测试目的、测试依据、测试类型、测试环境、测试人员和职责以及测试的充分性要求；同时，也需要详细描述测试用例、测试数据和预期结果；此外，还需要对测试设备的选择和使用原则进行分析。

软件测试目的是验证软件是否满足软件需求规格说明、软件设计说明和软件产品说明等文档中规定的软件质量要求。测试一般依据《计算机软件测试规范》（GB/T 15532—2008）标准中规定的技术方法开展。

1. 软件测试活动

软件测试过程包括四项活动，按顺序分别是：测试策划、测试设计与实现、测试执行、测试总结。

（1）测试策划。确定需要测试的内容或质量特性；确定测试的充分性要求；提出测试的基本方法；确定测试的资源和技术需求；制订测试资源计划和测试进度计划。

（2）测试设计与实现。分析测试用例集的层次结构，选取和设计测试用例；获取并验证测试数据；根据测试资源、风险等约束条件，确定测试用例执行顺序；获取测试资源，开发测试软件；建立并校准测试环境；进行测试就绪审查，主要审查测试计划的合理性、测试用例的正确性和有效性、覆盖的充分性等，审查测试组织、环境和设备工具是否齐备并符合要求。在进入下一阶段工作之前，应通过测试就绪评审。

（3）测试执行。执行测试用例，获取测试结果；分析并判定测试结果。同时，根据不同的判定结果采取相应的措施；对测试过程的正常或异常终止情况进行核对，并根据核对结果，对未达到测试终止条件的测试用例，决定是停止测试，还是通过修改或补充测试用例集进行下一步测试。

（4）测试总结。评估测试效果和被测软件项，描述测试状态。如，实际测试与测试计划和测试说明的差异、测试充分性分析、未能解决的测试事件等；描述被测软件项的状态（如被测软件与需求的差异，发现的软件错误等）；最后，完成软件测试报告，并通过测试评审。

2. 软件测试方法

软件测试的方法一般分为静态测试方法和动态测试方法。

静态测试方法包括检查单分析方法和静态分析方法，对文档的静态测试方法主要是以检查单的形式进行的，而对代码的静态测试方法一般采用代码审查、代码走查和静态分析，静态分析一般包括控制流分析、数据流分析、接口分析和表达式分析。应对软件代码进行审查、走查或静态分析；对于规模较小、安全性要求较高的代码也可进行形式化证明。

动态测试方法一般采用白盒测试方法和黑盒测试方法。黑盒测试方法一般包括功能分解、边界值分析、判定表、因果图、随机测试、猜错法和正交试验法等；白盒测试方法一般包括控制流测试（语句覆盖测试、分支覆盖测试、条件覆盖测试、条件组合覆盖测试、路径覆盖测试）、数据流测试、程序变异、程序插桩、域测试和符号求值等。

在软件动态测试过程中，应采用适当的测试方法，实现测试要求。配置项测试和系统测试一般采用黑盒测试方法；部件测试一般主要采用黑盒测试方法，辅助以白盒测试方法；单元测试一般采用白盒测试方法，辅助以黑盒测试方法。

1）进行测试用例遵循的原则

在进行测试用例设计时，应遵循以下原则：

（1）基于测试需求的原则。应按照测试级别的不同要求，设计测试用例。如，单元测试依据详细设计说明，部件测试依据概要设计说明，配置项测试依据软件需求规格说明，系统测试依据用户需求（系统/子系统设计说明、软件开发任务书等）。

（2）基于测试方法的原则。应明确所采用的测试用例设计方法。为达到不同的测试充分性要求，应采用相应的测试方法，如等价类划分、边界值分析、猜错法、因果图等方法。

（3）兼顾测试充分性和效率的原则。测试用例集应兼顾测试的充分性和测试的效率；每个测试用例的内容也应完整，具有可操作性。

（4）测试执行的可重复性原则。应保证测试用例执行的可重复性。

2）测试用例包括的要素

每个测试用例应包括以下要素：

（1）名称和标识。每个测试用例应有唯一的名称和标识。

（2）测试追踪。说明测试所依据的内容来源，如系统测试依据的是用户需求，配置项测试依据的是软件需求，部件测试和单元测试依据的是软件设计。

（3）用例说明。简要描述测试的对象、目的和所采用的测试方法。

（4）测试的初始化要求。应考虑下述初始化要求：

- 硬件配置，被测系统的硬件配置情况，包括硬件条件或电气状态；
- 软件配置，被测系统的软件配置情况，包括测试的初始条件；
- 测试配置，测试系统的配置情况，如用于测试的模拟系统和测试工具等的配置情况；
- 参数设置，测试开始前的设置，如标志、第一断点、指针、控制参数和初始化数据等的设置；
- 其他对于测试用例的特殊说明。

（5）测试的输入。在测试用例执行中发送给被测对象的所有测试命令、数据和信号等。对于每个测试用例应提供如下内容：

- 每个测试输入的具体内容（如确定的数值、状态或信号等）及其性质（如有效值、无效值、边界值等）；
- 测试输入的来源（例如测试程序产生、磁盘文件、网络接收、人工键盘输入等），选择输入所使用的方法（例如等价类划分、边界值分析、错误推测、因果图、功能图等）；
- 测试输入是真实的还是模拟的；
- 测试输入的时间顺序或事件顺序。

（6）期望测试结果。说明测试用例执行中由被测软件所产生的期望测试结果，即经过验证，认为正确的结果。必要时，应提供中间的期望结果。期望测试结果应该有具体内容，如确定的数值、状态和信号等，不应是不确切的概念或笼统的描述。

（7）评估测试结果的标准。评估测试结果的标准是判断测试用例执行中产生的中间和最后结果是否正确的标准。对于每个测试结果，应根据不同情况提供如下信息：

- 实际测试结果所需的精度；
- 实际测试结果与期望结果之间的差异允许的上限、下限；
- 时间的最大和最小间隔，或事件数目的最大和最小值；
- 实际测试结果不确定时，再测试的条件；
- 与产生测试结果有关的出错处理；
- 上面没有提及的其他标准。

（8）操作过程。实施测试用例的执行步骤。把测试的操作过程定义为一系列按照执行顺序排列的相对独立的步骤，对于每个操作应提供：

- 每一步所需的测试操作动作、测试程序的输入、设备操作等；
- 每一步期望的测试结果；
- 每一步的评估标准；
- 程序终止伴随的动作或错误指示；
- 获取和分析实际测试结果的过程。

（9）前提和约束。在测试用例说明中施加的所有前提条件和约束条件，如果有特别限制、参数偏差或异常处理，应该标识出来，并说明它们对测试用例的影响。

（10）测试终止条件。说明测试正常终止和异常终止的条件。

3. IEC 62279 标准中的测试方法

IEC 62279 标准对不同的 SIL 等级，提出了不同程度的测试要求，具体见表 4-1。

表 4-1 验证和测试

技术/方法	SIL 0	SIL 1	SIL 2	SIL 3	SIL4
形式化证明	-	R	R	HR	HR
静态分析	-	HR	HR	HR	HR
动态分析与测试	-	HR	HR	HR	HR
软件质量度量	-	R	R	R	R
可追溯性	R	HR	HR	M	M
软件错误影响分析	-	R	R	HR	HR
代码测试覆盖率分析	R	HR	HR	HR	HR
功能/黑盒测试	HR	HR	HR	M	M
性能测试	-	HR	HR	HR	HR
接口测试	HR	HR	HR	HR	HR

从表 4-1 可以看出，SIL0 级的要求最低，SIL1 与 SIL2 级的要求一致，SIL3 与 SIL4 级的要求一致。以下对上述测试方法进行介绍。

1）形式化证明

形式化证明是指使用严格的数学方法或工具来规范、设计和验证软件系统。

形式化方法的价值在于它提供了检查一个设计所有可能的输入状态空间的手段。然而，因为实际系统的复杂性，事实上，直到今天这种方法的应用仍然不多。

在以下几种情况下可以考虑使用形式化方法：

- 应用正规方法的要求和大部分的细节抽象出来的高层次设计；
- 在最重要的组成部分应用正规方法；
- 软件的分析模型，其中变量是离散的，变量范围是急剧减小的；
- 以分层的方式分析系统模型，使其“分而治之”；
- 可以实现自动验证的情况。

虽然采用数理逻辑是跨越形式化方法学科的一个统一的主题，但是并没有单一的、最好的“形式化方法”。每个应用程序域需要不同的建模方法和不同的证明方法。此外，即使在一个特定的应用领域，在生命周期的不同阶段，最好采用不同的工具和技术服务。例如，一个定理证明可能是最好的用于分析快速傅立叶变换电路的寄存器传输级描述正确性的方法，没有单一的最好的“形式化方法”，每个应用程序需要不同的建模方法和不同的证明方法。此外，即使在一个特定的应用领域，在生命周期的不同阶段，最好可以运用不同的工具和技术服务。因此，在世界各地大量开发形式化方法。典型的形式化方法包括 CSP、CCS、HOL、LOTOS、OBJ、时序逻辑、VDM、Z 方法及 B 方法。

2）静态分析

静态分析一般包括控制流分析、数据流分析、接口分析、表达式分析。此外，静态分析还可以提供间接涉及程序缺陷的信息，包括每一类型语句出现的次数、所有变量和常量的交叉引用表、标识符的使用方、过程的调用层次、违背编码规则、程序结构图和程序流程图、子程序规模、调用/被调用关系、扇入/扇出数；进行语法/语义分析，提出语义或结构要点，供进一步分析、进行符号求值；为动态测试选择测试用例进行预处理。静态分析常需要使用软件工具进行。

（1）控制流分析。控制流分析是指使用控制流程图系统地检查被测程序的控制结构的工作。控制流按照结构化程序规则和程序结构的基本要求进行程序结构检查。要求被测程序不应包含以下几点：

- 转向并不存在的语句标号；
- 没有使用的语句标号；
- 没有使用的子程序定义；
- 调用并不存在的子程序；
- 从程序入口进入后无法达到的语句；
- 不能达到停止语句的语句。

控制流程图是一种简化的程序流程图，控制流程图由"节点"和"弧"两种图形符号构成。

（2）数据流分析。数据流分析是用控制流程图来分析数据发生的异常情况，这些异常包括被初始化、被赋值或被引用过程中行为序列的异常。数据流分析也作为数据流测试的预处理过程。

数据流分析首先建立控制流程图，然后在控制流程图中标注某个数据对象的操作序列，遍历控制流程图，形成这个数据对象的数据流模型，并给出这个数据对象的初始状态，利用数据流异常状态图分析数据对象可能出现的异常。数据流分析可以查出引用未定义变量、对以前未使用的变量再次赋值等程序错误或异常情况。

（3）接口分析。接口分析主要用在程序静态分析和设计分析上。接口一致性的设计分析涉及模块之间接口的一致性以及模块与外部数据库之间的一致性。程序的接口分析涉及子程序以及函数之间的接口一致性，包括检查形参与实参的类型、数量、维数、顺序以及使用的一致性。

（4）表达式分析。表达式错误主要有以下几种：括号使用不正确、数组引用错误、作为除数的变量可能为零、作为开平方的变量可能为负、作为正切值的变量可能为 $\pi/2$、浮点数变量比较时产生的错误

3）动态分析与测试

动态测试建立在对程序的执行过程中，根据是否对被测对象内部进行了解，分为黑盒测试和白盒测试。黑盒测试又称功能测试、数据驱动测试或基于规格说明的测试，这种测试不必了解被测对象的内部情况，依靠需求规格说明中的功能来设计测试用例。白盒测试又称结构测试、逻辑测试或基于程序的测试，这种测试应了解程序的内部构造，并且根据内部构造设计测试用例。

在单元测试时一般采用白盒测试，在配置项测试或系统测试时一般采用黑盒测试。

典型的黑盒测试方法包括功能分解、等价类划分、边界值分析、判定表、因果图、随机测试、猜错法及正交实验法。

（1）功能分解。功能分解是将需求规格说明中每一个功能加以分解，确保各个功能被全面地测试。功能分解是一种较常用的方法。步骤如下：

- 使用程序设计中的功能抽象方法把程序分解为功能单元；
- 使用数据抽象方法产生测试每个功能单元的数据。

功能抽象中程序被看成一种抽象的功能层次，每个层次可标识被测试的功能，层次结构中的某一功能有由其下一层功能定义。按照功能层次进行分解，可以得到众多的最低层次的子功能，以这些子功能为对象，进行测试用例设计。

数据抽象中，数据结构可以由抽象数据类型的层次图来描述，每个抽象数据类型有其取值集合。程序的每一个输入和输出量的取值集合用数据抽象来描述。

（2）等价类划分。等价类划分是在分析需求规格说明的基础上，把程序的输入域划分成若干部分，然后在每部分中选取代表性数据形成测试用例。步骤如下：

- 划分有效等价类：由对规格说明是有意义、合理的输入数据所构成的集合；
- 划分无效等价类：由对规格说明无意义、不合理的输入数据所构成的集合；
- 为每一个等价类定义一个唯一的编号；
- 为每一个等价类设计一组测试用例，确保覆盖相应的等价类。

（3）边界值分析。边界值分析是针对边界值进行测试的。使用等于、小于或大于边界值的数据对程序进行测试的方法就是边界值分析方法。步骤如下：

- 通过分析规格说明，找出所有可能的边界条件；
- 对每一个边界条件，给出满足和不满足边界值的输入数据；
- 设计相应的测试用例。

对满足边界值的输入可以发现计算错误，对不满足的输入可以发现域错误。该方法会为其他测试方法补充一些测试用例，绝大多数测试都会用到本方法。

（4）判定表。判定表由四部分组成：条件桩，条件条目，动作桩，动作条目。任何一个条件组合的取值及其相应要执行的操作构成规则，条目中的每一列是一条规则。

条件引用输入的等价类，动作引用被测软件的主要功能处理部分，规则就是测试用例。建立并优化判定表，把判定表中每一列表示的情况写成测试用例。该方法的使用有以下要求：

- 规格说明以判定表的形式给出；
- 条件的排列顺序不会影响操作的执行；
- 规则的排列顺序不会影响操作的执行；
- 当某一规则的条件已经满足，并确定要执行的操作后，不必检验别的规则；
- 如果某一规则的条件得到满足，将执行多个操作，这些操作的执行与顺序无关。

（5）因果图。因果图方法是通过画因果图，把用自然语言描述的功能说明转换为判定表，然后为判定表的每一列设计一个测试用例。步骤如下：

- 分析程序规格说明，引出原因（输入条件）和结果（输出结果），并给每个原因和结果赋予一个标识符；
- 分析程序规格说明中语义的内容，并将其表示成连接各个原因和各个结果的“因果图”，在因果图上标明约束条件；
- 通过跟踪因果图中的状态条件，把因果图转换成有限项的判定表；
- 把判定表中每一列表示的情况生成测试用例。

如果需求规格说明中含有输入条件的组合，宜采用本方法。有些软件的因果图可能非常庞大，导致根据因果图得到的测试用例数目非常大，此时不宜使用本方法。

（6）随机测试。随机测试指测试输入数据是在所有可能输入值中随机选取的。测试人员只需规定输入变量的取值区间，在需要时提供必要的变换机制，使产生的随机数服从预期的概率分布。该方法获得预期输出比较困难，多用于可靠性测试和系统强度测试。

（7）猜错法。猜错法是指有经验的测试人员，通过列出可能有的错误和易错情况表，写出测试用例的方法。

（8）正交实验法。正交实验法是从大量的实验点中挑出适量的、有代表性的点，应用正交表，合理地安排实验的一种科学的实验设计方法。

利用正交实验法来设计测试用例时，首先要根据被测软件的规格说明书找出影响功能实现的操作对象和外部因素，把它们当作因子，而把各个因子的取值当作状态，生成二元的因素分析表。然后，利用正交表进行各因子的状态组合，构造有效的测试输入数据集，并由此建立因果图。这样得出的测试用例数目将大大减少。

4. 白盒测试

典型的白盒测试方法包括控制流测试、数据流测试、程序插装测试、域测试和符号求值。

1）控制流测试

控制流测试依据控制流程图产生测试用例，通过对不同控制结构成分的测试验证程序的控制结构。所谓验证某种控制结构指的是使这种控制结构在程序运行中得到执行，也称这一过程为覆盖。以下介绍几种覆盖：

- 语句覆盖：语句覆盖要求设计适当数量的测试用例，运行被测程序，使得程序中每一条语句至少被执行一遍，语句覆盖在测试中主要发现错误语句。
- 分支覆盖：分支覆盖要求设计适当数量的测试用例，运行被测程序，使得程序中每个真值分支和假值分支至少执行一次，分支覆盖也被称为判定覆盖。
- 条件覆盖：条件覆盖要求设计适当数量的测试用例，运行被测程序，使得每个判断中的每个条件的可能取值至少满足一次。
- 条件组合覆盖：条件组合覆盖要求设计适当数量的测试用例，运行被测程序，使得每个判断中条件的各种组合至少出现一次，这种方法包含了“分支覆盖”和“条件覆盖”的各种要求。
- 路径覆盖：路径覆盖要求设计适当数量的测试用例，运行被测程序，使得程序沿所有可能的路径执行，较大程序的路径可能很多，所以在设计测试用例时，要简化循环次数。

以上各种覆盖的控制流测试步骤如下：

- 将程序流程图转换成控制流图；
- 经过语法分析求得路径表达式；
- 生成路径树；
- 进行路径编码；
- 经过译码得到执行的路径；
- 通过路径枚举产生特定路径的测试用例。

2）数据流测试

数据流测试是用控制流程图对变量的定义和引用进行分析，查找出未定义的变量或定义了而未使用的变量，这些变量可能是变量拼错、变量混淆或丢失了语句。数据流测试一般使用工具进行。数据流测试通过一定的覆盖准则，检查程序中每个数据对象的每次定义、使用和消除的情况。

数据流测试步骤：

- 将程序流程图转换成控制流图；
- 在每个链路上标注对有关变量的数据操作的操作符号或符号序列；
- 选定数据流测试策略；
- 根据测试策略得到测试路径；
- 根据路径可以获得测试输入数据和测试用例。

动态数据流异常检查在程序运行时执行，获得的是对数据对象的真实操作序列，克服了静态分析检查的局限，但动态方式检查是沿与测试输入有关的一部分路径进行的，检查的全面性和程序结构覆盖有关。

3）程序插装

程序插装是向被测程序中插入操作以实现测试目的的方法。程序插装不应该影响被测程序的运行过程和功能。

4）符号求值

符号求值是允许数值变量取“符号值”以及数值。符号求值可以检查公式的执行结果是否达到程序预期的目的；也可以通过程序的符号执行，产生出程序的路径，用于产生测试数据。符号求值最好使用工具，但在公式分支较少时手工推导也是可行的。

5. 软件测试管理

在管理方面，软件测试至少应包括过程管理、配置管理和阶段评审。

（1）过程管理。软件测试应由相对独立的人员进行。根据软件项目的规模等级和安全性关键等级以及测试级别，软件测试可由不同机构组织实施。应对测试过程中的测试活动和测试资源进行管理。

（2）配置管理。应按照软件配置管理的要求，将测试过程中产生的各种软件工作产品纳入配置管理。由开发组织实施的软件测试，应将测试工作产品纳入软件项目的配置管理；由独立测试组织实施的软件测试，应建立配置管理库，将被测试对象和测试工作产品纳入配置管理。

（3）阶段评审。在测试执行前，对测试计划和测试说明等进行审查，审查测试计划的合理性，测试用例的正确性、科学性和覆盖的充分性，以及测试组织、测试环境和设备工具是否齐全并符合技术要求等。审查的具体内容和要求应包括：

- 审查测试文档内容的完整性、正确性和规范性；
- 通过比较测试环境与软件真实运行的软件/硬件环境的差异，审查测试环境要求是否正确、合理并满足测试要求；
- 审查测试活动的独立性；
- 审查测试项选择的完整性和合理性；

- 审查测试用例的可行性、正确性和充分性。

在测试完成后，审查测试过程和测试结果的有效性，确定是否达到测试目的。主要对测试记录、测试报告进行审查，其具体内容和要求应包括：

- 审查文档和记录内容的完整性、正确性和规范性；
- 审查测试活动的独立性和有效性；
- 审查测试环境是否符合测试要求；
- 审查测试记录、测试数据以及测试报告内容与实际测试过程和结果的一致性；
- 审查实际测试过程与测试计划和测试说明的一致性；
- 审查未测试项和新增测试项的合理性；
- 审查测试结果的真实性和正确性；
- 审查对于测试过程中出现异常的处理的正确性。

4.3 软件测试报告

标准 6.1.4.5 节对软件测试报告提出了具体的要求。

4.3.1 标准条款

6.1.4.5 A Test Report shall be produced as follows:

1) the Test Report shall mention the Tester names, state the test results and whether the test objectives and test criteria of the Test Specification have been met. Failures shall be documented and summarized.

2) test cases and their results shall be recorded, preferably in a machine-readable form for subsequent analysis.

3) tests shall be repeatable and, if practicable, be performed by automatic means.

4) test scripts for automatic test execution shall be verified.

5) the identity and configuration of all items involved (hardware used, software used, equipment used, equipment calibration, as well as version information of the test specification) shall be documented.

6) an evaluation of the test coverage and test completion shall be provided and any deviations noted.

6.1.4.5 软件测试报告应该记录以下内容：

1）测试报告要记录测试人员姓名、陈述测试结果，并判定测试结果是否满足测试规范中的测试目标和测试标准的要求。同时要总结和记录测试中的失效。

2）要记录各个测试用例的测试结果，为方便后续分析，推荐以电子版（计算机可处理）的形式存储。

3）测试执行应该是可重用的，若可行的话，应用自动化的方式重用。

4）要验证自动化测试的测试脚本。

5）要记录测试中所有相关项目的标识和配置，如测试中所用到的硬件、软件、设备、设备校准单以及测试说明版本信息等。

6）要评估测试的覆盖率和测试的完整性，并记录测试中存在的偏差。

4.3.2 条款理解及应用

测试人员应根据被测试软件设计文档、软件单元测试计划、软件单元测试说明、测试记录和软件问题报告单等，对测试工作进行总结。一般包括下面几项工作：

（1）总结软件单元测试计划和软件单元测试说明的变化情况及其原因，并记录在软件单元测试报告中。

（2）对测试异常终止的情况，确定未能被测试活动充分覆盖的范围，并将理由记录在测试报告中。

（3）确定未能解决的软件测试事件以及不能解决的理由，并将理由记录在测试报告中。

（4）总结测试所反映的软件单元与软件设计文档之间的差异，记录在测试报告中。

（5）将测试结果连同所发现的错误情况与软件设计文档进行对照，评价软件单元的设计与实现，提出软件改进建议，记录在测试报告中。

（6）根据测试记录和软件问题报告单编写测试问题报告。 应对测试执行活动、软件单元测试报告、测试记录和测试问题报告进行评审。审查测试执行活动的有效性、测试结果的正确性和合理性是否达到了测试目的，测试文档是否符合规范。一般情况下，评审由软件测试方自行组织，评审细则也自行制订。

第5章

软件验证

5.1 目标

5.1.1 标准条款

> 6.2.1　Objective
>
> 6.2.1.1　The objective of software verification is to examine and arrive at a judgment based on evidence that output items (process, documentation, software or application) of a specific development phase fulfil therequirements and plans with respect to completeness, correctness and consistency. These activities aremanaged by the Verifier.
>
> 6.2.1　目标
>
> 6.2.1.1　软件验证的目标是根据一个特定开发阶段的输出项（过程、文档、软件或应用）是否满足完整性、正确性和一致性的要求和计划来检查和得出判断结果。这些活动由验证者管理。

5.1.2 条款解读

1. 条款目的与意图

标准的 6.2.1 节主要描述了软件验证的目标，以及管理验证活动的人员。

2. 条款解释与示例

1）验证的定义

在本标准的 3.1.48 节给出了关于“验证（Verification）”这一术语的定义，即：“审查过程遵循基于证据的判断：一个特定的开发阶段的输出项目（过程、文档、软件或应用）满足了该阶段的完整性、正确性和一致性要求”，并说明了验证主要基于的文档审查（设计、实现、测试文档等）。

另外，在国家标准 GB/T 2900.99—2016《电工术语　可信性》中对验证也进行了定义，即：验证是通过提供客观证据对规定要求已得到满足的认定。并在其注 1 至注 3 中说明“已验证”一词用于表明相应的状态；设计验证是为了评定设计符合规定要求而实施的检验和评价；对于软件，验证是在开发、检查软件及其构成的各个阶段实施的，目的是确定符合软件早期阶段指定的要求。

在其他标准中也对“验证”这一术语进行了定义。但无论哪种定义，都表明了验证是应用于整个软件生命周期的一个整体性活动。它开始于策划阶段，一直到软件产品发布甚至维护。软件验证的目标是根据一个特定开发阶段的输出项（过程、文档、软件或应用）是否满足完整性、正确性和一致性的要求和计划来检查和得出判断结果的，在于检查软件是否符合其规格说明，并检查系统是否满足其规定的功能和非功能需求。

2）验证的重要性

Ronald Reagan 创造或者至少是普及了这样的说法：“信任但要验证”。George Romanski 这样表达：“许多人可以编写软件，但是没多少人愿意把生命托付给没得到验证的软件”。验证是任何软件生命周期中的一个重要过程，对于轨道交通安全关键软件尤为如此。软件越关键，就要求越多的验证活动，以及对错误可以得到识别和去除的信心。

对于安全关键软件，超过一半的软件项目预算用于验证。可是遗憾的是，在太多的项目中，验证活动被看成不情愿却又不得不做的一件事。因此造成从事验证工作的人手不足，并且验证工作成了简单的“打勾”活动。

尽管事实上有大量证据表明，早期的错误检测能够节省时间和金钱，但许多项目仍然只是敷衍评审，并把测试推迟到最后。更经常发生的情况是让初级工程师参加到评审、分析和测试工作中，只为了敷衍了事。但良好的验证技能需要时间的积累和正确的培训，所以验证应当包含有经验的工程师，也可以搭配使用经验较少的工程师，然而，通常是那些经验丰富的工程师会发现那些一旦出现疏漏就会造成破坏的环节。

就像对你的汽车做了一个机械检查，说轮胎充气正常，却未发现此时发动机正在冒烟。验证过程中要了解整个系统，而不要把目标僵化。

从安全性的角度出发，验证是绝对重要的。它用于通过确认软件执行其预期功能，并且只限预期功能，以满足规章要求。基本上，没有好的验证，开发保证就没有意义，因为正是验证让人们对产品质量建立了信心。

3）验证的独立性

在描述验证活动之前，简要说一下开展验证活动的独立性要求。如果你曾试图校对自己的作品，你就会知道要找到那些隐藏的打字错误有多难。你知道它应该怎样读，所以容易对错误视而不见。在验证软件资料时，也是同样的情况。因此，当软件关键性提高时，需要活动之间的独立性也相应提高。

关于独立性，一般应有：职责分离，确保完成客观评价。对于软件验证过程活动，当验证活动由一个被验证对象开发者以外的人执行时，就获得了独立性。也可以使用工具来获得与人的验证活动等价的结果。对于软件质量保证过程，独立性还包括权威性，以保证纠正行为。从定义可以看出，验证独立性不要求由一个单独的组织进行，单独的人员或工具均可。

对于不同安全完整性等级要求的软件，一般也有不同的独立性验证目标，A 级软件有比 B 级更多的验证目标，需要满足独立性目标；而 C 级和 D 级软件，一般没有验证目标要求独立性。另外，独立性目标通常是由一些非编写资料的人员来评审的，同时，有些独立性目标是由非编写代码的人员来编写测试而得到满足的。

如其他地方提到的，从事验证的人或工具有多好，验证才会有多好。因此，使用有技能的人或有效的工具十分重要。在一些情况下，对工具可能有特定的要求。

有一些目标不要求独立性，然而，有独立性仍然会是好的实践，特别是对于 A 级和 B 级软件。经验显示，独立验证是及早找到错误的最有效方式之一。许多成熟的公司在所有的级别上对其需求和设计评审使用独立性，即使这不是强制要求的。同时，验证者倾向于与开发者有不同的思维方式，因此当他们复查自己的工作时经常能够比开发者找到更多的错误。

4）验证的目标

软件验证的目标是根据一个特定开发阶段的输出项（过程、文档、软件或应用）是否满足完整性、正确性和一致性的要求和计划来检查和得出判断结果的。这些活动由验证者管理。软件验证过程的总目标是验证，即：

- 分配给软件的系统需求已发展成满足这些系统需求的软件高层需求；
- 高层需求已发展成满足这些高层需求的软件体系结构和低层需求。如果在高层需求和低层需求之间建立了一层或多层软件需求，那么相邻层次需求的建立应使每一相邻的较低层需求满足其较高层需求。如果从高层需求直接生成代码，那么本项目标不适用；
- 软件体系结构和低层需求已发展成满足低层需求和软件体系结构的源代码；
- 可执行目标码满足软件需求；
- 用于满足上述目标的方法对所定的软件等级而言在技术上是正确且完整的。

在软件中实施了需求之后，由于要求需求是可验证的，因此要对软件开发过程提出额外的要求和约束。软件验证过程要提供在软件需求的实现与对软件需求的验证之间的可追踪性：

- 由基于需求的覆盖分析完成软件需求与测试用例之间的可追踪性；
- 由结构覆盖分析完成代码结构与测试用例之间的可追踪性。

软件验证活动的指导原则是：

- 应验证高层需求以及到高层需求的可追踪性；
- 可追踪性分析以及基于需求和结构的覆盖应表明每一项软件需求可追踪到实现它的代码以及验证它的评审、分析或测试用例；
- 如果不能通过在真实的测试环境中运行软件来验证具体的软件需求，应提供其他手段及说明来满足软件验证计划或软件验证结果中所定义的软件验证目标；

应向软件开发过程报告在软件验证过程中发现的缺陷和错误，以便于澄清和纠正。

5）验证的活动

软件验证是软件工程领域一个含义广泛的综合活动，这些活动由验证者管理。软件验证分为动态验证和静态验证两种基本方法。动态验证即测试与演示，静态验证即评审与分析。有时，验证还可以包括评审、分析和测试的组合，评审和分析评估每个寿命周期阶段（包括策划、需求、设计、编码/集成、测试开发和测试执行）输出的完整性、正确性和一致性。关于评审、分析和测试，一般有：

- 评审是指以一张检查清单或类似的辅助手段为指导，对输出进行检查的过程。评审提供正确性的一个定性评估；
- 分析是指对一个软件部件的功能、性能、结构、可追踪性、安全性影响以及它与轨道交通系统或设备中其他部件的关系进行详细检查。分析提供正确性的可重复证据；

● 测试是指运行一个系统或系统部件，以验证它满足指定的需求并检测其错误。

在验证轨道交通安全关键软件时，以上 3 种方法均应用广泛，并经常会组合使用。也就是说，软件验证不仅仅是大家习惯上认为的软件测试。一般来说，软件测试不能表明有没有错误。所以，当所述的软件验证过程目标兼有评审、分析和测试时，则使用术语“验证”而不用“测试”。接下来，将对评审、分析、测试进行简单介绍。

（1）评审。如前文所示，评审是指对满足要求的目标的正确性和符合性的定性评估。大多数公司使用一个同行评审过程进行评审。同行评审包含一个评审人员小组——每个人均有一个特定的目标和焦点。一项评审参考了适用的标准，并包含一个检查单来指导评审者。评审者记录其意见，然后恰当关注或处置每条意见并加以验证。如果评审导致一个重要的更新，可能有必要对资料进行完全复审。评审一般包括以下四个方面：

☺ 软件计划评审。通过对计划的评审，以确保其完整性、正确性和文档间的一致性。推荐的实践是先对每份文档单独进行评审，然后在所有计划编写完成之后再对它们一起进行评审。这是由于不将文档一起评审，就可能无法发现文档间的不一致性的问题。

☺ 软件需求、设计和代码评审。需求、设计和代码评审通常需要在正式评审之前进行多次非正式评审。此外，编码者通常在代码同行评审之前进行自己的调试测试。非正式的评审和调试活动及早筛除了大的和最明显的错误，减少了后面的返工。对生命周期内每个资料项的评审应当尽可能早地进行，从而主动识别和纠正错误。

☺ 测试资料评审。同行评审也用于验证测试用例和规程、分析规程和结果。

☺ 其他资料项评审。评审也用于确保其他重要资料的准确性和正确性。例如软件生命周期环境配置索引、软件配置索引以及软件完成总结（SAS）。

在对以上各项进行评审时，又往往分为格式评审和内容评审。所谓的格式评审，是检查文档格式是否满足标准，而内容评审则是从一致性、可测试性等方面进行检查。下面是内容评审的参考检查列表。

● 正确性

☺ 所有的内容都是正确的吗？

☺ 检查在任意条件下的情况。

● 完整性

☺ 是否有漏掉的功能？

☺ 是否有漏掉的输入、输出或条件？

☺ 是否考虑了所有的可能情况？

☺ 通过增强创造力的方法避免思维的局限性。

● 一致性

☺ 使用的术语是否唯一？不用同一个术语表达不同的意思。

☺ 注意同义词以及缩写词等的使用在全文中是否一致。

☺ 在术语表和缩略语表中需要对文档中使用的缩写词进行说明。

● 有效性

☺ 是否所有的功能都有明确的目的？

☺ 保证不会提供对用户毫无意义的功能。

● 易测性

☺ 将如何测试所有的功能？是否易于测试？
☺ 将如何测试所有的不可见功能（内部功能）？
● 模块化
☺ 系统和文档描述必须深入到模块，模块化指的是模块的独立性。
☺ 模块内部最大关联，模块之间最低耦合。
☺ 模块的大小不能超过一定的限制。
☺ 模块结构必须是分层的。
☺ 可以适当参考同一模块的重复使用。
● 清晰性
☺ 文档中所有内容都是易于理解的。
☺ 每一个项的说明都必须是唯一的。
☺ 每一个项的说明都必须清晰、不含糊。
● 可行性
☺ 对于高层次的文档（如需求文档）需要对可执行性进行分析。
● 可靠性
☺ 系统崩溃时会出现什么问题？
☺ 出现崩溃情况时，系统如何响应？
☺ 提出了什么诊断方法？
☺ 对于某些关键软件，SQA 还需要提供可靠性检查清单并召集专门的可靠性评审会。
● 可追溯性
☺ 文档中的每一项都需要清楚地说明其来源。

有效进行各种评审会，可以尽早发现软件开发中的缺陷，提高生产效率、生产质量、降低生产成本。

（2）分析。分析是提供正确性的可重复证据的一种验证活动。在安全关键软件生命周期中，有多个类型的分析要执行。一般需两类主要的分析：编码和集成分析，覆盖分析。其他需要进行的分析取决于选择的验证方法。

大家有时比较随意地使用术语进行“分析”，然而，“分析”有着特定的含义——它是可重复的，因此，它需要被良好地编档。很多时候，所谓的“分析”没有书面记录，因此不是可重复的。同样，当“分析”被写下来时，经常缺少确定成功的准则。“虚假蒙蔽”“表面文章”“巫术”式分析都不是可重复的。一个“分析”应当有规程和结果。规程包括以下 3 方面：

- 目的、准则和相关需求；
- 执行分析的详细指示；
- 分析的可接受准则和完成准则。

分析结果包括以下 6 种：

- 分析规程的标识；
- 分析资料项的标识；
- 分析执行者的标识；
- 分析结果和支持数据；

- 作为分析结果生成的纠正行为；
- 带有实质性数据的分析结论。

同样的，分析应当在可行的时候尽早开始，目的是尽可能早地识别问题。通常，一旦一个基线建立，分析活动就可以开始。最终的分析只有在软件终止后才能进行，但是初步的分析可以发现一些问题。下面将简单介绍几种常见的分析。

- 最坏情况执行时间分析

了解一个程序的时间特性对于实时系统的成功设计和执行极其重要。一个关键的时间度量是程序的最坏情况执行时间（WCET）。WCET 是在目标环境中的一个给定处理器上，完成一组任务执行的最长可能时间。执行 WCET 分析来验证最坏情况时间是在分配的范围之内进行的。尽管采取的方法依赖于软件和硬件体系结构，但 WCET 一般是同时进行分析和测量的。

在进行 WCET 分析时，一般对代码中的每个分支和循环进行分析，确定代码中的最坏情况执行路径；然后再将最坏情况执行路径中的每个分支和循环的时间累加在一起，得出 WCET。将该时间与需求中分配的时间做对比进行验证。该分析需要通过实际的时间测量得到验证。有多个因素使得 WCET 分析复杂化，包括带有多个判断步骤的算法、数据或指令高速缓存的使用、调度方法，以及实时操作系统的使用。在软件的开发中应当考虑这些因素，目的是确保 WCET 落在要求的边界内。调整缓冲内存（例如 L1、L2、L3 缓存）或管道的使用，使得 WCET 的分析更加复杂，需要额外的分析以确保了解高速缓存和管道对时间的影响。

经常使用工具来帮助识别最坏情况路径。在这种情况下，需要确定工具的准确性。有多个方法确定工具的准确性，包括：手工验证工具的输出，对工具进行鉴定，并行运行独立的工具并比较运行结果。要注意的是，在使用高速缓存或管理时，使用工具与采用手工分析有相似的挑战。

WCET 分析方法和结果作为软件特性的一部分，在 SAS 中总结。

- 内存裕量分析

执行内存裕量分析以确保有足够的裕量供产品运行和未来成长。分析所有使用的内存，包括非挥发内存（NVM）、随机访问内存（RAM）、堆、栈以及任何动态分配内存（如果使用）。内存裕量分析方法和结果作为软件特性的一部分，在 SAS 中进行总结。

例如，栈使用的分析通常是通过分析源代码，以确定在例程处理和中断处理时最深的函数调用树。这些函数用于从组合的调用树确定最大栈的内存大小。如果这个分析是在源代码层进行的，则需要进一步的分析来确定每个函数中为保留寄存器、形式化参数、局部变量、返回地址数据以及编译器需要的任何中间结果而使用了多少额外数据。在可执行映像上进行的栈分析将这些因素考虑进去。分析得到的栈使用大小，并将其与可用栈的大小进行比较，从而确定是否有适当的裕量。

对于分区或多任务的软件，对所有的分区和任务应重复这样做，因为它们都有各自的栈。与时间分析一样，栈使用的分析通常也用实际测量进行确认，除非分析是由一个得到鉴定的栈分析工具完成的。

- 链接和内存映像分析

链接分析验证软件构建的模块是否被正确映射到相应链接器命令文件定义的处理器内存段。链接分析通常包含对内存映像文件的一个审查，以验证：

☺ 链接器分配的每个段的起始、最大长度和属性，对应链接器命令文件中指定的段定义；

☺ 分配的段没有重叠；

☺ 每个段的实际总分配长度小于或等于链接器命令文件中指定的最大长度；

☺ 每个源代码模块定义的各个节被链接器映射到正确的段；

☺ 只有源代码中预期的目标模块出现；

☺ 只有链接的目标模块中预期的过程、表和变量出现；

☺ 链接器为输出的链接器符号赋予了正确的值。

- 加载分析

加载分析有时与链接分析一起进行，它能够验证：

☺ 所有软件部件被构建和加载到正确的位置；

☺ 无效的软件没有被加载到目标机上；

☺ 不正确的或被破坏的软件不会被执行；

☺ 加载数据是正确的。

- 中断分析

对于实时系统，经常执行中断分析来验证：软件使能的所有中断都被软件中定义的相应中断服务例程（ISR）正确处理；没有未使用的 ISR。中断分析包括检查源代码以确定开启的中断集合，并验证每个使能的中断都有一个 ISR 存在。一般对每个 ISR 进行分析以确定：

☺ ISR 被正确放置于内存；

☺ 在 ISR 的开头，系统上下文得到保存；

☺ ISR 中执行的操作对于相应的物理中断是合适的。例如，在中断上下文中不允许阻塞式操作；

☺ 在 ISR 中发生的所有时间关键操作在任何其他中断可以发生之前完成；

☺ 在把数据传递给控制回路之前屏蔽中断；

☺ 为传递数据而屏蔽中断的时间是最小化的；

☺ 在 ISR 结束时恢复系统上下文。

- 数学分析

虽然并非总是必需的，但一些团队还是会执行一个数学分析，以确保数学运算不对软件运行产生不利影响。数学分析有时作为代码评审的一部分进行，因此不总是编档为一个单独的分析（如果是这种情况，应当在代码评审单中注明）。分析通常包含审视代码中的每个算术或逻辑运算，完成以下目标：

☺ 标识组成每个算术/逻辑运算的变量；

☺ 分析每个变量的声明（包括其标度），以验证算术/逻辑运算中使用的变量被正确声明（以适当的解析度）并进行标度换算；

☺ 验证不会发生数学运算的溢出。

在一些项目中，使用静态代码分析来完成或补充该分析。此外，如果使用数学库，它们也需要得到正确性验证。一个特别的问题是边界上的浮点运算行为。一个典型的现代自带器可以有加零、减零、加无穷、减无穷，以及被称为 NaN（不是一个数字）的非规格化数字这样的状态。能够使用这些值的浮点算法的行为应当在健壮性需求中指定，并得到验证。

- 错误和警告分析

在构建过程中，编译器和链接器可能产生错误和警告。错误应当被解决，而警告有可能是可以被接受的。在构建过程中的任何未解决的警告需要对其进行分析，以确定不会影响软件的预期行为。

- 分区分析

如果一系统包含分区，经常执行一个分区分析来确定分区的健壮性。分区是一个提供软件部件之间的隔离的技术，从而围墙和/或隔离故障，并潜在减少软件验证过程的活动。应满足如下要求：

☺ 一个分区的软件部件不应当被允许破坏另一个分区的软件部件的代码、输入/输出（I/O）或数据存储区域；

☺ 一个分区的软件部件应当只有在其被调度的执行时段中才被允许使用共享的处理器资源；

☺ 一个分区的软件部件独有的硬件失效不应当对其他分区的软件部件产生不利影响；

☺ 任何提供分区的软件应当具有与分配给软件分区的软件部件的最高级别相同或更高的软件级别；

☺ 任何提供分区的硬件应当在系统安全性评估过程中被评估，以确保它不会对安全性产生不利影响。

（3）测试。基于高层和低层需求的测试是软件测试的主要活动。用于验证以下目标：

- 可执行目标代码符合高层需求；
- 可执行目标代码健壮性满足高层需求；
- 可执行目标代码符合低层需求；
- 可执行目标代码健壮性满足低层需求；
- 可执行目标代码兼容目标计算机。

测试只是整个验证活动的一部分，但却是重要的一部分，并且需要大量的工作，特别是对于高级别软件。关于软件测试的内容可参见本书第 4 章。

5.2 输入文档

5.2.1 标准条款

> 6.2.2 Input documents
>
> All necessary System, Hardware and Software Documentation.
>
> 6.2.2 输入文档
>
> 所有必要的系统、硬件和软件文档。

5.2.2 条款解读

1. 条款目的与意图

标准的 6.2.2 节主要描述了软件验证过程的输入文档要求，应包括所有必要的系统、硬件和软件文档。

2. 条款解释与示例

软件验证过程的输入包括系统需求、软件需求和结构、可追踪性资料、源代码、可执行目标码等所有必要的系统、硬件和软件文档。

在软件的基础上实施软件验证活动，即通过评审、分析、开发测试用例和规程以及运行测试规程等活动的组合来达到软件验证过程的目标。评审和分析对软件需求，软件体系结构，源代码的准确性、完整性和可验证性给予评估。测试用例的开发可对需求的内部一致性和完整性提供进一步的评估。测试规程的运行提供是否符合需求的演示。

5.3 输出文档

5.3.1 标准条款

6.2.3 Output documents

1) Software Verification Plan,

2) Software Verification Report(s),

3) Software Quality Assurance Verification Report.

6.2.3 输出文档

1）软件验证计划；

2）软件验证报告；

3）软件质量保证验证报告。

5.3.2 条款解读

1. 条款目的与意图

标准的 6.2.3 节主要描述了软件验证过程的输出文档要求，应包括软件验证计划、软件验证报告、软件质量保证验证报告。

2. 条款解释与示例

软件验证过程的输出文档要求，应包括软件验证计划、软件验证报告、软件质量保证验证报告，下面将对其进行简单介绍，关于它们的具体要求参见 7.4.2 节。

1）软件验证计划

软件验证计划（SVP）描述了满足软件验证过程目标所需要进行的验证活动，其主要读者是将要执行包括测试在内的验证活动的团队成员。SVP 与软件开发计划（SDP）密切相关，因为验证活动包含对开发阶段中生成资料的评价。SDP 通常提供需求、设计、代码以及集成验证（例如同行评审）的一个高层概况。SVP 通常提供关于评审的更多细节（包括评审过程细节、检查单、要求的参加者等）。在 SDP 中包含评审细节，使用 SVP 来聚焦测试与分析的做法也是可以接受的。无论如何打包，哪个计划覆盖了哪些活动必须是清晰的。

SVP 说明验证的组织和组成，以及要求的独立性是如何满足的。尽管有的时候没有要求，但多数项目都有一个单独的验证队伍来完成测试的开发和执行。

验证一般包括评审、分析和测试。SVP 说明评审、分析和测试是如何执行的。验证用到的任何检查单也要包含在 SVP 中，或者在 SVP 中引用。

SVP 说明评审过程（包含或引用详细的评审规程）和评审的转换准则，以及用于记录评审的检查单和记录。SVP 通常包含（或引用）需求、设计、代码评审检查单。工程师使用检查单来确保他们在评审中没有忽视重要的准则。简明的检查单往往是最有效的，如果过于细节，常常不会被完全利用。为了建立一个简明而全面的检查单，建议将检查单条目和具体的指南分隔为不同的列。如检查单列简明，则指南列提供详细的信息来保证评审者理解每个检查项的意图。这个方法对于大型团队、包含新工程师的团队或者使用外包资源的团队特别有效。它帮助建立评审的标杆，并保证评审一致性。

SVP 说明测试方法，如何开发正常和具有健壮性的测试，什么环境将被用于执行测试，需求之间的可追踪性将如何发生，验证用例、验证规程、验证结果将如何维护，如何标识通过/失败准则，以及测试结果将在哪里进行记录。在许多情况下，SVP 引用一个软件验证用例和规程文档，该文档详细说明测试计划、特定的测试用例和规程、测试设备和设置等。

每个有计划的分析应该在 SVP 中进行解释。典型的分析包括可追踪性分析（确保系统需求、高层软件需求、低层软件需求以及测试用例之间的完整而准确的双向可追踪性）、最坏情况执行时间分析、栈使用率分析、链接分析、负载分析、内存映像分析、结构覆盖分析以及需求覆盖分析。SVP 应当标识对每个分析将要使用的方法，以及将在哪里对过程和结果进行记录。

由于在验证活动中经常要用到工具，SVP 需要列出这些工具。应详细说明每个工具是如何用于软件验证的，并引用正确使用工具所必要的说明。对于开发工具，SVP 可以引用软件生命周期环境配置索引（SLECI）标识工具细节（版本和零部件号），而不是在 SVP 本身中包含这些信息。在这种情况下，SLECI 应当与计划一起完成，并且可能需要在正式验证过程开始之前进行更新。

如果一个模拟器或仿真器将被用于对软件进行验证，应当在 SVP 中对它的使用进行解释，并证明其合理。SVP 还应标识验证活动之间的转换准则。

如果开发和验证的软件包含分区，SVP 应当解释如何验证分区的完整性。

SVP 应当讨论关于对编译器、链接器以及加载器的正确性所做的假设。如果使用了编译器进行优化，应当在计划中进行解释，因为它会影响到获得结构覆盖分析的能力，并影响到执行源代码、目标代码分析的能力。SVP 还应当解释如何验证链接器的准确性。如果在没有完整性检查（例如循环冗余检验（CRC））的情况下使用了一个加载器，则加载器的功能需要得到验证。如果使用了完整性检查，SVP 应当对相应方法进行解释，并证明检查是充分的（例如，对算法准确性进行数学计算，以确保 CRC 对于被保护的数据来说是足够的）。

最后，SVP 还应当说明如何执行重新验证。如果在开发过程中进行了更改，那么所有项都要重新测试还是仅执行一个回归分析并且只对受到影响的和有更改的项进行重新测试？SVP 应当解释策划的方法和将要使用的准则，以及将要在哪里记录决策。重新验证要同时考虑更改的和受影响的软件。

如果使用了先前开发的软件（例如 COTS 软件或复用软件），可能需要一些重新验证（例如，安装在一个新环境中，或者以不同的方式进行使用），SVP 应当对此进行说明。如果不需要重新验证，SVP 应当证明不需要的合理性。

总体来讲，软件验证计划描述满足软件验证过程目标的验证规程，这些规程随软件等级的不同而有所区别。

标准的 6.2.4.9 节给出了软件验证计划的具体要求。

2）软件验证报告

软件验证过程活动产生软件验证结果，软件验证结果应：

- 对每次走查、分析和测试，指明每个规程在验证活动中的通过或失败情况，并给出最终通过或失败的结果；
- 标识出被走查、分析或测试的配置项或软件版本；
- 包含测试、走查以及分析的结果，包括覆盖率分析和可追踪性分析的结果。

在每次验证活动之后应依据软件验证结果产生一份说明软件已通过验证（或失败原因）的验证报告。验证报告应指出：

- 不符合软件需求规范、软件设计规范或软件模块设计规范的项目；
- 不符合软件质量保证计划的项目；
- 不适合问题解决的模块、数据、结构和算法；
- 检测到的错误或缺陷；
- 已验证部分的标识和配置。

软件验证报告一般可由软件需求验证报告、软件结构和设计验证报告、软件模块验证报告以及软件源代码验证报告构成，下面对验证报告进行简单说明。

（1）软件需求验证报告。软件需求验证报告用于记录软件需求验证结果。一旦形成了软件需求规范，验证应包括：

- 软件需求规范在满足系统需求规范、系统安全需求规范和软件质量保证计划中所规定的需求方面的充分性；
- 软件需求测试规范对软件需求规范测试的充分性；
- 软件需求规范内在一致性。

（2）软件结构和设计验证报告。软件结构和设计验证报告用于记录软件结构和设计验证结果。在形成软件结构规范和软件设计规范之后，验证应包括：

- 软件结构规范和软件设计规范满足软件需求规范的充分性；
- 软件设计规范与软件需求规范一致性和完整性的充分性；
- 作为测试案例集，软件集成测试计划对软件结构规范和软件设计规范的充分性；
- 软件结构和设计规范的内在一致性。

（3）软件组件验证报告。软件模块验证报告用于记录软件模块验证结果。在形成各软件模块设计规范后，验证应包括：软件模块设计规范满足软件设计规范的充分性；作为测试案例集，软件模块测试规范对软件模块设计规范的充分性；作为依据软件模块测试规范已完成测试记录的软件模块测试报告的充分性；将软件设计规范分解到软件模块和软件模块设计规范，其中涉及：

- 需求性能的可行性；
- 进一步验证的可测试性；
- 对于开发和验证团队的可读性；
- 允许进一步改进的可维护性。

（4）软件源代码和集成验证报告。软件源代码验证报告用于记录软件源代码验证结果。按照选定软件安全完整性等级的要求应验证软件源代码以确保软件模块设计规范和软件质量保证计划，应检查编码标准是否正确应用。

3）软件质量保证验证报告

软件质量保证验证报告用于记录关于软件验证计划的验证结果。验证其可读性、可追溯性、内部一致性、文档内容是否满足要求等。

5.4 要求

5.4.1 标准条款

> 6.2.4 Requirements
>
> 6.2.4.1 Verification shall be documented by at least a Software Verification Plan and one or more (processrelated) Verification Reports.
>
> 6.2.4.2 A Software Verification Plan shall be written, under the responsibility of the Verifier, on the basis ofthe necessary documentation.
>
> Requirements from 6.2.4.3 to 6.2.4.9 refer to the Software Verification Plan.
>
> 6.2.4.3 The Software Verification Plan shall describe the activities to be performed to ensure properverification and that particular design or other verification needs are suitably provided for.
>
> 6.2.4.4 During development (and depending upon the size of the system) the plan may be sub-divided into anumber of child documents and be added to, as the detailed needs of verification become clearer.
>
> 6.2.4.5 The Software Verification Plan shall document all the criteria, techniques and tools to be used in theverification process. The Software Verification Plan shall include techniques and measures chosen fromTable A.5, Table A.6, Table A.7 and Table A.8. The selected combination shall be justified as a set satisfying 4.8, 4.9 and 4.10.
>
> 6.2.4.6 The Software Verification Plan shall describe the activities to be performed to

ensure correctnessand consistency with respect to the input to that phase. These include reviewing, testing and integration.

6.2.4.7 In each development phase it shall be shown that the functional, performance and safety requirements are met.

6.2.4.8 The results of each verification shall be retained in a format defined or referenced in the SoftwareVerification Plan.

6.2.4.9 The Software Verification Plan shall address the following:

1) the selection of verification strategies and techniques (to avoid undue complexity in the assessment of theverification and testing, preference shall be given to the selection of techniques which are in themselvesreadily analysable),

2) selection of techniques from Table A.5, Table A.6, Table A.7 and Table A.8,

3) the selection and documentation of verification activities,

4) the evaluation of verification results gained,

5) the evaluation of the safety and robustness requirements,

6) the roles and responsibilities of the personnel involved in the verification process,

7) the degree of the functional based test coverage required to be achieved,

8) the structure and content of each verification step, especially for the Software Requirement Verification(7.2.4.22), Software Architecture and Design Verification (7.3.4.41, 7.3.4.42), Software Components Verification (7.4.4.13), Software Source Code Verification (7.5.4.10) and Integration Verification (7.6.4.13)in a way that facilitates review against the Software Verification Plan.

6.2.4.10 A Software Quality Assurance Verification Report shall be written, under the responsibility of theVerifier, on the basis of the input documents from 6.2.2.The requirement in 6.2.4.11 refers to the Software Quality Assurance Verification Report.

6.2.4.11 Once the Software Verification Plan has been established, verification shall address

1) that the Software Verification Plan meets the general requirements for readability and traceability in5.3.2.7 to 5.3.2.10 and in 6.5.4.14 to 6.5.4.17 as well as the specific requirements in 6.2.4.3 to 6.2.4.9,

2) the internal consistency of the Software Verification Plan.The results shall be recorded in a Software Quality Assurance Verification Report.

6.2.4.12 Any Software Verification Reports shall be written, under the responsibility of the Verifier, on thebasis of the input documents. These reports can be partitioned for clarity and convenience, and shall followthe Software Verification Plan. The requirement in 6.2.4.13 refers to the Software Verification Reports.

6.2.4.13 Each Software Verification Report shall document the following:

1) the identity and configuration of the items verified, as well as the Verifier names,

2) items which do not conform to the specifications,

3) components, data, structures and algorithms poorly adapted to the problem,

4) detected errors or deficiencies,

5) the fulfilment of, or deviation from, the Software Verification Plan (in the event of deviation the VerificationReport shall explain whether the deviation is critical or not),

6) assumptions if any,

7) a summary of the verification results.

6.2.4 要求

6.2.4.1 验证至少包括一个软件验证计划和一个或多个（与过程相关的）验证报告。

6.2.4.2 在必要文件的基础上，由验证者负责编写软件验证计划。从 6.2.4.3 到 6.2.4.9 为关于软件验证计划的要求。

6.2.4.3 软件验证计划应描述要执行的活动，以确保正确的验证，并提供适当的设计或其他验证需求。

6.2.4.4 在开发过程中（取决于系统的大小）的计划又可分为若干子文件，使验证的详细需要变得更加清晰。

6.2.4.5 软件验证计划应记录验证过程中使用的所有标准、技术和工具。软件验证计划应包括技术和从标准表 A.5、表 A.6、表 A.7 和表 8 中选择的措施。所选组合应满足标准 4.8、4.9 和 4.10。

6.2.4.6 软件验证计划应描述要执行的活动，以确保该阶段输入的正确性和一致性。这些活动包括评审、测试和集成。

6.2.4.7 在开发的每个阶段，都应满足功能、性能和安全性要求。

6.2.4.8 每个验证的结果应保留为软件验证计划定义或引用的格式。

6.2.4.9 软件验证计划应解决以下方面：

1）验证策略和技术的选择（避免验证和测试评价过程的过度复杂性，宜优先选用容易分析的技术）；

2）从表 A.5、表 A.6、表 A.7 和表 8 中选择技术方案；

3）选择并文档化验证活动；

4）对获得的验证结果的评价；

5）对安全性和健壮性要求的评估；

6）参与验证过程的人员的作用和责任；

7）基于功能的测试覆盖率要求达到的程度；

8）每一个验证步骤的结构和内容，特别是对软件需求验证（7.2.4.22）、软件架构和设计验证（7.3.4.41、7.3.4.42）、软件模块的验证（7.4.4.13）、软件源代码验证（7.5.4.10）和集成验证（7.6.4.13），应以有利于对软件验证计划评审的方式进行。

6.2.4.10 软件质量保证验证报告应当在 6.2.2 输入文件的基础上由验证者编写。6.2.4.11 的要求指的是软件质量保证验证报告。

6.2.4.11 一旦建立了软件验证计划，验证应满足如下方面：

1）软件验证计划应满足从 5.3.2.7 到 5.3.2.10，从 6.5.4.14 到 6.5.4.17 的可读性和可追溯性的一般要求，以及从 6.2.4.3 到 6.2.4.9 的具体要求；

2）软件验证计划的内部一致性。

结果应当记录在软件质量保证验证报告。

6.2.4.12　任何软件验证报告均应在输入文件的基础上由验证者负责编写。为了清晰和方便，可以对这些报告进行划分，并且遵循软件验证计划。6.2.4.13 的要求指的是软件验证报告。

6.2.4.13　每个软件验证报告应记录以下内容：

1）验证项目的身份和配置，以及验证者的姓名；

2）不符合规格的项目；

3）不能很好地适应问题的组件、数据、结构和算法；

4）检测到的错误或缺陷；

5）软件验证计划的履行或偏离（验证报告存在偏离时，应说明偏离是否是临界的）；

6）任何假设；

7）验证结果摘要。

5.4.2　条款解读

1. 条款目的与意图

标准的 6.2.4 节给出了关于软件验证的一般性要求。

2.条款解释与示例

在标准的 6.2.4.1 节规定了软件验证的输出文档要求，软件验证的输出文档至少包括一个软件验证计划和一个或多个（与过程相关的）验证报告，验证报告一般应包括软件需求验证报告、软件结构和设计验证报告、软件模块验证报告以及软件源代码和集成验证报告。

在标准的 6.2.4.2 节、6.2.4.10 节、6.2.4.12 节规定了编写报告的负责人情况，软件验证计划、软件验证报告、软件质量保证验证报告均应在输入文件的基础上由验证者负责编写。

标准的 6.2.4.3 节到 6.2.4.8 节给出了关于软件验证计划的一般要求，即：

- 软件验证计划应描述要执行的活动，以确保正确的验证，并提供适当的设计或其他验证需求；
- 在开发过程中（取决于系统的大小）的计划又可分为若干子文件，使验证的详细需求变得更加清晰；
- 软件验证计划应记录在验证过程中使用的所有标准、技术和工具。软件验证计划应包括技术和从标准表 A.5、表 A.6、表 A.7 和表 8 中选择的措施（详见标准原文）。所选组合应满足标准 4.8 节、4.9 节和 4.10 节；
- 软件验证计划应描述要执行的活动，以确保该阶段输入的正确性和一致性。这些活动包括评审、测试和集成；
- 在开发的每个阶段，都应满足功能、性能和安全性要求；
- 每个验证的结果应保留为软件验证计划定义或引用的格式。

标准的 6.2.4.9 节给出了软件验证计划应说明的几个方面：

- 验证策略和技术的选择（避免验证和测试评价过程的过度复杂性，宜优先选用容易分析的技术）；
- 从表 A.5、表 A.6、表 A.7 和表 8 中选择技术方案；
- 选择并文档化验证活动；
- 对获得的验证结果的评价；
- 安全性和健壮性要求的评估；
- 参与验证过程的人员的作用和责任；
- 基于功能的测试覆盖率要求达到的程度；
- 每一个验证步骤的结构和内容，特别是对软件需求验证（标准 7.2.4.22 节），软件架构和设计验证（标准 7.3.4.41、7.3.4.42 节），软件模块的验证（标准 7.4.4.13 节），软件源代码验证（标准 7.5.4.10 节）和集成验证（标准 7.6.4.13 节），应以有利于对软件验证计划评审的方式进行。

标准的 6.2.4.11 节给出了软件质量保证验证报告的具体要求，即应满足可读性、可追溯性的一般要求，软件验证计划规定的具体要求，以及文档的内部一致性要求。

标准的 6.2.4.13 节给出了关于软件验证报告的具体要求：

- 验证项目的身份和配置，以及验证人的姓名；
- 不符合规格的项目；
- 不能很好地适应问题的组件、数据、结构和算法；
- 检测到的错误或缺陷；
- 软件验证计划的履行或偏离（验证报告存在偏离时，应说明偏离是否是临界的）；
- 任何假设；
- 验证结果摘要。

第6章 软件确认

6.1 目标

6.1.1 标准条款

6.3.1 Objective

6.3.1.1 The objective of software validation is to demonstrate that the processes and their outputs are such that the software is of the defined software safety integrity level, fulfils the software requirements and is fit for its intended application. This activity is performed by the Validator.

6.3.1.2 The main validation activities are to demonstrate by analysis and/or testing that all the software requirements are specified, implemented, tested and fulfilled as required by the applicable SIL, and to evaluate the safety criticality of all anomalies and non-conformities based on the results of reviews, analyses and tests.

6.3.1 目标

6.3.1.1 软件确认的目标是证明过程及其输出使得软件具有定义的软件安全完整性级别，满足软件需求并符合其预期的应用。该活动由软件确认者进行。

6.3.1.2 主要确认活动是通过分析和/或测试，证明所有软件要求的规定、实施、测试满足适用的 SIL 等级要求，并基于评审、分析和测试的结果评价所有的异常和不合格所带来的安全危害性。

6.1.2 条款解读

1. 条款目的与意图

标准的 6.3.1 节主要描述了软件确认的目标，管理确认活动的人员，以及对主要的确认活动的概述。

2. 条款解释与示例

1）确认的定义

在本标准的 3.1.46 节给出了关于“确认（Validation）”这一术语的定义，即“基于证据的判断，确定一个项目（如流程、文档、软件或应用程序）是否符合用户需求的过程，特别要考虑对安全和质量的适用性，以及在其预期环境中的操作符合性”。

此外，在 GB/T 2900.99—2016《电工术语 可信性》中对“确认”这一术语也进行了定义，即通过提供客观证据对特定的预期用途或应用要求是否已得到满足的认定。并在其注 1 至注 5 中说明：“已确认”一词用于表明相应的状态；使用条件的“确认”可以是真实的或模拟的；在设计和开发中，“确认”涉及认可产品符合用户需求而进行检查的过程；在规定的工作条件下，“确认”通常在开发的最后阶段进行，尽管可以在开发更早阶段进行；如果有不同的使用目的，可以进行多次“确认”。

2）确认的目标

软件确认的目标是证明过程及其输出使得软件具有所定义的软件安全完整性级别，满足软件需求并符合其预期的应用。该活动由确认者进行。

3）确认活动

确认活动是通过分析和/或测试，证明所有软件要求的规定、实施、测试满足适用的 SIL 等级要求，并基于评审、分析和测试的结果评价所有的异常和不合格带来的安全危害性。关于评审、分析等活动的内容可参见 5.1.2 节。

4）验证与确认的区别

确认是一个常用的过程，它确保软件满足用户的预期。对软件验证与确认进行对比，两者的区别如下：

- 验证：“是否正确地构造了产品？”
- 确认：“是否构造了正确的产品？”

也就是说，软件验证是通过检查和提供客观证据，证实规定的软件需求是否已经得到满足；软件确认是通过检查和提供客观证据，证实特定预期用途的需求是否得到满足。软件验证是在软件开发的各个阶段，从软件技术人员的角度出发，测试当前的开发成果（文档、代码等）是否符合设计规范，保证按照设计流程和要求进行开发，即“正确地做了事，正确地构成了产品”。软件确认是从用户的角度出发，测试当前的开发成果是否符合用户的真正需求，即“做了正确的事，构造了正确的产品”。

5）验证与确认的联系

验证和确认的基本目标是要在系统开发的生命周期内发现软件的缺陷，并确定软件系统是否实现了需要的功能和特性。有经验的软件人员并不试图把软件的验证和确认活动明确分开，而是乐于把验证和确认活动作为一个目的在于确保软件最终满足规定的功能要求的整体活动来进行。此时，软件验证（Verification）和软件确认（Validation）往往缩写成“V&V”。

有时我们需要独立软件验证确认（Independent Software Verification & Validation，ISVV）活动，ISVV 是在软件的生命周期中由独立于开发队伍的实体对软件进行评估的规范化方法。

ISVV 来源于 IV&V（Independent Software Verification&Validation）在软件上的应用。IV&V 是 20 世纪 70 年代由美国军方发布的，是为了安保反弹道导弹系统服务的第一套有意义的独立验证确认程序。到 20 世纪 70 年代末 IV&V 迅速普及。软件的复杂度、大小和重要性的增长导致了对 IV&V 需求的增长。同时 IV&V 的应用得到了巩固，如今被一些组织广泛应用，比如 FAA（美国国防部）、NASA（美国航空局）和 ESA（欧洲航空局）。IV&V 在一些标准中也被提到，如标准 ISO/IEC 12207 和 IEEE 1012。IV&V 由 3 个参量定义：技术独立性、管理独立性和财务独立性。

（1）技术独立性。技术独立性要求 V&V 工作使用不牵涉软件开发人员。IV&V 工作必须明确地表达自己对该问题以及所建议的系统如何解决该问题的理解。技术独立性（“不同观点”）是发觉那些容易被离解决方案太近的人忽略的微小错误的重要方法。

对于软件工具而言，技术独立性意味着 IV&V 工作使用（或开发）的自有的一系列与开发方的工具分开的测试和分析工具。允许在计算机支持环境（例如编译器、汇编程序、应用程序）或系统仿真方面实行工具共享，因为各自使用独立的版本成本较高。对于共享工具，IV&V 对工具进行合格性测试以确保公用工具不包含错误，该错误可能掩盖处于分析和测试中的软件的错误。

（2）管理独立性。这要求将 IV&V 工作的职责授予与开发和程序管理组织分开的组织。管理独立性还意味着 IV&V 工作独立地选择部分软件和系统进行分析和测试，选择 IV&V 技术，确定 IV&V 活动的进度，并选择要对其采取措施的特定技术议题和问题。IV&V 及时且同时向开发组织和程序管理组织提供调查结果。必须允许 IV&V 工作不受开发组织任何直接或间接的限制（例如，不要求先得到开发组织的批准）且不受开发组织负面压力而将 IV&V 结果、异常和调查结果提交给程序管理组织。

（3）财务独立性。这要求将 IV&V 预算控制授予独立于开发组织的一个组织。这种独立性可防止 IV&V 工作因为资金已转移或已被施加负面财务压力和影响，而不能完成其分析、测试或及时交付结果的情况出现。

可以按照不同程度的独立性来执行本过程。独立性程度的范围可能包括：从同一个人或者来自同一组织的不同人员到具有不同隔离度的不同组织里的人员。在由一个独立于供方、开发方、操作方或维护方的组织来执行该过程的情况下，该确认过程就称为独立的确认过程。

6.2 输入文档

6.2.1 标准条款

6.3.2 Input documents

All system, hardware and software documentation as specified in this European Standard.

6.3.2 输入文档

本标准中规定的所有系统、硬件和软件文档。

6.2.2 条款解读

1. 条款目的与意图

标准的 6.3.2 节主要描述了软件确认过程的输入文档要求，应包括所有必要的系统、硬件和软件文档。

2. 条款解释与示例

软件确认过程的输入文档与软件验证过程的输入文档相同，即包括：系统需求、软件需求和结构、可追踪性资料、源代码、可执行目标码等所有必要的系统、硬件和软件文档。

6.3 输出文档

6.3.1 标准条款

6.3.3 Output documents
1) Software Validation Plan,
2) Software Validation Report,
3) Software Validation Verification Report.
6.3.3 输出文档
1）软件确认计划；
2）软件确认报告；
3）软件确认验证报告。

6.3.2 条款解读

1. 条款目的与意图

标准的 6.3.3 节主要描述了软件确认活动的输出文档要求，包括：软件确认计划、软件确认报告以及软件确认验证报告。

2. 条款解释与示例

与软件验证过程类似，软件确认过程的输出文档一般应包括软件确认计划、软件确认报告以及软件确认验证报告，关于它们的具体要求参见标准 6.3.4 节。

6.4 要求

6.4.1 标准条款

6.3.4 Requirements

6.3.4.1 The Software Validation activities shall be developed and performed, with their results evaluated, bya Validator with an appropriate level of independence as defined in 5.1.

6.3.4.2 Validation shall be documented with, at least, a Software Validation Plan and a

Software Validation Report, as defined in the following.

6.3.4.3 A Software Validation Plan shall be written, under the responsibility of the Validator, on the basis of the input documents.Requirements from 6.3.4.4 to 6.3.4.6 refer to the Software Validation Plan.

6.3.4.4 The Software Validation Plan shall include a summary justifying the validation strategy chosen.The justification shall include consideration, according to the required software safety integrity level, of

1) manual or automated techniques or both,

2) static or dynamic techniques or both,

3) analytical or statistical techniques or both,

4) testing in a real or simulated environment or both.

6.3.4.5 The Software Validation Plan shall identify the steps necessary to demonstrate the adequacy of any Software Specification in fulfilling the safety requirements set out in the System Safety RequirementsSpecification.

6.3.4.6 The Software Validation Plan shall identify the steps necessary to demonstrate the adequacy of the Overall Software Test Specification as a test against the Software Requirements Specification.

6.3.4.7 A Software Validation Report shall be written, under the responsibility of the Validator, on the basis ofthe input documents.

Requirements from 6.3.4.8 to 6.3.4.11 refer to the Software Validation Report.

6.3.4.8 The results of the validation shall be documented in the Software Validation Report.

6.3.4.9 The Validator shall check that the verification process is complete.

6.3.4.10 The Software Validation Report shall fully state the software baseline that has been validated.

6.3.4.11 The Validation Report shall clearly identify any known deficiencies in the software and the impactthese may have on the use of the software.

6.3.4.12 A Software Validation Verification Report shall be written, under the responsibility of the Verifier, onthe basis of the input documents from 6.3.2. Requirements from 6.3.4.13 to 6.3.4.14 refer to the Software Validation Verification Report.

6.3.4.13 Once the Software Validation Plan has been established, verification shall address

1) that the Software Validation Plan meets the general requirements for readability and traceability in 5.3.2.7to 5.3.2.10 and in 6.5.4.14 to 6.5.4.17 as well as the specific requirements in 6.3.4.4 to 6.3.4.6,

2) the internal consistency of the Software Validation Plan.

6.3.4.14 Once the Software Validation Report has been established, verification shall address

1) that the Software Validation Report meets the general requirements for readability and traceability in 5.3.2.7 to 5.3.2.10 and in 6.5.4.14 to 6.5.4.17 as well as the specific requirements in

6.3.4.8 to 6.3.4.11and 7.7.4.7 to 7.7.4.11,

2) the internal consistency of the Software Validation Report.

The results shall be recorded in a Software Validation Verification Report.

6.3.4.15 The Validator shall be empowered to require or perform additional reviews, analyses and tests.

6.3.4.16 The software shall only be released for operation after authorisation by the Validator.

6.3.4.17 Simulation and modelling may be used to supplement the validation process.

6.3.4 要求

6.3.4.1 软件确认活动应按照标准 5.1 节中定义的合适的独立性级别，由确认者制订、执行并评估结果。

6.3.4.2 确认应形成的文件，至少应包括如下定义的软件确认计划和软件确认报告。

6.3.4.3 软件确认计划应当在输入文件的基础上，由确认者的负责组织编写。参考从 6.3.4.4 到 6.3.4.6 节的软件确认计划要求。

6.3.4.4 软件确认计划应包括证明所选择的确认策略合理的简要说明。理由应包括根据所要求的软件安全完整性级别进行的考虑：

1）手动或/和自动技术；

2）静态或/和动态技术；

3）分析或/和统计技术；

4）在真实环境或/和模拟环境中进行测试。

6.3.4.5 软件确认计划应确定必要的步骤，以证明任何软件规范是否充分满足系统安全要求规范中规定的安全要求。

6.3.4.6 软件确认计划应确定必要的步骤，以证明整体的软件测试规范作为对软件需求测试规范的充分性。

6.3.4.7 软件确认报告应在输入文件的基础上，由确认者负责编写。

从 6.3.4.8 节到 6.3.4.11 节参考软件确认报告的要求。

6.3.4.8 确认的结果应记录在软件确认报告中。

6.3.4.9 确认者应当检查验证过程是否完整。

6.3.4.10 软件确认报告应充分说明已确认的软件基线。

6.3.4.11 软件确认报告应清楚地识别软件中任何已知的缺陷及其对软件使用的影响。

6.3.4.12 软件确认验证报告应在 6.3.2 节输入文件的基础上，由检验者负责编写。从 6.3.4.13 到 6.3.4.14 参考软件确认验证报告的要求。

6.3.4.13 一旦建立了软件确认计划，验证应考虑以下方面：

1）软件确认计划，应满足 5.3.2.7 节到 5.3.2.10 节、6.5.4.14 节到 6.5.4.17 节的可读性和可追溯性的一般要求，以及 6.3.4.4 节到 6.3.4.6 节的具体要求。

2）软件确认计划的内部一致性。

6.3.4.14 一旦建立了软件确认报告，验证应考虑以下方面：

1）软件确认报告，应满足 5.3.2.7 节到 5.3.2.10 节、6.5.4.14 节 6.5.4.17 节的可读性和

可追溯性的一般要求，以及 6.3.4.8 节到 6.3.4.11 节、7.7.4.7 节到 7.7.4.11 节的具体要求。

2）该软件确认报告的内部一致性结果应当记录在软件确认验证报告中。

6.3.4.15 确认者应当有权要求或执行额外的评审、分析和测试。

6.3.4.16 软件需在确认者授权后才能发布使用。

6.3.4.17 仿真和建模可用于补充确认过程。

6.4.2 条款解读

1. 条款目的与意图

标准的 6.3.4 节给出了关于软件确认的一般性要求。

2. 条款解释与示例

在 6.3.4.1 节规定了实施软件确认活动的人员要求，应由确认人依据软件合适的独立性级别来制订、执行确认活动并评估结果。

在 6.3.4.2 节规定了软件确认的输出文档要求，软件确认的输出文档至少包括软件确认计划和软件确认报告

在 6.3.4.3 节、6.3.4.7 节、6.3.4.12 节中规定了编写报告的负责人情况，软件确认计划、软件确认报告、软件确认验证报告均应在输入文件的基础上由确认者负责编写。

从 6.3.4.4 节到 6.3.4.6 节给出了关于软件确认计划的具体要求。软件确认计划应包括证明所选择的确认策略合理的简要说明，理由应包括根据所要求的软件安全完整性级别进行的考虑：

- 手动或/和自动技术；
- 静态或/和动态技术；
- 分析或/和统计技术；
- 在真实环境或/和模拟环境中进行测试。

同时，软件确认计划应确定必要的步骤，以证明任何软件规范是否充分满足系统安全要求规范中规定的安全要求；确定必要的步骤，以证明整体的软件测试规范作为对软件需求测试规范的充分性。

从 6.3.4.8 节到 6.3.4.11 节给出了关于软件确认报告的具体要求，即：软件确认报告应记录软件确认的结果；应当由确认者检查验证过程的完整性；应充分说明已确认的软件基线；应清楚地识别软件中任何已知的缺陷及其对软件使用的影响。

从 6.3.4.13 节到 6.3.4.14 节给出了关于软件确认验证报告的具体要求。软件确认验证报告应记录关于软件确认计划和软件确认报告的验证结果，验证其是否满足要求的可读性、可追溯性的一般要求，软件确认计划、软件确认报告规定的具体要求，以及文档的内部一致性要求。

从 6.3.4.15 节到 6.3.4.16 节进一步说明了确认者的权限，确认者应当有权要求或执行额外的评审、分析和测试，软件需在确认者授权后才能发布使用。

此外，6.3.4.17 节说明了可将仿真和建模用于补充确认过程。

第7章

软件评价

7.1 目标

7.1.1 标准条款

> 6.4.1　Objective
>
> 6.4.1.1　To evaluate that the lifecycle processes and their outputs are such that the software is of the definedsoftware safety integrity levels 1-4 and is fit for its intended application.
>
> 6.4.1.2　For SIL 0 software, requirements of this standard shall be fulfilled but where a certificate statingcompliance with EN ISO 9001 is available, no assessment will be required.
>
> 6.4.1　目标
>
> 6.4.1.1　评价生命周期过程及其输出，软件具有规定的 1～4 软件安全完整性级别并适合预期的应用。
>
> 6.4.1.2　对于 SIL 0 软件，本标准的要求应得到满足，但在提供符合 EN ISO 9001 证书的情况下，不需要进行评价。

7.1.2 条款解读

1．条款目的与意图

标准的 6.4.1 节主要描述了软件评价的目标。

2．条款解释与示例

软件评价的目标主要是根据评价软件生命周期过程及其输出，验证软件是否具有规定的 1～4 软件安全完整性级别并适合预期的应用。对于 SIL 0 软件，本标准的要求应得到满足，但在能提供符合 EN ISO 9001 证书的情况下，可不进行评价。

评价是对软件开发过程中产生的各种系统规格和模型进行的验证活动。随着软件技术的不断发展，软件质量也随之得到了重视，20 世纪 60 年代以来，软件质量的度量和评价有了一定的量化标准，软件的评价技术开始得到重视。针对软件评价的研究，国内外许多组织和个人已经进行了深入研究，并且形成许多较为成功的研究成果。目前，软件评价的研究工作，基本上包括两大类别：一类为对软件产品的评价研究，另一类为对软件过程的评价研究。

1）对软件产品的度量

在整个软件生命周期中，为了实现软件质量控制，提高软件质量，必须评估软件质量需求是否得到满足。软件产品度量提供了一个定量的方法来评价产品内部属性的质量，能够在软件产品完成之后进行质量评估，因而减少了软件质量评估中的主观性。软件产品质量度量就是从整体上度量软件质量，用于软件开发过程中对软件进行质量控制，并最终对软件产品进行评价和验收。

软件质量模型是软件质量评价的基础，软件质量模型代表了人们对软件质量特性的认识程度和理解程度，也代表了软件质量评价研究的进展状况。当前的软件质量模型有很多种，比较常见的有五种：McCall 模型，Boehm 模型，FURPS 模型，ISO/IEC9126，Dromey 模型。

（1）McCall 模型。1979，McCall 提出软件质量模型，这一模型把软件质量评价的进行基于软件的 11 个特性之上，而这 11 个特性分别面向软件产品的运行、修正和转移，如图 7-1 所示。

- 正确性：一个程序满足它的需求规约和实现用户任务目标的程度；
- 可靠性：一个程序满足所需的精确度，完成它的预期功能的程度；
- 效率：一个程序完成其功能所需的计算资源和代码的度量；
- 完整性：对未授权人员访问软件或数据的可控制程度；
- 可使用性：学习、操作、准备输入和解释程序输出所需的工作量；
- 可维护性：定位和修复程序中一个错误所需的工作量；
- 灵活性：修改一个运行的程序所需的工作量；
- 可测试性：测试一个程序以确保它完成所期望的功能所需的工作量；
- 可移植性：把一个程序从一个硬件和/或软件系统环境移植到另一个环境所需的工作量；
- 可复用性：一个程序可以在另外一个应用程序中复用的程度；
- 互连性：连接一个系统和另一个系统所需的工作量。

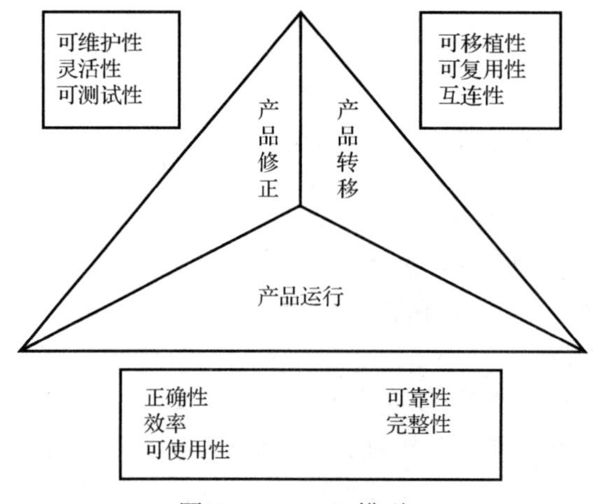

图 7-1　McCall 模型

McCall 等又给出了一个三层次模型的质量度量模型框架，如图 7-2 所示。McCall 等人认为，质量要素是软件质量的反映，软件属性可用作评价的准则，定量化地度量软件属性可知软件质量的优劣。

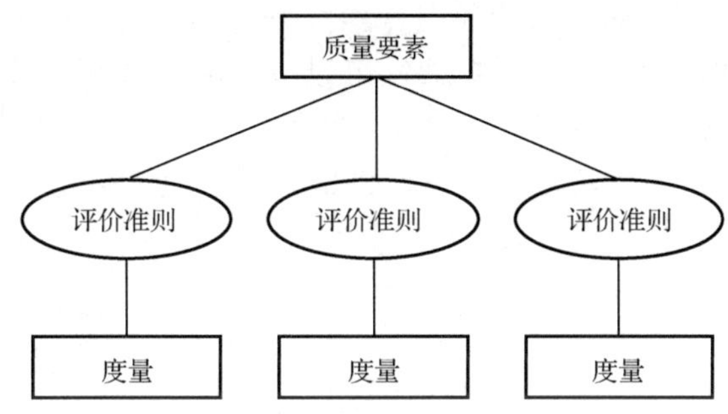

图 7-2 McCall 质量度量模型框架

McCall 定义的软件质量要素评价准则共 21 种，它们是：

- 可审查性（Audit Ability）：检查软件需求、规格说明、标准、过程、指令、代码及合同是否一致的难易程度；
- 准确性（Accuracy）：计算和控制的精度，是对无误差程序的一种定量估计，最好表示成相对误差的函数，其值越大表示精度越高；
- 通信通用性（Communication Commonality）：使用标准接口、协议和频带的程序。
- 完全性（Completeness）：所需功能完全实现的程度，在软件开发项目中一致的设计和文档技术的使用；
- 简明性（Conciseness）：程序源代码的紧凑性；
- 一致性（Consistency）：在软件开发项目中一致的设计和文档技术的使用；
- 数据通用性（Data Commonality）：在程序中使用标准的数据结构和类型；
- 容错性（Error-tolerance）：系统在各种异常条件下提供继续操作的能力；
- 执行效率（Execution Efficiency）：程序运行效率；
- 可扩充性（Expandability）：能够对结构设计、软件质量度量数据设计和过程设计进行扩充的程度；
- 通用性（Generality）：程序部件潜在的应用范围的广泛性；
- 硬件独立性（Hardware Independence）：软件中同支持运行的硬件系统不相关的程序；
- 检测性（Instrumentation）：监视程序的运行，当发生错误时，标识错误的程序；
- 模块化（Modularity）：程序部件的功能独立性；
- 可操作性（Operability）：操作一个软件的难易程度；
- 安全性（Security）：控制或保护程序和数据不受破坏的机制，以防止程序和数据受到意外的或蓄意的存取、使用、修改、毁坏或泄密；
- 自文档化（Self-documentation）：源代码提供有意义文档的程度；
- 简单性（Simplicity）：理解程序的难易程度；
- 软件系统独立性（Software system independence）：软件系统与设计语言特征、操作系统特征以及其他环境约束无关的程度。
- 可追踪性（Traceability）：从一个设计表示或实际程序构件中学到需求的能力；

● 易培训性（Training）：软件支持新用户使用该系统的能力。

（2）Boehm 模型。Boehm 模型着手于软件总体的功效，也就是说，对于一个软件系统而言，除了有用性以外，它的开发过程必定是一个时间、金钱和能量的消耗过程。考虑到系统交付时使用它的用户类型，Boehm 模型从几个维度来考虑软件的效用。总功效可以被分解成可移植性、有效性和可维护性。其中，有效性可以细分为可靠性、效率和运行工程；可维护性可以细分为可测试性、可理解性和可修改性。例如，从 Boehm 的模型可知，可维护性能从可测试性、可理解性及可修改性维度来度量，即高可维护性意味这高可测试性、高可理解性和高可修改性，Boehm 模型如图 7-3 所示。

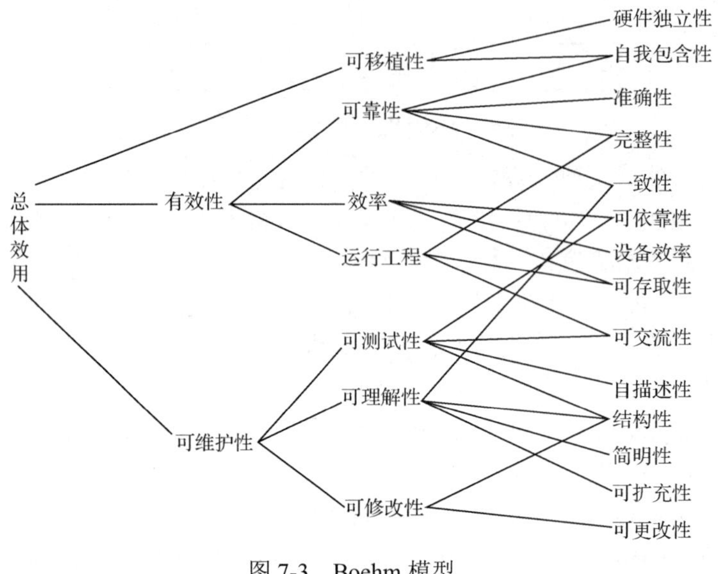

图 7-3　Boehm 模型

（3）FURPS 模型。McCall 和他的同事提出的质量要素代表了被提出的众多软件质量"检查表"之一，Hewlett-Packard 提出了一套考虑软件质量的因素，简称为 FURPS——功能性（Functionality）、可用性（Usability）、可靠性（Reliability）、性能（Performance）和支持度（Supportability）。质量因素是从早期工作中得出的，5 个主要因素每一个都定义了如下评估方式：

● 功能性：通过评价特征集和程序的能力、交付函数的通用性和整体系统的安全性来评估；
● 可用性：通过考虑人的因素、整体美学、一致性和文档来评估；
● 可靠性：通过度量错误的频率和严重程度、输出结果的准确度、平均失效间隔时间、从失效恢复的能力、程序的可预测性等来评估；
● 性能：通过处理速度、响应时间、资源消耗、吞吐量和效率来评估；
● 支持度：包括可扩展性（扩展程序的能力）、可适应性和服务性（这三个属性代表了一个更一般的概念，即可维护性）以及可测试性、兼容度、可配置性（组织和控制软件配置的元素的能力）、系统可以被安装的容易程度、问题可以被局部化的容易程度。

FURPS 质量因素和上述描述的属性可以用来为软件过程中的每个活动建立质量度量。

（4）ISO/IEC9126 软件质量模型。1985 年，国际标准化组织（ISO）建议，软件质量度量模型由三层组成。在 ISO1985 中，高层称软件质量需求评价准则（SQRC）；中层称软件质量设计评价准则（SQDC）；低层称软件质量度量评价准则（SQMC）。分别对应 McCall 等人的质量要素、评价准则和度量。ISO 认为应对高层和中层软件质量度量模型建立国际标准，在国际范围内推广应用软件质量管理（SQM）技术，而低层可由各使用单位自行制订。ISO 高层由 8 个质量要素组成，中层由 23 个评价准则组成。

ISO/IEC 9126 中，将高层要素减少到 6 个，更名为软件质量特性，中层 23 个评价准则减少到 21 个，更名为软件质量子特性。这些质量特性与子特性的关系见表 7-1。

表 7-1 质量特性与子特性的关系

质 量 特 性	质量子特性
功能性	实用性、准确性、互操作性、一致性、安全性
可靠性	健壮性、容错性、可恢复性
可使用性	可理解性、可学习性、可操作性
效率	时间性能、资源性能
可维护性	可分析性、可修改性、稳定性、可测试性
可移植性	适应性、可安装性、可替换性

ISO/IEC 9126 认为软件质量特性可以精确到多层子特性。可以为每一质量特性定义一组子特性，这些子特性是软件产品或软件和过程的独立特性；然后对每一质量子特性定义一组度量，利用这些度量对质量子特性进行定量测量，进而达到在一个新的水平上定量度量软件质量的目的。因此，软件质量度量模型是一个树形结构，将软件质量划分为质量特性、质量子特性、度量三层次。ISO 9126 软件质量度量模型如图 7-4 所示。

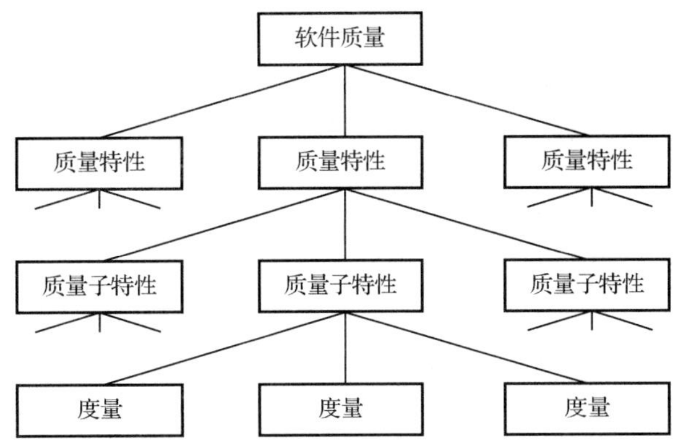

图 7-4 ISO 9126 软件质量度量模型

（5）Dromey 模型。Dromey 提出了一个工作框架，建立和使用一个应用质量模型来评价软件需求阶段、设计阶段和开发阶段。Dromey 模型指出，一个高层次的质量属性，比如可移植性和可维护性不能直接建成于软件中，这些属性是通过一系列的子特性来实现的。Dromey 提出了一种通用的质量模型及系统开发质量模型的过程，该模型由三个主要元素组成：影响质量的产品属性、一系列高级的质量属性和连接它们的一种方法。构建该质量模型包括以下五个步骤：

- 确定产品的一系列高级质量属性；
- 确定产品组件；
- 对每个组件最重要的、切实的、质量相关的属性进行确认和分类；
- 为连接产品属性和质量属性提供一系列的规则；
- 对模型进行评价，指出它的弱点，进行重定义或者废弃重新建模型。

人们可以通过由以上 5 个步骤组成的过程来针对具体软件产品的质量模型进行初始化和重定义。并且，Dromey 针对软件的需求定义、设计和实现这些软件开发过程中涉及的关键产品论证了该方法的可行性。虽然 Dromey 认识到软件质量模型需要通过质量相关属性和软件产品组件来构造，但应用这种方法仅仅能够建立统一的质量模型。应用领域的特殊性、软件设计和实现的特殊性依然没有被考虑进来，并且这种方法只能应用在软件开发完成之后。因此，对软件开发本身并不能提供太多的帮助。

2）对软件过程的度量

在世界范围内，软件项目需求正以非常快的速度增长。并且这种增长已经导致软件开发活动急剧增多，与此同时构筑软件的过程（软件过程）得到更多的关注。软件过程是建立在软件生命周期的基础之上，实施于软件开发和维护中的阶段、方法、技术、实践及相关产物（计划、文档、模型、代码、测试用例和手册等）的集合。就国内软件企业而言，许多 IT 企业过分重视技术，强调技术统领一切，盲目扩大开发队伍，不断压缩管理成本，项目的开发过程处于混乱中。

软件机构在经过很多年的探索和实践中，意识到实质性问题是缺乏管理软件过程的能力。有效的软件过程可以将人员、工具和方法进行有机结合，提高开发软件组织（软件从业人员组成的有领导、有目标、有规则、有产品、有市场的实体）的生产效率、提高软件质量、降低成本并减少风险。

目前对影响软件过程质量的因素掌握比较全面的标准或模型包括以下三个：ISO 9000 族国际标准、SW-CMM/CMMI 过程模型、ISO/IEC 12207 与 ISO/IEC 15504 国际标准等相关模型和标准。这三个模型都形成了影响软件过程质量的指标体系，其中 SEI 的 SW-CMM/CMMI 指标分层明确，更符合软件行业的现状，同时指导软件过程度量，度量工作相对简单，因此被行业广泛采纳。以下对这三种模型进行介绍。

（1）ISO 9000 族国际标准。ISO（International organization for Standardization，ISO），成立于 1947 年 2 月 23 日，是世界上最大的国际标准化组织。它的宗旨是“在世界上促进标准化及其相关活动的发展，以便于商品和服务的国际交换，在科学、技术和经济等领域开展合作”。为了适应国际贸易的不断发展，各国的质量管理与质量保证标准亟需得到统一。为此，ISO 于 1979 年成立了质量管理和质量保证技术委员会，即 ISO/TC176，专门从事制定质量管理和质量保证标准工作。

ISO/TC176 在总结和参照有关国家标准和实践经验的基础上，通过广泛协商，于 1987 年颁布了 ISO 9000 质量管理和质量保证系列标准，其中包括标准选用、质量保证和质量管理三类五项标准。这五项标准的诞生是国际范围内质量管理和质量保证工作的一个新纪元，对推动世界各国企业的质量管理和供需双方的质量保证，促进国际贸易起到了很好的作用。随着国际贸易发展的需要和标准实施中出现的问题，ISO/TC176 于 1994 年对该系列标准进行了修订，形成了三类十余项标准，即 ISO 9000:94 版。2000 年，ISO/TC176 在对 1994 版 ISO 9000 族标准进行全面修改的基础上，颁布了 2000 版 ISO 9000 族标准。

ISO 9000 族标准的质量指标大多面向企业级质量管理体系[17]。ISO 9001 标准对 ISO 9000 族标准的具体质量要求进行了细化，主要是对产品质量以及管理质量方面的具体质量指标的说明。近几年，ISO 9001 标准也在软件行业质量评估中作为参考标准被很多组织应用。

按 ISO 9001 标准在软件企业建立质量体系，需参照 ISO/IEC 联合发布的相关规定进行。为了更好地使用 ISO 9001 质量体系，ISO 9000-3 对其进行了解释和说明。ISO 9000-3 是对质量管理的一般性描述，对软件开发组织来说 ISO 9000-3 没有从具体开发项目层次上考虑度量质量。最新的 ISO 9001 标准也仅是对从事软件工作能力的最低认可，不能作为指导软件质量提高的标准。

（2）SEI SW-CMM/CMMI 体系。能力成熟度模型（Capability Maturity Model，CMM），是由美国卡内基•梅隆大学软件工程研究所（Software Engineering Institute，SEI）在 80 年代中期提出，90 年代正式发表的研究成果，已成为事实上的软件过程改进标准。CMM 提供了一个软件过程改进框架，该框架与软件生命周期无关，也与所采用的开发技术无关。根据此框架开发企业内部具体的软件过程，可以极大程度地提高按计划提交有质量保证的软件产品的能力。

软件能力成熟度模型（Software Capability Maturity Model，SW-CMM），通常缩写为 CMM。它是用于评价组织软件过程成熟度和识别增加这些过程的成熟度所需关键实践的一个模型，是建立软件组织所使用的过程成熟度的模型，是定义和测量过程成熟度的有效方法，在实际中被软件开发组织用于软件过程改进和评估。CMM 由《软件能力成熟度模型》和《软件能力成熟度模型关键实践》这两份技术报告组成。前者描述了软件过程成熟度的基本原则和实践，目的是帮助软件组织从无秩序、混乱的过程发展到成熟、有秩序的过程；后者则提供了对应于 CMM 每个成熟度级别的关键实践，以及如何阐述关键实践的信息，它详尽阐述了 CMM 每个级别的成熟度内涵，是用于软件过程改进、软件过程评估和软件能力评定的指南。

CMM 提出了软件过程成熟度框架，将成熟度分为初始级、可重复级、已定义级、管理级和优化级 5 个级别，CMM 软件过程成熟度框架如图 7-5 所示。除级别 1 之外，每个成熟度级别被分解成关键过程域、共同特性、关键实践、目标等组成部分。通过这些组成部分，5 个成熟度级别为测量软件过程成熟度以及评价其软件过程能力定义了一个有序的级别，同时可以帮助组织在安排其改进工作时确定好重点。随着 SW-CMM 的发展，CMM 已经成为一个由众多模型和相关文件组成的庞大体系。它的实施离不开其他有关模型和文件的配合与支持[19]，其中与之联系最为密切的是 PSP（个人软件过程）和 TSP（团队软件过程）[20]。PSP 为基于个体和小型团队软件过程的优化提供了具体而有效的途径。它向软件工程师表明应当如何规划、测量和管理其工作，运用已定义的和经测量的过程，设立可测量的目标，并对照这些目标跟踪性能。TSP 则提出了许多开发软件集成产品的问题，向团队中的工程师表明了如何在计划的成本内按进度生产出高质量的产品，还向团队说明了如何管理其工作并控制计划和过程。

CMM、PSP、TSP 三者组成了一个整体，CMM 构筑了组织能力，PSP 建立了个人技术和纪律，TSP 则帮助按计划的成本和进度要求提供优质产品。软件开发组织引入 PSP 和 TSP

可以达到以下效果：通过以个人软件工程为目标的全面软件质量管理的实施，可以改进产品质量；显著降低产品测试以及整个周期的时间；提高计划和约定的准确性。

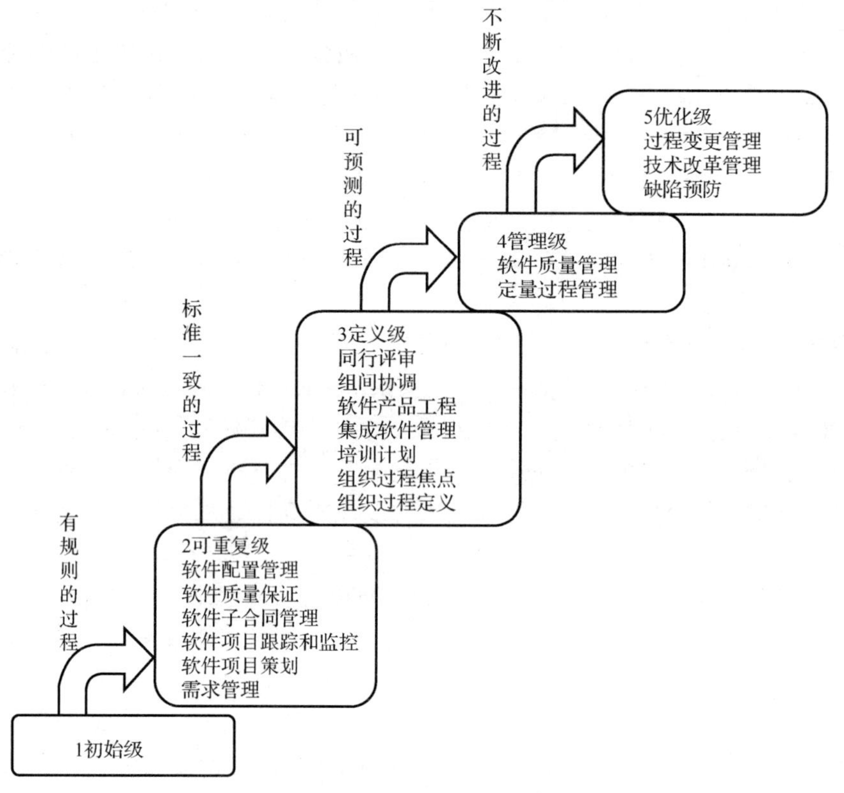

图 7-5　CMM 软件过程成熟度框架

CMMI 被看作把各种 CMM 集成为一个系列的模型中。CMMI 的基础源模型包括：软件 CMM 2.0 版（草稿 C）、EIA-731 系统工程以及 IPD CMM（IPD）0.98a 版。CMMI 也描述了 5 个不同的成熟度级别。

CMMI[18]中成熟度等级的概念与早期的模型相同，只是某些等级的名称有所变化。1 级、3 级和 5 级的名称没有变化，名称还是初始级、定义级和优化级，但是 2 级和 4 级的名称分别变为已管理级和定量管理级，这个变化更突出了 2 级定性管理和 4 级定量管理的特点。

CMMI 共有分属于 4 个类别的 25 个关键过程域，覆盖了以上所介绍的 4 个不同的领域（相对应的，CMM 共有 18 个关键过程域）。虽然 CMMI 中的很多过程域与 CMM 中的基本相同，但有几个过程域的范围和内容发生了重要变化，另外也有几个新增加的过程域。

通过比较可以看出，CMMI 更加重视对软件过程的量化管理[21]。“度量与分析”在 CMM 中是一个公共特性，而在 CMMI 中成为一个单独的过程域。CMMI 在 4 级成熟度中非常清楚地说明了量化控制的要求。具体来说，就是要应用统计化的和其他数量化的技术管理所选择的过程域（如对商业目标的实现有关键作用的过程域），实现对质量和过程执行情况的统计预测。

（3）ISO 15504 标准。1995 年，ISO/IEC/JTC1 在 CMM 的基础上制订了 ISO/IEC 15504

《软件过程评估》SPA（Software Process Assessment，SPA）标准，ISO15504-3 为软件过程标准——软件过程改进及能力确定（Software Process Improvement and Capability Determination，SPICE）。SPICE 吸取了 CMM、Trillum、Boostrap 等世界上流行的软件过程模型思想的精华。

ISO/IEC 15504 共分为 9 个部分：概念和介绍指南、过程和过程能力的参考模型、评估、评估指南、评估模型和标识指南、审核员资格指南、过程改进指南、确定承包方过程能力的使用指南及术语。这个框架包括了软件过程的计划、管理、监督、控制以及改进，这些过程涉及软件的获得、供应、开发、操作、升级和支持。它提供了一个结构化的过程来进行软件过程评价，目前还处于修正完善和试用阶段。各国软件界都在密切关注 SPICE 的推广及应用。

ISO/IEC 15504 过程评价模型是一个两维空间的模型：横向“过程”维和纵向“过程能力”维。横向“过程”维参考了 ISO 12207，给出一个软件机构所应具备的 5 类软件生存周期过程，即客户供方类过程、工程类过程、支持类过程、管理类过程和机构一级过程类，每类过程中又有若干个具体的过程，这样的横轴表示出对一个软件机构而言，应当提供的被评价的所有过程。评价模型的纵向“过程能力”维在一定程度上参考了 CMM 的评价模式，它给出了每个过程所处的从 0 级到 5 级的 6 个过程能力级别，即不完整级（0 级）、已执行级（1 级）、已管理级（2 级）、已建立级（3 级）、可预测级（4 级）和不断优化级（5 级），这 6 个级别又由 9 个具体的过程属性加以细化。对不同属性的满足程度决定了一个过程所处的级别，级别越高，表明一个软件过程越成熟，而级别越低，则表明该过程需要进行的改进更多。

7.2 输入文档

7.2.1 标准条款

> 6.4.2 Input documents
> 1) System Safety Requirements Specification,
> 2) Software Requirements Specification,
> 3) All other documents necessary to carry out the assessment process.
> 6.4.2 输入文档
> 1）系统安全需求规范；
> 2）软件需求规范；
> 3）执行评价过程所需的所有其他文件。

7.2.2 条款解读

1. 条款目的与意图

标准的 6.4.2 节主要描述了软件评价过程的输入文档要求，应包括系统安全需求规范、软件需求规格说明、执行评价过程所需的所有其他文件。

2. 条款解释与示例

软件评价过程的输入文档应包括系统安全需求规范、软件需求规格说明以及执行评价过程所需的所有其他文件，下面将对系统安全需求规范、软件需求规范说明进行简单描述。

1）系统安全需求规范

系统安全需求应包括功能的安全完整度等级要求、满足故障—安全设计原则以及安全功能需求等。

安全需求应有唯一标识。每条安全需求都应注明其来源，例如标准、规范、文献等，或追溯到危险日志中的某条危害源 ID。

系统安全需求可分层，涵盖系统层、子系统层、内部接口、外部接口以及运营的安全需求等。

对于那些不能被子系统/模块/接口实现的安全相关应用条件，将由子系统/模块/接口层次传递到本项目层次，并被本项目继承。应对每个子系统传递到本项目的安全相关应用条件列表进行逐一说明，说明应包括：编号、描述、处置措施、理由、是否需要传递给相关责任方、责任方是谁等。

对于本项目层次无法满足的安全需求，会产生相应的安全相关应用条件，项目根据相关的途径，将安全相关应用条件传递给责任方。应考虑无法关闭的本项目识别的危险，形成安全相关应用条件，并传递给相关责任方，如运营方、维护方、集成方等。对于需要用运营方式维护或需要维护方解决的安全相关应用条件，应该使用易于理解的非技术语言描述。应根据不同责任方，分别通过表格说明每条安全相关的应用条件，说明应包括：编号、描述、来源、理由、应用条件等。

系统安全需求应对与系统安全需求相关的假设及限制条件进行描述，同时应描述针对安全需求相应的隐患所采取的措施。

2）软件需求规格说明

软件需求分析主要解决的问题是系统（或用户）要软件"做什么"，软件需求分析阶段的任务之一是全面确定被开发软件的运行环境、功能、性能等全部需求，编写软件需求规范文档。软件需求规格说明是软件开发中最重要的技术文档，它是整个软件开发工作的基础。

需求分析首先应建立软件的逻辑模型，然后通过研究模型来获得软件的安全需求：

- 建立逻辑模型，描述待开发的软件将要"做什么"，可以自顶向下地把系统对软件各主要功能要求分解成功能层次体系。在一个完整的、协调的和一致的描述产生之前，模型的各部分可能被多次说明。
- 定义软件需求，通过研究软件的逻辑模型，获得以下各类软件需求：

☺ 功能需求，规定软件应该"做什么"，也可以在其中包括性能属性。

☺ 性能需求，规定可测量变量的数值（频率、精度、速率等），可以归并在各种功能的定量指标中。不允许用定性的说明来描述性能。性能属性可以作为一个值的范围提出，如可接受的最坏情况、正常情况、最好情况值。

☺ 接口需求，规定了系统或系统构件必须与之交互或通信的硬件、软件和数据库元素。接口需求应当划分为与软件、硬件的接口和通信接口。

☺ 操作需求，规定系统将如何运行以及如何与操作人员通信，包括全部用户接口和人机接口需求。

☺ 资源需求，规定诸如处理能力、主存储器、磁盘空间等物理资源的上限。

☺ 验证需求，规定如何验证软件的一些要求。

☺ 质量需求，规定适合于质量目的的软件属性。

☺ 可靠性需求，规定在平均有效周期内可接受的软件平均失效前时间（MTTF）或可接受的软件失效最小间隔时间（MTBF）。

☺ 维护性需求，规定如何易于修复缺陷和使软件适应新的需求。应当用诸如修复缺陷的平均时间（MTTR）等定量的术语来说明。

☺ 安全性需求，规定减少由于软件失效而导致的危险可能性的需求。

关于软件需求规格说明的编制要求，应用确定的方法正确而恰当地定义软件的功能、性能等所有软件需求。

关于软件规格说明的质量要求，一般应具有以下特性：

（1）正确性。一个软件产品的软件需求规格说明是正确的，则其中的每一条需求均应体现该软件产品应具有的特性。可通过比较的方式来检查其正确性。例如，通过把它与系统规范或其他可用的文件相比较来判断软件需求是否正确。用户可确定软件需求规格说明是否正确反映实际需求。

（2）无歧义性。一个软件产品的软件需求规格说明是无歧义的，则其中的每一条需求均应只有唯一的解释。无歧义性就是要用唯一定义的术语来描述软件产品的各个特性，如果一个术语在特定的上下文中可能有多种含义，那么要在术语表中规定其特定的含义。

通常用自然语言书写软件需求规格说明，而自然语言本身有歧义性。因此要由不同的小组（如系统组、设计组、编程组、测试组）分别评审软件需求规格说明，从各个角度来纠正其歧义性。避免歧义性的一种途径是用特定的需求规格语言来书写软件需求规格说明，由需求规格语言的处理工具自动检测语法、文法和语义。

（2）完整性。一个软件产品的软件需求规格说明是完整的，当且仅当它包含了以下成分：所有与功能、性能、设计约束、属性、外部接口有关的重要需求，特别是系统规范中提出的外部需求；软件对给定环境中的所有合法和非法输入数据的响应；所有图、表的标识和索引，所有术语和量纲的定义。

一般来说，含有“待定”的软件需求规格说明是不完整的。在不得不使用“待定”时应同时描述产生“待定”的原因，消除“待定”所必须做的工作，何人、何时消除“待定”。

（4）一致性。一致性是指软件需求规格说明内部的一致性。如果软件需求规格说明与高层文件不一致，那是不正确的。一个软件产品的软件需求规格说明是一致的，则独立的需求子集中没有矛盾。软件需求规格说明中一般有以下三种相互矛盾的情况：

- 对实际对象规定了相互矛盾的特性。例如，在一处规定输出报告的格式是表格，而在另一处规定为文本。又如，在一处规定所有灯光为绿色，而在另一处规定为蓝色。
- 两个规定的动作之间有逻辑或时序的矛盾。例如，在一处规定把两个输入相加，而在另一处规定把两个输入相乘。又如，在一处规定“A”后面是“B”，而在另一处规定“A”和“B”必须同时出现。
- 用不同的术语描写同一个对象。例如，在一处把用户输入提示称为“提示”，而在另一处将其称为“线索”。

（5）分级性。分级性是指根据需求的重要程度或稳定程度对需求进行分级。一个软件产品的软件需求规格说明是分级的，则应对每一条需求都标识其重要程度或稳定程度。一般来说，一个软件产品的所有需求不是同等重要的。有些是关键的、必须实现的需求，有些可能是一般的、建议实现的需求。要清晰地、明确地标识这些差别。

对需求分级，可以使用户更仔细地考虑每一条需求，从而澄清隐含的假设；使开发者做出恰当的设计决策并且能在开发过程中区分轻重缓急。

对需求分级的一种方法是把需求分成以下三类：

- 必要的——如果这类需求没有实现，则软件不可接受；
- 条件的——实现这类需求将提高软件的功能或性能，即使没有实现软件也可接受；
- 可选的——这类需求供开发者选择实现。

在描述每一条需求时应通过使用不同的、有特定含义的词来表明需求的级别。

（6）详细性。一个软件产品的软件需求规格说明是详细的，则每一条需求都可成为软件设计和软件测试的依据。软件需求的详细程度应使设计者可据以进行设计，测试者可据以进行测试。虽然很难量化详细程度，但根据实践经验，当一个软件需求规格说明的需求总条数与实现这些需求的源程序总行数之比约为 1∶50 时，可认为该软件需求规格说明是详细的。

（7）可验证性。一个软件产品的软件需求规格说明是可验证的，则每一条需求都可通过某种成本有限的过程来检测其是否被软件产品满足。

含有“正常运行”“良好的用户接口”“通常应发生”这类词句的需求是不可验证的，因为无法对“正常”“良好”“通常”等词给出确切定义。

如果对一条需求找不到验证的方法，则应改写或删除它。

（8）可更改性。一个软件产品的软件需求规格说明是可更改的，则可以容易地、完整地和一致地更改某些需求并保持整个文档的结构和风格。可更改性要求软件需求规格说明具有以下特点：

- 有连贯、易用的文档结构；
- 没有重复的内容，即同一条需求只出现一次；
- 分开叙述每一条需求，不要相互交织。

（9）可追踪性。一个软件产品的软件需求规格说明是可追踪的，则每一条需求均有明确的出处并且便于被其他文档引用。建议采用以下两种可追踪性：

- 向上可追踪性，即标明每一条需求的来源；
- 向下可追踪性，即每一条需求均有唯一的标识号供其他文档引用。

实现可追踪性的必要条件是每一条需求均有唯一的标识号。通常采用的标识方法是，按章条编排需求，在最底层的词条中用 a、b、c 字母序列标识各条需求。这样，每条需求的标识号都是章条编号加字母。例如，某条需求的标识号是 3.2.1.a。

（10）评审要求。对软件需求规格说明应进行评审，软件需求规格说明必须通过有任务交办方参加的评审。

7.3 输出文档

7.3.1 标准条款

> 6.4.3 Output documents
> 1) Software Assessment Plan,
> 2) Software Assessment Report,
> 3) Software Assessment Verification Report.
> 6.4.3 输出文档
> 1）软件评价计划；
> 2）软件评价报告；
> 3）软件评价验证报告。

7.3.2 条款解读

1. 条款目的与意图

标准的 6.4.3 节主要描述了软件评价过程的输出文档要求，应包括软件评价计划、软件评价报告、软件评价验证报告。

2. 条款解释与示例

执行评价过程，需按照评价计划对软件质量特性使用所选择的度量，其结果为一系列映射到测量标度上的值。要将测量的值与预定的准则进行比较，将结果记录下来；然后对评价结果进行评估，评估是软件评价过程的最后一步，对一组已评定的等级进行评估，其结果是对软件产品满足质量需求程度的一个综合的报告；最后将总结的质量与时间和成本等其他方面进行比较。评价者根据管理准则做出一个管理决策。最终由决策层做出软件具有规定的软件安全完整性级别的决定。这一评价结果对软件开发生存周期的下一步决定十分重要。例如，需求是否需要更改或开发过程是否需要更多的资源。

软件评价验证报告用于记录关于软件评价计划验证的结果，验证其是否满足可读性和可追溯性的一般要求，标准 6.4.4.5 节规定了具体要求以及内部一致性要求等。

7.4 要求

7.4.1 标准条款

> 6.4.4 Requirements
> 6.4.4.1 The assessment of the software shall be carried out by an Assessor who is

independent asdescribed in 5.1.2.6 and 5.1.2.7.

6.4.4.2 Software with a Software Assessment Report from another Assessor does not have to be an objectof a new assessment. The assessor shall check that the software is fit for its intended use within the intended environment, and that the former assessment stated the software has achieved a safety integrity level at leastequal to the required level.

6.4.4.3 The Assessor shall have access to all project-related documentation throughout the developmentprocess.

6.4.4.4 A Software Assessment Plan shall be written, under the responsibility of the Assessor, on the basisof the input documents from 6.4.2. Where appropriate, an existing documented generic SoftwareAssessment Plan or procedure may be used. The requirement in 6.4.4.5 refers to the Software AssessmentPlan.

6.4.4.5 The Software Assessment Plan shall include the following scope:

1) aspects with which the assessment deals;

2) activities throughout the assessment process and their sequential link to engineering activities;

3) documents to be taken into consideration;

4) statements on pass/fail criteria and the way to deal with non-conformance cases;

5) requirements with regard to content and form of the Software Assessment Report.

6.4.4.6 A Software Assessment Verification Report shall be written, under the responsibility of the Verifier,on the basis of the input documents from 6.4.2.

The requirement in 6.4.4.7 refers to the Software Assessment Verification Report.

6.4.4.7 Once the Software Assessment Plan has been established, verification shall address

1) that the Software Assessment Plan meets the general requirements for readability and traceability in 5.3.2.7 to 5.3.2.10 and in 6.5.4.14 to 6.5.4.17 as well as the specific requirements in 6.4.4.5,

2) the internal consistency of the Software Assessment Plan.

The results shall be recorded in a Software Assessment Verification Report.

6.4.4.8 The Assessor shall assess that the software of the system is fit for its intended purpose andresponds correctly to safety issues derived from the System Safety Requirements Specification.

6.4.4.9 The Assessor shall assess if an appropriate set of techniques from Annex A, suitable for theintended development, has been selected and applied in accordance to the required safety integrity level.

Moreover, the assessor shall consider the extent to which each technique from Annex A is applied, i.e.whether it is applied to all or to only part of the software, and also look for evidence that it is properly applied.

6.4.4.10 The Assessor shall assess the configuration and change management system and the evidenceson its use and application.

6.4.4.11 The Assessor shall review the evidence of the competency of the project staff according to Annex Band shall assess the organisation for the software development according to 5.1.

6.4.4.12 For any software containing safety-related application conditions, the Assessor shall check for noted deviations, non-compliances to requirements and recorded non-conformities if these have an impact on safety, and make a judgment whether the justification from the project is acceptable. The result shall be stated in the assessment report.

6.4.4.13 The Assessor shall assess the verification and validation activities and the supporting evidence.

6.4.4.14 The Assessor shall agree the scope and contents of the Software Validation Plan. This agreement shall also make a statement concerning the presence of the Assessor during testing.

6.4.4.15 The Assessor may carry out audits and inspections (e.g. witnessing tests) throughout the entiredevelopment process. The Assessor may ask for additional verification and validation work.

NOTE It is of advantage to involve the Assessor early in the project.

6.4.4.16 A Software Assessment Report shall be written under the responsibility of the Assessor.Requirements from 6.4.4.17 to 6.4.4.19 refer to the Software Assessment Report.

6.4.4.17 The Software Assessment Report shall meet the requirements of the Software Assessment Planand provide a conclusion and recommendations.

6.4.4.18 The Assessor shall record his/her activities as a consistent base for the Software Assessment Report. These shall be summarised in the Software Assessment report.

6.4.4.19 The Assessor shall identify and evaluate any non-conformity with the requirements of this European Standard and judge the impact on the final result. These non-conformities and their judgments shall be listed in the Software Assessment Report.

6.4.4 要求

6.4.4.1 软件的评价应由在 5.1.2.6 节和 5.1.2.7 节中描述的独立评估员进行。

6.4.4.2 不必对已出具软件评价报告的软件做新的评价。但应检查该软件是否具有要求的软件安全完整性等级并能在预期的环境下适合预期的应用。

6.4.4.3 评估员在整个开发过程中都有权查阅所有与项目相关的文件。

6.4.4.4 软件评价计划应在 6.4.2 节输入文件的基础上，由评估员负责编写。在适当的情况下，可以使用现有的书面通用软件评价计划或程序。6.4.4.5 节规定了软件评价计划。

6.4.4.5 软件评价计划应包括以下范围：

1）评价所涉及的方面；

2）整个评价过程中的活动及其与工程活动的顺序关系；

3）应考虑的文件；

4）关于通过/失败的准则以及处理不符合标准的情况的方法；

5）关于软件评价报告内容和形式的要求。

6.4.4.6 软件评价验证报告应在 6.4.2 节输入文件的基础上，由检验者负责编写。

在 6.4.4.7 节中规定了关于软件评价验证报告的要求。

6.4.4.7　一旦建立了软件评价计划，验证应解决以下问题：

1）软件评价计划，应满足 5.3.2.7 节到 5.3.2.10 节，6.5.4.14 节到 6.5.4.17 节的可读性和可追溯性的一般要求，以及 6.4.4.5 节的具体要求；

2）软件评价计划的内部一致性。

结果应记录在软件评价验证报告中。

6.4.4.8　评估员应评价系统的软件是否符合其预期目的，并正确地响应来自系统安全要求规范的安全问题。

6.4.4.9　评估员应根据所要求的安全完整性等级，从附录 A 中选择适合于预期发展的一套适当技术。

此外，评估员应考虑附录 A 中每一项技术的适用程度，即是否适用于全部或仅部分软件，并寻找适用的证据。

6.4.4.10　评估员应依据其使用和应用的变化评价配置管理系统。

6.4.4.11　评估员应根据附录 B 审查项目人员的资格证明，并应根据 5.1 评价软件开发组织。

6.4.4.12　任何包含安全相关的应用条件的软件，评估员应当检查其记录是否有明显的偏差、不符合要求或不一致的情况，如果这些记录对安全产生影响，应从项目的角度判断其是否可接受。结果应当在评价报告中说明。

6.4.4.13　评估员应评价验证和确认活动及相关证据。

6.4.4.14　评估员应同意软件确认计划的范围和内容，并说明在测试期间是否有评价人。

6.4.4.15　评估员可在整个开发过程中进行审计和检查（如见证测试）。评估员可以要求额外的验证和确认工作。

注：评估员及早介入项目是有益处的。

6.4.4.16　软件评价报告由评估员负责编写。从 6.4.4.17 节到 6.4.4.19 节的要求应参考软件评价报告。

6.4.4.17　软件评价报告应符合软件评价计划的要求，并提供结论和建议。

6.4.4.18　评估员应在软件评价报告中记录他们的活动并将其作为软件评价报告一致性的基础。

6.4.4.19　评估员应识别和评价任何不符合欧洲标准的要求，并判断其对最终结果的影响。应当在软件评价报告中列出这些不合格的判断。

7.4.2　条款解读

1. 条款目的与意图

标准的 6.4.4 节给出了关于软件评价的一般性要求。

2. 条款解释与示例

在标准的 6.4.4.1 节至 6.4.4.3 节，规定了实施软件评价活动的人员要求。在标准的 6.4.4.1 节，提出了关于对评估员的独立性要求，即评价活动应由独立的评估员执行，应满足标准 5.1.2.6 节和 5.1.2.7 节中关于评估员的独立性要求，即评估员应与项目是独立的，且评估员有权对软件进行评估。在标准的 6.4.4.3 节，进一步说明了评估员的权限，即在整个开发过程中都有权查阅所有与项目相关的文件。标准的 6.4.4.2 节，说明了软件仅需要一个评估员进行评价即可，不需要不同的评估员对已经评价过的软件再次进行评价；但评估员可依据前一个评估员给出的结果，进一步检查并确认该软件是否具有要求的软件安全完整性等级，并能在预期的环境下进行适合预期的应用。

在 6.4.4.4 节、6.4.4.6 节、6.4.4.16 节规定了编写报告的负责人情况，软件评价计划应由评估员负责编写，软件评价验证报告由检验者负责编写，软件评价报告由评估员负责编写。同时，规定了软件评价计划和软件评价验证报告应在系统安全需求规范、软件需求规范以及执行评价过程所需的所有其他文件的基础上，由相应的负责人进行编写。

从 6.4.4.4 节到 6.4.4.5 节给出了关于软件评价计划的具体要求。若通用软件评价计划或程序满足要求，可以利用现有的书面通用软件评价计划或程序。软件评价计划应至少包括以下五个方面：评价所涉及的方面、整个评价过程中的活动及其与工程活动的顺序关系、应考虑的文件、关于通过/失败的准则以及处理不符合情况的方法、关于软件评价报告内容和形式的要求。

6.4.4.7 节给出了关于软件评价验证活动、软件评价验证报告的具体要求。验证活动为针对软件评价计划的验证，验证其是否满足以下三方面要求：可读性和可追溯性的一般要求（具体要求可参见标准的 5.3.2.7 节到 5.3.2.10 节，6.5.4.14 节到 6.5.4.17 节）、软件评价计划的内容要求（具体要求可参见标准的 6.4.4.5 节）以及文档的内部一致性要求。软件评价验证的结果应记录在软件评价验证报告中。

从 6.4.4.8 节到 6.4.4.15 节规定了开展软件评价活动时，评估员需要重点考虑以下 6 方面内容：

（1）软件正确性方面：评估员应评价系统的软件是否符合其预期的目的，并正确地响应来自系统安全要求规范的安全问题。

（2）工具的选择方面：评估员应根据所要求的安全完整性等级，从附录 A 中选择适合于预期发展的一套适当技术。此外，评估员应考虑附录 A 中每一项技术的适用程度，即是否适用于全部或部分软件，并寻找适用的证据。

（3）配置管理系统方面：评估员应评价配置管理系统，评价其是否依据相关使用和应用而变化。

（4）项目人员和组织方面：评估员应评价配置管理系统，应根据附录 B 审查项目人员的资格证明是否满足要求，并应根据标准 5.1 节评价软件开发组织。

（5）软件安全性方面：任何包含安全相关的应用条件的软件，评估员应当检查注意偏差，不符合要求的软件记录不合格，如果这些记录对安全产生影响，则判断从项目的角度这些影响是否可接受。并在评价报告中说明结果。

（6）验证和确认方面：评估员应评价验证和确认活动以及关于这些活动的证据；评估员

应同意软件确认计划的范围和内容，并说明评价人是否在测试期间存在；评估员可在整个开发过程中进行审计和检查（如见证测试），也可以要求额外的验证和确认工作。

从 6.4.4.17 节到 6.4.4.18 节给出了关于软件评价报告的具体要求。首先，软件评价报告应符合软件评价计划的要求，并提供相应的结论和建议。其次，评估员应将其活动记录为软件评价报告一致性的基础，这些应在软件评价报告中加以总结。最后，评估员应识别和评价任何不符合欧洲标准的要求，判断其对最终结果的影响，并在软件评价报告中列出这些不合格的判断。

第8章

软件质量保证

8.1 目标

8.1.1 标准条款

> 6.5.1 Objectives
>
> 6.5.1.1 To identify, monitor and control all those activities, both technical and managerial, which arenecessary to ensure that the software achieves the quality required. This is necessary to provide the required qualitative defence against systematic faults and to ensure that an audit trail can be established to allow verification and validation activities to be undertaken effectively.
>
> 6.5.1.2 To provide evidence that the above activities have been carried out.
>
> 6.5.1 目标
>
> 6.5.1.1 识别、监控和控制所有这些技术和管理活动，这些活动是确保软件达到要求的质量所必需的。提供必要的定性防御系统故障措施是必要的，以确保能够建立审计跟踪，以便有效进行验证和确认活动。
>
> 6.5.1.2 提供已实施上述活动的证据。

8.1.2 条款解读

1. 条款目的与意图

标准的 6.5.1 节主要描述了软件质量保证的目标。

2. 条款解释与示例

1）定义软件质量

为了满足安全关键领域的需要，软件开发者必须倾注于质量。高质量的产品不会自己出现，它们表现已良好管理的组织对质量的承诺，是有才能、有责任、有纪律的工程师创造的成果。在软件工程中，对于质量是什么，有许多观点，其中两个观点趋于普及。第一个是开发者的视角：如果软件满足软件定义的需求，就是一个高质量产品；第二个是客户的视角：

如果软件满足用户需要，就是一个高质量产品。一个满足软件定义的需求但是不满足客户需要的产品，不会被客户认为是高质量的。需求对于跨越开发者和客户的质量视角的鸿沟至关重要。建立的需求必须满足客户的需要，使得开发者能够制造和验证满足这些需求的软件，因此把客户纳入需求定义过程是很重要的。如果没有在需求定义阶段的客户和开发者的密切协调，质量就是一个不可捉摸的目标。

Roger Pressman 写道："你要么做正确，要么重新做。如果一个软件团队把质量贯穿于软件工程的所有活动，就减少了必须重新做的工作。这样可以降低投入，更重要的是可以缩短产品进入市场的时间。""质量工作是一个框架，即将质量铸造进产品，进行必要的评价以确定框架是否有效，并评价产品中实际获得的质量"。质量受生命周期内所有活动的影响，包括需求定义、设计、编码、验证和维护。

2）高质量软件特性

质量属性经常用于标识高质量软件的设计目标。这些属性包括正确性、高效率、灵活性、功能性、完整性、互操作性、可维护性、可移植性、可复用性、易测试性以及易用性。国际标准化组织（ISO）和国际电工技术委员会（IEC）标准 9126（ISO/IEC 9126）定义了一组质量特性，称为特性和子特性。这些特性和子特性总结如下：

（1）功能性。软件产品在用于指定的条件时，提供满足陈述的或隐含的所需功能的能力。功能性的子特性包括适合性、准确性、互操作性、保密性以及功能符合性。

（2）可靠性。软件产品在用于指定的条件时，维持一个指定的性能水平的能力。可靠性的子特性包括成熟性、容错性、可恢复性以及可靠性符合性。

（3）易用性。软件产品在用于指定的条件时，被理解、学习、使用和对用户具有吸引力的能力。易用性的子特性包括易理解性、易学习性、易操作性、吸引力以及易用性符合性。

（4）效率。软件产品在陈述的条件下，提供与使用资源的量有关的适当性能的能力。效率的子特性包括时间行为、资源利用率以及效率符合性。

（5）可维护性。软件产品被修改的能力。修改可以包括软件针对环境和需求与功能规格说明中的变化的更正、改进或适应。可维护性的子特性包括可分析性、可修改性、稳定性、易测试性以及可维护性符合性。

（6）可移植性。软件产品被从一个环境转移到另一个环境的能力。可移植性的子特性包括适应性、可安装性、共存性、可替换性以及可移植性符合性。

3）软件质量保证及其目标

多数公司使用软件质量保证（SQA）过程来帮助保证要求的质量属性得到满足，并保证软件满足其需求。软件质量保证的一个正式定义是：软件质量保证是提供整个软件产品的使用适合性证据的系统化活动。Pressman 写道："质量保证建立了支持稳固的软件工程方法、理性的项目管理以及质量控制行动的框架……此外，质量保证包含一组评估质量控制行动有效性和完整性的审核和报告功能"。SQA 活动提供证据，说明使用了足够的 SQA 过程来帮助制造满足需求和客户需要的产品，建立并遵守了足够的过程。

SQA 过程是一个整体性过程，贯穿软件策划、开发、验证和最终符合性工作。应有一个或多个软件质量工程师（SQE）保证计划和标准得到开发，并在实现过程中得到执行。SQE 还执行一个符合性评审，以确认完整性和符合性。

尽管我们要求一个 SQA 过程，但应当指出的是，质量不仅仅是 SQA 人员的责任。此外，软件质量不能像有些工程学科那样仅仅在项目的结尾进行评估。如 William Lewis 指出的："质量不能通过评估一个已经完成的产品来获得，而应该在第一时间防止产品质量缺陷或不足，并使产品经得起质量保证测量评估……除了产品评估，过程评估对于质量管理工作也至关重要"。Emanuel Baker 和 Matthew Fisher 回应道："虽然评价活动是核心的活动，但它们自身不会取得指定的质量。即，产品质量不能被'评价'（测试、审核、分析、测量或审查）进产品，产品质量只能在开发过程中建立"。质量是一个持续的过程，并且是整个软件团队的职责，应通过贯穿软件团队在软件全生命周期的使用标准和验证活动获得质量。质量必须建立在产品中——不能通过审核、政策或测试而改变产品质量。

SQA 的主要职责是保证已经批准的计划和标准中的过程得到遵循。然而，一些组织正开始认识到，单单遵循过程是不够的。一些公司正在接受卡耐基梅隆大学软件工程研究所（SEI）的产品质量保证（PQA）概念，在这些公司里会有一位工程人员负责保证产品的质量而不仅仅是遵循过程。使用 PQA 方法时，产品质量工程师（PQE）和 SQE 一起紧密工作，同时保证产品和过程的质量。过程评价表明过程得到了遵循，而产品评价则表明了过程输出的正确性。

本标准的 6.5.1.1 节和 6.5.1.2 节规定了软件质量保证的目标，即识别、监控和控制所有这些技术和管理活动，这些活动是确保软件达到所需质量所必需的；提供必要的定性防御系统是必要的，以确保能够建立审计跟踪，以便有效进行验证和确认活动，并提供已实施上述活动的证据。

4）常见质量过程和产品问题的例子

在一个软件开发活动中，可能出现各种质量问题。表 8-1 总结了一些常见的过程和产品问题。显然，大多数过程问题如果没有提前发现，就会导致产品问题。因此，对过程质量和产品质量的考虑都很重要。

表 8-1 常见的过程和产品问题

常见过程问题	常见产品问题
● 需求和设计评审被跳过，或者由不具备适当技术技能或不理解系统的人执行 ● 构建过程是不可重复的，每次软件构建的结果都不同 ● 为修正一些不正确的功能而附加了源代码，但是需求和设计没有及时更新以反映该变化 ● 没有维护生命周期资料（包括源代码）的配置 ● 没有遵守计划和标准 ● 没有定义开发和验证环境	● 交付有缺陷的软件给客户 ● 软件没有满足所有的需求 ● 软件不是健壮的，在正常情况下可以工作，而在异常情况下就会失效 ● 需求不完整或者模糊，因此产品没有满足客户的期望或需要 ● 源代码与需求和设计不一致

5）软件质量保证活动

在说明 SQA 做什么之前，让我们考虑有效的 SQA 的一些特征。质量从来不是偶然的，它永远是智慧与努力的结果。以下特征对于有效的 SQA 实现至关重要。

（1）高层管理者的支持。为了使 SQA 有效，它们必须有最高层管理者的买入、承诺和支持。这必须是一个真心的承诺，而不仅仅是口头文章。最高层管理必须对产品的整体质量做出承诺，并提供员工需要的资源以及对 SQA 组织的培训。这个概念得到了质量专家例如 Kaoru Ishikawa、Joseph M.juran、W.Edward Deming 以及 Watts S. Humphrey 的大力支持。

（2）独立性。有效的 SQA 独立于开发和验证组织。独立性有助于降低由于极度熟悉每日的过程或评价的产品而产生的错误。此外，独立性还有助于在需要的时候强制纠正行为。若有独立性，在一定的预算和进度要求情况下，可能会面临妥协的压力（有时是有意的，有时是无意的）。

（3）技术能力。SQA 组织为了有成效，并且赢得开发和验证团队的尊重，它的成员必须是有良好资质的、经验丰富的技术工程师。没有技术力量，SQA 就不能及时识别真正的质量问题，他们就不会被工程组织尊重。

（4）培训。SQA 人员以及整个工程组织，必须针对软件质量期望进行正确培训。培训应当是持续性的，以确保任何不恰当的认识或行为被及时消除，并且新的成员得到正确的教导。SQA 应当在以下领域得到培训：软件开发和验证、评估的技能。

（5）持续改进。具有良好质量的组织总是在瞄准改进。Deming 提出了 PDCA（策划、执行、检查、行动）过程，常常被称为 Deming 循环或 PDCA 循环，因为这是一个循环过程，其概念是开发一个计划，然后执行计划，对活动进行监视（检查），并采取行动来改进过程。PDCA 是一个进行中的过程，目的是持续改进过程的整体有效性以及所制造产品的质量。

当评价为什么 SQA 无效时，几乎总是与前面指出的 5 个方面（即高层管理者支持、独立性、技术能力、培训和持续改进）之一的失败有关。在一个或多个领域的失效，会导致以下问题：

（1）缺少人力的 SQA 组织。如果管理者不支持 SQA，则不能有效地组织 SQA 工作。

（2）无资质的 SQE。要吸引优秀的工程师去做 SQA，是有挑战性的。许多顶级工程师想要设计软件，而不是去看别人的软件，因此 SQA 经理需要在吸引优秀人才方面发挥创造性。当工程师们理解做 SQA 的益处时，他们会更愿意加入这个团队。表 8-2 总结了在雇用一个 SQE 时要寻找的资质和特征。

（3）被漠视的 SQA 组织。当 SQA 包含无资质的或无效能的人员时，工程不会予以尊重或针对 SQA 的输入采取行动。

表 8-2　有效的 SQE 的资质和特征

SQE 背景和技能集
● 3～5 年的开发或验证经验
● 工程或计算机科学的教育背景
● 开发所涉及的各方面的经验（例如编码、编写需求、测试）
● 良好的写作和口头沟通技能（因为 SQE 将与管理者、工程师等交互）
● 追求在管理或项目管理职位上的进步（SQA 工作将给他们对公整体的良好透视）
● 处理挑战性情况的能力
● 愿意挺身而出，坚持正确（即使面临压力）
● 可信任（赢得信任，与多位利益相关方相处良好而不屈从于压力的人）
● 独立但是愿意接受指导（可以在很少的监督下工作，但同时尊重上级）
● 对质量和安全性的热情
● 可教和愿意学

下面将考虑 SQA 组织（使用一个或多个 SQE）为了确保计划、标准以及公司过程得到遵守而执行的典型任务。

任务 1：评审计划。SQA 评审软件计划和开发标准之间的一致性。多数公司对计划进行同行评审，SQA 参加该同行评审。检查单通常由项目和 SQA 一起完成，作为评审活动的一部分。除了软件计划，SQA 还应该了解系统层和安全计划，因为这些也可能影响软件过程。

任务 2：编写 SQA 计划。SQA 组负责编写 SQA 计划并保持其及时更新。多数公司有一个公司范围的 SQA 计划，然而每个项目可能有一些特有的考虑，这些通常在项目特定的 SQA 计划中详细说明。

任务 3：批准关键资料项。SQA 通常批准关键资料项，例如计划、标准、需求、设计、验证用例和规程文档、验证报告、软件生命周期环境配置索引（SLECI）、软件配置索引（SCI）、软件完成总结（SAS）。通常情况下，关键资料没有 SQA 的批准就不能发布。

任务 4：审核生命周期资料。SQA 审核软件生命周期资料，以保证过程得到遵守、标准得到使用、检查单正确完成。有些 SQA 组织使用计划和标准来开发一个软件审核工具包，然后 SQA 使用它来审核过程和资料。该方法提供了项目符合已批准的计划和标准的详细证据。

任务 5：参加评审。SQA 根据自己的判断，参加项目整个开发和验证过程中的同行评审。SQA 寻找技术问题，检查工程团队同行评审过程的符合性、检查单的完成、入口和出口条件的满足等。参加同行评审是 SQA 跟进项目活动和问题的一个好方式。

任务 6：评估转换准则。保证软件生命周期过程的转换准则得到满足。该 SQA 目标通常通过 SQA 参加同行评审过程而得到关注。然而，SQA 可以有一个单独的评估活动来评价转换准则。

任务 7：见证测试。SQA 经常在见证软件测试中扮演重要的角色。一些组织要求测试执行中有一定比例的 SQA 见证，该预期应在 SQA 计划中标识，并清楚地传达给项目组。

任务 8：审核测试。SQA 通常审核开发和验证环境，以保证它们与批准的配置（通常编档在 SLECI 中）相一致。在为发布而构建软件之前，SQA 可以见证构建机器的设置以确保批准的规程得到遵守，并且构建机器与批准的配置相符合。在正式测试之前，SQA 通常审查或见证测试工作站的配置，以确保它与批准的配置相符合。

任务 9：见证构建和加载。为了确认可重复性，SQA 可以使用编档的构建和加载规程执行构建和加载，或者见证其他人实现构建和加载规程。最好有一些通常不做构建和加载的人（例如一个 SQE 或另一个工程师）执行该规程。

任务 10：参加变更控制委员会。SQA 通常是变更控制委员会中的关键成员，因为他们评价提出的变更并评估变更的实现。关闭问题报告或变更请求通常需要得到 SQA 批准。

任务 11：跟踪和评价问题报告。SQA 跟踪整个软件开发和验证活动中的问题报告，确保软件配置管理（SCM）计划中定义的问题报告过程得到遵守，评价问题报告的完整性、准确性和充分性。SQA 还确保问题报告（或变更请求）驱动的所有变更在关闭之前得到验证。

任务 12：评价 SCM 过程和记录。SQA 审核 SCM 记录和过程，以确保它们符合 SCM 计划；SQA 评价开发和验证活动中的 SCM；SQA 确保配置管理系统中的资料与 SCI 中标识的资料对应，即验证配置管理库和 SCI 是完整的和准确的。SQA 还审核软件开发和验证活动中的变更控制过程，保证问题得到正确的编档、变更得到认可、变更被正确实现和验证，并保证所有的文档得到恰当更新。

任务 13：审核供应商。如果项目使用供应商或分包商，SQA 不仅审核供应商的整个开发和验证活动，还审核他们的 SQA 过程。

任务 14：标识纠正行为。在 SQA 执行任务时，会标识要求的纠正行为。纠正行为可以编档在一个问题报告或者一个称为纠正行为报告（或其他相似名称）的单独的 SQA 记录中。除了标识纠正行为，SQA 还需要跟进，以保证纠正行为得到正确执行。纠正行为应当在 SAS 发布之前得到解决。

任务 15：偏差和例外的评审和批准。SQA 评审已批准过程的任何偏差或例外。SQA 还保证所有的偏差或例外都依据批准的过程进行了编档（例如一个问题报告）。相似地，SQA 应对已批准的测试规程的任何修正进行评审。

任务 16：在 SQA 记录中对活动进行编档。SQA 活动被编档在一个 SQA 记录中，以提供 SQA 介入了整个软件开发与验证活动的证据。SQA 记录通常包含以下信息：评价对象、日期、评价者姓名、评价准则、评价状态（符合或不符合）、发现的问题、需要响应的人员、响应的期限、该发现的严重性，以及与响应相关的更新。SQA 记录需要唯一的配置标识，配置标识通常包含日期和 SQA 资料文件标题。

8.2 输入文档

8.2.1 标准条款

> 6.5.2　Input documents
>
> All the documents available at each stage of the lifecycle.
>
> 6.5.2　输入文档
>
> 在生命周期的每个阶段可用的所有文档。

8.2.2 条款解读

1. 条款目的与意图

标准的 6.5.2 节主要描述了软件质量保证的输入文档要求，应包括在生命周期每个阶段可用的所有文档。

2. 条款解释与示例

软件质量保证过程是一个整体性过程，贯穿软件开发的全生命周期，因此，其输入文档也涉及生命周期每个阶段可用的所有文档。

8.3 输出文档

8.3.1 标准条款

> 6.5.3 Output documents
> 1) Software Quality Assurance Plan
> 2) Software Configuration Management Plan, if not available at system level
> 3) Software Quality Assurance Verification Report
> 6.5.3 输出文档
> 1）软件质量保证计划；
> 2）软件配置管理计划（当不能在系统级别上使用时）；
> 3）软件质量保证验证报告。

8.3.2 条款解读

1. 条款目的与意图

标准的 6.5.3 节主要描述了软件质量保证过程的输出文档要求，包括软件质量保证计划、软件配置管理计划（当不能在系统级别上使用时）、软件质量保证验证报告。

2. 条款解释与示例

1）软件质量保证计划

软件质量应在整个项目生命周期渗透到软件中，而不是在软件开发的最后阶段附加上去的。这就意味着要了解软件质量与软件开发过程的紧密关系，通过适当管理这个过程可以获得高质量的软件产品。软件质量必须随着软件开发过程的向前推进而不断接受评估以确保它是令人满意的。对这样的评估活动必须进行计划，并建立文档以便与软件项目开发人员交流。软件质量怎样渗透到软件中以及它是怎样进行评估的被记录在软件质量保证计划中。软件质量保证计划应该在软件项目开发早期就制订好，它与组织的质量目标相关，它不应该作为一个孤立的文件存在，而是应该整合到软件项目开发计划中。

每一个开发和维护的项目都应有一个质量保证计划，主要说明项目目标，要执行的 SQA 任务，衡量开发工作的标准、过程和组织结构。

软件质量保证计划的 IEEE 标准中规定该计划应该包含以下部分：目的，参考文件，管理，文档，标准、惯例和约定，评审与审计，配置管理，问题报告与处理，工具、技术和方法，代码控制，媒体控制和备份，供应商控制，记录的收集、维护和保存。

（1）目的。这部分陈述 SQA 计划的具体目标和范围。它指出所包含的软件产品及其用途。

（2）参考文件。一个质量保证计划参考文件的完整列表。

（3）管理。IEEE 标准在质量保证计划这部分主要规定三方面内容，即组织、任务和责任。

- 组织。这部分内容与项目组织、小组成员角色和等级层次等相关。组织内 SQA 职能的负责人具有足够的职权，能够执行过程所依附的独立验证活动是很重要的（正如在组织质量管理系统中所规定的）。
- 任务。假设预先存在一系列完整的公司标准，需要执行的任务按照时间先后顺序主要包括：

☺ 准备初步的软件需求规格说明书，可能作为包含硬件和软件的系统开发的一部分；
☺ 软件配置计划、软件质量保证计划（可以包含或不包含其他两个文档）和软件开发计划的准备；
☺ 软件需求评审；
☺ 软件设计评审；
☺ 软件需求规格说明书的准备；
☺ 进行软件需求规格说明书文档的评审；
☺ 准备软件测试计划；
☺ 准备高层软件设计；
☺ 准备支持文档（如用户说明书等）的草案；
☺ 高层软件设计评审；
☺ 准备软件测试描述；
☺ 详细设计产生；
☺ 详细设计评审；
☺ 软件测试程序产生；
☺ 编码单元源代码和目标代码产生；
☺ 编码单元测试；
☺ 软件模块/单元的集成；
☺ 集成单元的测试；
☺ 系统集成和系统集成测试；
☺ 验收测试。

- 责任。项目管理者和项目设计/开发团队在软件项目开发过程中进行软件质量控制担负的主要责任。

质量管理者以规程的形式定义质量保证人员的责任，与项目管理者就质量计划达成一致，对质量人员要实施的项目审计计划进行审批，协调解决项目管理者和质量保证人员之间有关质量问题的分歧（如内部审计和评审中出现的不一致、不一致问题的归类和实施纠错行为的日期等）。评审项目人员所实施的活动以确保其满足质量计划和质量规程的要求，评审软件标准内容、惯例工程守则和质量规程以保证其恰当和高效。

质量保证人员将实施计划的项目内部审计以评估计划与质量目标的一致性，针对发现的差异和不一致问题与项目管理者就纠错措施达成一致，并确保纠错行为得以实施，评估缺陷并采取适当措施，将未能解决的不一致问题上报给质量管理者以期解决。

我们应该确保质量保证人员有足够的权威和权力。质量保证人员应该独立于软件开发人员。他们应该有充足的资源、职权和技术技能来客观地实施质量评估活动，如果有必要，他们还应该推动纠错行为。

（4）文档。软件质量保证计划这一部分的基本目标是描述要产生的文档以及如何对它们进行评审。与软件开发、验证、使用和维护相关的所有文档都应详细列出。这部分通常包括：

- 软件需求规格说明（SRS）；
- 软件设计描述；
- 软件验证计划。它描述用来确认软件需求规格说明书中的需求在设计和编码中是否得到实现以及代码在执行时是否满足 SRS 所述需求的方法。这些方法包括审查、评审和测试等；
- 软件验证报告。它描述执行软件验证计划的结果（包括所有评审、审计和测试等结果）；
- 所参考的软件标准（ISO、CMM、IEEE 等）和过程（在组织的质量手册和质量管理系统中提及和定义）；
- 用户指南、操作人员和程序员手册。这部分是可选的，可提供这些手册的链接，而无须直接包含它们；
- 配置管理计划。如果项目很大，包含复杂的配置管理活动，可以对软件配置管理进行单独的文档说明，此处只需要对其进行引用；
- 软件质量目标。这部分可以定义适合计划质量目标的各种测量和度量及其上下控制限度。

（5）标准、惯例和约定。SQA 计划的这部分应该至少包含以下几方面：文档标准、逻辑结构标准、编码标准和注释标准。

开发者这时已经设计和文档化软件构造的过程，说明了所采用的方法。各项工作将依据相应标准和方法来进行。开发人员将写下并使用这些标准，而质量人员应该检查各项工作是否遵循这些标准。这些文档中所包含的标准将包括开发过程所产生的每个文档的内容和格式。这些标准也可能包含代码的构造布局、要实施的评审、评审委员会的组成、用来产生软件设计的设计方法、配置管理以及测试。

这样，SQA 计划的这部分将标识所使用的标准、惯例和约定，并陈述如何确保工作按照这些标准实施的设想。计划至少要阐明关于文档、算法描述、程序编码和在程序中添加注释方式所使用的标准。

（6）评审与审计。软件质量保证计划的这一部分阐述需要进行哪些技术和管理评审以及如何实施这些评审。项目可以分别为这些评审的实施制订一个时间安排表。ANSI（美国国家标准研究所）标准建议评审应该至少包含以下方面：

① 软件需求规格说明评审。

进行这个评审是为了审批定义软件需求规格说明的文件，旨在保证需求是恰当的。在这个评审过程中，项目经理需要阐明在该文档准备期间已经进行了哪些评估活动。这些评估活动将确保需求规格的准备是依据开发者使用约定的工具和技术惯例进行的。该文档必须经过检查以确保其符合适当的组织标准。另外，规格说明书的技术恰当性必须经过评估以确保它能提供产生高质量软件的基础。还要检查需求规格文档的内部一致性、可理解性和完整性。

我们已经认识到确保产品质量方面的需求规格说明得到明确描述是多么重要。期望在不进行适当的质量需求分析和明确描述的情况下得到满足质量要求的软件，这是不明智的。应在尽可能早的阶段正确识别出质量需求。此外，为了便于追踪，每个文档都有唯一标识是很有用的。

② 初步设计评审。

该审查的目的是对软件顶层设计文档进行审批。应审查有关的质量评估概要和顶层设计期间的活动。这项工作是为了确保：设计是依据相应标准产生的；所有必要的任务（联合申请审查、概念证明等）都被执行；顶层设计为未来工作打下坚实基础；顶层设计在实现时要满足一定的规模和时间限制；软件顶层设计文档是依据组织标准产生的，具有内部一致性、可理解性、完整性和适度详细性。

对设计文档进行检查以确保需求规格说明书中的每个需求均可以被追踪到。前向和后向追踪是非常重要的。在需求规格说明书中前向追踪到每一个需求并且明确其在软件开发过程的相应阶段是怎样实现的，这样的追踪是应该可以实现的。类似地，对于软件开发过程任何阶段软件产品的任何一部分，可以追踪到一个特定需求，这样的追踪也是能做到的。

③ 关键设计评审。

该评审的目的是对作为未来开发工作基础的软件详细设计文档进行审批。应审查详细设计阶段所执行的软件评估活动的概要。这项工作是为了确保：设计是根据组织标准来实施的，并且是可行的；所有必须执行的任务都得到执行（应用体系结构、实体关系图、实体生命过程图、状态转换图、耦合和内聚的原则等）；详细设计要满足内部一致性、可理解性、完整性和适度详细性；维护通过顶层设计直到软件需求规格说明的可追踪性；作为设计的一部分准备好单元测试和集成测试的测试用例，并检查其与组织标准的一致性。

④ 软件验证评审。

这个评审的目的是对测试计划进行审批。它是对所描述软件验证方法的恰当性和完整性进行的评估。

⑤ 功能审计。

功能审计用来确认软件需求规格说明书中描述的所有需求都已经满足。

⑥ 自然审计。

自然审计用来在交付用户之前验证软件和文档的内部一致性。

⑦ 过程内审计。

进行抽样设计的过程内审查是为了验证设计的一致性。检查项目包括代码和设计文档的一致性、设计实现和功能需求的一致性、功能需求和测试描述的一致性。

⑧ 管理评审。

对质量计划执行情况的评估是很重要的，对此会进行一次或多次的评审。例如，如果发现目前质量存在相对于项目商定和书面目标的下滑现象，那么必须进行原因分析找出下滑原因，制订预防将来此类事件再次发生的行动计划，上报管理部门并跟踪该行动计划（由项目团队产生的）直到计划结束。

（7）配置管理。

软件质量保证计划这一部分主要包括：配置标识、配置控制、配置状态记录和配置审计。对于大型复杂的软件项目，SQA 计划的这一部分可以参照独立的配置管理计划。

（8）问题报告与处理。

软件质量保证计划这一部分主要描述确保问题被文档化并及时解决的系统。该系统应该是一个闭环控制系统。所有问题都应当被快速报告并追溯到适当层次从而得到回应以及解决。每个问题都应该能够沿着软件项目生命周期进行追踪；每个问题都应该能够进行分析以确定其前因后果，并根据某种方法（如需求、设计或编码等）进行归类；每个问题都应该有其严重优先级和解决优先级，还要能够识别所报告问题中蕴涵的趋势。

对于发现的问题及不良趋势，应该确定其纠正行动和完成日期。这些问题及不良趋势应该上报给适当级别的管理层。纠正行动将得到授权并且被记录。要对纠正行动进行评估，以确保它们能够解决问题并且不引入新的问题。管理者要监督那些还未解决问题的状态，关注那些在目标完成期限前还未解决的问题。

（9）工具、技术和方法。SQA 计划的这一部分说明用来支持软件质量保障的特殊软件工具、技术以及方法，阐述它们的目的并描述它们的使用方法。

（10）代码控制。在软件项目中，代码控制可能与库功能一起实现。该库接收和维护所有的软件工具和文档备份。同时，该库将发布所有的材料以确保最近的授权版本是可用的，对代码文件的访问权限进行控制以确保不会发生未经授权的使用和修改，确保送交测试的是正确版本的软件。一个大项目应使用库功能来维护配置项的发布。

（11）媒体控制和备份。软件质量控制计划的这一部分讲述怎样保护媒体不接受未经授权的访问或者破坏。应该将当前配置的至少一个备份版本安全保存在远离当前位置的地点。实际上，灾难恢复计划是有关媒体控制和备份的更大的一个领域，它本身就是一个很大的主题。对软件项目产生安全威胁的环境因素主要有以下几方面：火灾，水灾，能源变化，建筑破坏，污染，非授权入侵，病毒（如蠕虫），软件、数据和服务的误用。

灾难恢复计划的目的是使项目或者信息系统功能在系统所处环境中出现灾难（如风暴、洪水或者某些人为的灾难）时能够恢复操作。一些组织通过执行定期检查来评估他们灾难恢复计划的恰当性。在一个有着分布式计算资源的组织内，灾难恢复计划将是一项繁重的任务。SQA 计划对这部分的最小期望就是如上讨论的媒体控制和恰当的备份计划。

（12）供应商控制。当需要外购一些软件项目的组件时，保证外部所开发的软件具有高质量是很重要的。组织应根据供应商按照组织需求提供产品和服务的能力对其进行评估和选择。评估结果及评估所引起的任何必要措施的记录应予以维护。

怎样确保 SQA 计划的这一部分陈述达到上述条件，通常需包含一个格式文本。也就是说，分承包商将实施一个质量保障计划以得到主承包商的认可。分承包商提交的软件在被接受之前必须经过测试和评估。

必须承认，有些情况下没有办法控制所购买软件的质量（可重用对象、DLL、对象代理以及类似的其他组件）。经典案例与操作系统有关，一些经验证据表明，有些时候供应商不愿意提供购买方所需要的任何与质量相关的保证。在如今存在垄断情况的软件市场上，购买商不得不选择这些软件。这种供应商处于经济主导地位的情况很难处理，它所衍生的问题也似乎并不容易解决。

（13）记录的收集、维护和保存。

任何一个成功的项目都需要经历相当长时间的维护过程。因此，确保所需的文档能够被找到，并进行快速、有效、经济的维护是很重要的。这些文档应该在开发过程中产生。SQA

计划的这一部分将说明谁负责确保在什么样的条件下产生和保存适当的文档。下面从ISO 9001：2000中引用一些有关此问题的重要条款。

ISO 9001:2000标准4.2.3节文件控制，要求建立书面规程，以规定以下内容:

☺ 文件在发布前必须经过批准，以确保文件是恰当的;

☺ 必要时应对文件进行评审与更新，并再次批准;

☺ 确保文件的更改和现行修改状态得到识别;

☺ 确保在使用时可获得适用文件的有关版本;

☺ 确保文件清晰、易于识别;

☺ 确保外来文件得到识别，并控制其分发;

☺ 防止作废文件的非预期使用，因任何原因保留作废文件，均应对这些文件进行适当的标识。

ISO 9001:2000标准4.2.3节记录控制，要求建立保持记录，以提供符合要求和质量管理体系有效运行的证据。记录应保持清晰、易于识别和检索。应建立书面规程，以规定对记录的标识、储存、保护、检索、保存期限和处理权的控制。

2）软件配置管理计划（当不能在系统级别上使用时）

当不能在系统级别上使用时，软件质量保证过程的输出应包括软件质量保证计划。关于软件配置管理计划的说明可参见本书第 9 章 9.2.2 节。

3）软件质量保证验证报告

软件质量保证验证报告用于记录软件质量保证计划的验证内容，验证软件质量保证计划的可读性和可追溯性的一般要求、软件质量保证计划的具体内容以及文档的内部一致性是否满足要求，并将验证结果记录在软件质量保证验证报告中。

8.4 要求

8.4.1 标准条款

6.5.4.1 All the plans shall be issued at the beginning of the project and updated during the lifecycle.

6.5.4.2 The organisations taking part in the software development shall implement and use a Quality Assurance System compliant with EN ISO 9000, to support the requirements of this European Standard.EN ISO 9001 certification is highly recommended.

6.5.4.3 A Software Quality Assurance Plan shall be written, under the responsibility of the Verifier, on the basis of the input documents from 6.5.2.

The requirements from 6.5.4.4 to 6.5.4.6 refer to the Software Quality Assurance Plan.

6.5.4.4 A Software Quality Assurance Plan shall be written and shall be specific to the project. It shall implement the requirements of 6.5.4.5.

6.5.4.5 As a minimum, the following items shall be specified or referenced in the Software

Quality Assurance Plan.

1) Definition of the life-cycle model:

- activities and elementary tasks consistent with the plans, e.g. Safety Plan, that have been established at the System level;
- entry and exit criteria of each activity;
- inputs and outputs of each activity;
- major quality activities;
- the entity responsible for each activity.

2) Documentation structure.

3) Documentation control:

- roles involved for writing, checking and approval;
- scope of distribution;
- archiving.

4) Tracking and tracing of deviations.

5) Methods, measures and tools for quality assurance according to the allocated safety integrity levels (referto Annex A).

6) Justifications, as defined in 4.7 to 4.9, that each combination of techniques or measures selected according to Annex A is appropriate to the defined software safety integrity level.

Some of the Software Quality Assurance Plan required information may be contained in other documents,such as a separate Software Configuration Management Plan, a Maintenance Plan, a Software Verificationplan and a Software Validation Plan. The sub-clauses of the Software Quality Assurance Plan shall reference the documents in which the information is contained. In any case the content of each sub-clause of the Software Quality Assurance Plan shall be specified either directly or by reference to another document.

The referenced documents shall be reviewed in order to ensure they provide all the required information and that they fully address the requirements of this European Standard.

6.5.4.6 Quality assurance activities, actions, documents, etc. required by all normative sub-clauses of this European Standard shall be specified or referenced in the Software Quality Assurance Plan and tailored to the specific project.

6.5.4.7 A Software Quality Assurance Verification Report shall be written, under the responsibility of the Verifier, on the basis of the input documents from 6.5.2.

The requirement in 6.5.4.8 refers to the Software Quality Assurance Verification Report.

6.5.4.8 Once the Software Quality Assurance Plan has been established, verification shall address

1) that the Software Quality Assurance Plan meets the general requirements for readability and traceability in 5.3.2.7 to 5.3.2.10 and in 6.5.4.14 to 6.5.4.17 as well as the specific requirements in 6.5.4.4 to 6.5.4.6,

2) the internal consistency of the Software Quality Assurance Plan.

The results shall be recorded in a Software Quality Assurance Verification Report.

6.5.4.9 Each planning document shall have a paragraph specifying details about its own updating throughout the project: frequency, responsibility, method.

6.5.4.10 Each software document and deliverable shall be placed under configuration control from the time of its first release.

6.5.4.11 Changes to all items under Configuration Management Control shall be authorised and recorded.

6.5.4.12 In addition to software development, the Configuration Management System shall also cover the software development environment used during the full lifecycle.

This extension, necessary for the reproducibility of the development and for the maintenance activities, shall include all the tools, translators, data and test files, parameterisation files, and supporting hardware platforms.

6.5.4.13 The supplier shall establish, document and maintain procedures for control of the external suppliers, including

1) methods and relevant records to ensure that software provided by external suppliers adheres to established requirements. Previously developed software shall be assured to be compliant with the required software safety integrity level and dependability. New software shall be developed and maintained in conformity with the Software Quality Assurance Plan of the Supplier or with a specific Software Quality Assurance Plan prepared by the external supplier in accordance with the Software Quality Assurance Plan of the Supplier,

2) methods and relevant records to ensure that the requirements provided to the External Supplier are adequate and complete.

6.5.4.14 Traceability to requirements shall be an important consideration in the validation of a safety-related system and means shall be provided to allow this to be demonstrated throughout all phases of the lifecycle.

6.5.4.15 Within the context of this European Standard, and to a degree appropriate to the specified software safety integrity level, traceability shall particularly address

1) traceability of requirements to the design or other objects which fulfil them,

2) traceability of design objects to the implementation objects which instantiate them,

3) traceability of requirements and design objects to the tests (component, integration, overall test) and analyses that verify them.

Traceability shall be the subject of configuration management.

6.5.4.16 In special cases, e.g. pre-existing software or prototyped software, traceability may be established after the implementation and/or documentation of the code, but prior to verification/validation. In these cases,it shall be shown that verification/validation is as effective as it would have been with traceability over all phases.

6.5.4.17 Objects of requirements, design or implementation that cannot be adequately traced shall be demonstrated to have no bearing up on the safety or integrity of the system.

6.5.4.1 所有计划应在项目开始时发布，并在生命周期内更新。

6.5.4.2 参与软件开发的组织应实施并使用符合 ISO 9000 标准的质量保证体系，以支持欧洲标准的要求。强烈推荐 ISO 9001 认证。

6.5.4.3 软件质量保证计划应在 6.5.2 节输入文件的基础上，由验证者负责编写。

从 6.5.4.4 节到 6.5.4.6 节规定了关于软件质量保证计划的要求。

6.5.4.4 应当编写软件质量保证计划，并对项目进行具体说明。应实现 6.5.4.5 节的要求。

6.5.4.5 至少，在软件质量保证计划中应指定或引用以下内容：

1）生命周期模型的定义：

- 活动与基本任务和计划相一致；
- 每个活动的进入和退出标准；
- 每个活动的输入和输出；
- 主要的质量活动；
- 负责每次活动的实体。

2）文档结构。

3）文件控制：

- 编写、检查和批准所涉及的角色；
- 分配范围；
- 归档。

4）追踪偏差。

5）根据所分配的安全完整性等级选择质量保证的方法、措施和工具（参见附件 A）。

6）正如在 4.7 节到 4.9 节中所述，依据附录 A 选择的每种技术或措施的组合，应适合于定义的软件安全完整性级别。一些软件质量保证计划所需的信息可以包含在其他文件中，如单独的软件配置管理计划、维护计划、软件验证计划和软件确认计划。软件质量保证计划的子条款应参照包含信息的文件。在任何情况下，软件质量保证计划的每个条款的内容都应直接指定或通过参考其他文献加以规定。

应对参考文件进行审查，以确保它们提供所需的全部信息，并充分满足欧洲标准的要求。

6.5.4.6 本标准的所有规范子条款所要求的质量保证活动、行动、文件等，应在软件质量保证计划中指定，并根据具体项目进行调整。

6.5.4.7 软件质量保证验证报告应在标准 6.5.2 节输入文档的基础上，由验证者负责编写。6.5.4.8 节规定了软件质量保证验证报告的要求。

6.5.4.8 软件质量保证计划一经确定，验证过程中应处理以下内容：

1）软件质量保证计划符合 5.3.2.7 节到 5.3.2.10 节、6.5.4.14 节到 6.5.4.17 节的可读性和可追溯性的一般要求，以及 6.5.4.4 节到 6.5.4.6 节的具体要求；

2）软件质量保证计划的内部一致性。

结果应在软件质量保证验证报告中记录。

6.5.4.9 每一个计划文件中都应详细说明整个项目的更新情况，包括频率、责任以及方法等的更新。

6.5.4.10　每一个软件文件和可交付文件都应在其第一次发布时被置于配置管理控制之下。

6.5.4.11　对配置管理控制下的所有项目的变更，均应予以授权和记录。

6.5.4.12　除了软件开发之外，配置管理系统还应该涵盖整个生命周期中所使用的软件开发环境。

这个扩展对于开发和维护活动的再现性来说是必要的，它包括所有工具、翻译器、数据和测试文件、参数化文件和支持硬件平台。

6.5.4.13　为了对外部供应商进行监控，应建立记录和维护程序，包括：

1）确保外部供应商提供的软件符合既定要求的方法和相关记录。以前开发的软件应确保符合软件安全的完整性水平和可信性。新软件的开发和维护，应根据供应商的软件质量保证计划进行，或符合外部供应商依据供应商的软件质量保证计划编制的特定软件质量保证计划；

2）确保向外部供应商所提供的要求的充分性和完整性的方法和相关记录。

6.5.4.14　验证安全相关的系统时，需求的可追溯性应该是一个重要的考虑因素，并且应该提供能够在整个生命周期的所有阶段中证明这一点的方法。

6.5.4.15　在本标准的背景下，并且在适合于特定软件安全完整性级别的情况下，可追溯性应特别关注以下方面：

1）对设计的要求或满足这些要求的其他对象的可追溯性；

2）对实例化实施对象的设计对象的可追溯性；

3）用于测试（组件、集成和整体测试）和验证的分析要求和设计对象的可追溯性。

可追溯性应是配置管理的主题。

6.5.4.16　在特殊情况下，例如已经存在的软件或原型软件，可追溯性可能在代码实现和/或文档化之后（需在验证/确认之前）建立。在这些情况下，应当证明验证/确认与在所有阶段的可跟踪性一样有效。

6.5.4.17　当对象的要求、设计或实施不能充分追踪时，需要证明其对系统的安全性或完整性没有任何影响。

8.4.2　条款解读

1. 条款目的与意图

标准的 6.5.4 节给出了关于软件质量保证的一般性要求。

2. 条款解释与示例

在标准的 6.5.4.1 节，规定了质量保证计划、软件配置管理计划等所有计划发布和更新的时间要求。要求所有计划必须在项目开始时发布，并在生命周期内根据实际情况进行更新。

在标准的 6.5.4.2 节，规定了软件开发组织使用的质量保证体系遵循的标准要求，为了支持欧洲标准的要求，质量保证体系应符合 ISO 9000 标准，强烈推荐进行 ISO 9001 标准认证。

6.5.4.3 节、6.5.4.7 节规定了编写报告的负责人情况，软件质量保证计划、软件质量保证验证报告应由验证者负责编写，同时，规定了这两份文档应在生命周期每个阶段可用的所有文档的基础上进行编写。

6.4.4.4 节到 6.4.4.6 节给出了关于软件质量保证计划的具体要求：

（1）首先，应当编写软件质量保证计划，并对项目进行具体说明。

（2）其次，规定了在软件质量保证计划中应描述或参考以下内容：

① 生命周期模型的定义：

- 活动和基本任务与计划（如在系统层面已建立的安全计划）相一致；
- 每个活动的进入和退出标准；
- 每个活动的输入和输出；
- 主要质量活动；
- 负责每次活动的实体。

② 文档结构。

③ 文件控制：

- 编写、检查和批准所涉及的角色；
- 分配范围；
- 归档。

④ 追踪偏差。

⑤ 根据所分配的安全完整性等级选择质量保证的方法、措施和工具（参见标准附录 A）。

⑥ 依据标准选择的每种技术或措施的组合，应适合所定义的软件安全完整性级别。一些软件质量保证计划（如单独的软件配置管理计划、维护计划、软件验证计划和软件确认计划）所需的信息可以包含在其他文件中。软件质量保证计划的条款应当引用包含信息的文件。在任何情况下，软件的质量保证计划每个条款的内容应直接指定或引用另一份文件。对参考文件应进行审查，以确保它们提供所需的全部信息，并充分满足欧洲标准的要求。

（3）最后，在软件质量保证计划中应描述或参考本标准所有子条款所要求的质量保证活动、行动、文件等，并根据具体项目进行调整。

标准的 6.5.4.8 节给出了关于软件质量保证验证活动、软件质量保证验证报告的具体要求。软件质量保证验证活动是针对软件质量保证计划所进行的验证，验证其是否满足以下三方面要求，即可读性和可追溯性的一般要求（具体要求可参见标准的 5.3.2.7 节到 5.3.2.10 节、6.5.4.14 小节到 6.5.4.17 节）、软件质量保证计划的内容要求（具体要求可参见标准的 6.5.4.4 节到 6.5.4.6 节）以及文档的内部一致性要求。软件质量保证验证的结果应记录在软件质量保证验证报告中。

标准的 6.5.4.9 节到 6.5.4.13 节给出了关于软件文档、开发环境、外部供应商等的监控要求，具体包括以下五个方面：

① 计划文档的监控要求：每一个计划文件中都应详细说明整个项目的更新情况，包括频率、责任以及方法等的更新。

② 软件文档的监控要求：每一个软件文件和可交付文件都应在其第一次发布时被置于配置管理控制之下。

③ 项目的监控要求：对配置管理控制下的所有项目的变更，均应予以授权和记录。

④ 开发环境的监控要求：配置管理系统应该涵盖整个生命周期中所使用的软件开发环

境。这个扩展对于开发和维护活动的再现性来说是必要的，它包括所有工具、翻译器、数据和测试文件、参数化文件和支持硬件平台。

⑤ 供应商的监控要求：应对外部供应商进行监控，为了对外部供应商进行监控，应建立记录和维护程序，包括：

- 确保外部供应商提供的软件符合既定要求的方法和相关记录。以前开发的软件应确保符合软件安全的完整性水平和可信性。新软件的开发和维护，应根据供应商的软件质量保证计划进行，或符合外部供应商依据供应商的软件质量保证计划编制的特定软件质量保证计划；
- 确保向外部供应商所提供的要求的充分性和完整性的方法和相关记录。

标准的 6.5.4.14 小节到 6.5.4.17 小节规定了关于可追溯性方面的要求，可追溯性应是配置管理的主题，具体包括以下四个方面：

① 需求的可追溯性，需求的可追溯性应该是确认安全相关系统的一个重要的考虑因素，并且应该提供能够在整个生命周期的所有阶段中进行演示的方法。

② 适合于特定软件安全完整性级别的可追溯性，应特别关注以下几个方面：

- 对设计的要求或满足这些要求的其他对象的可追溯性；
- 对实例化实施对象的设计对象的可追溯性；
- 用于测试（组件、集成和整体测试）和验证的分析要求和设计对象的可追溯性。

③ 特定情况下的可追溯性，例如已经存在的软件或原型软件，可追溯性可能在代码实现和/或文档化之后（需在验证/确认之前）建立。在这些情况下，应当证明验证/确认与在所有阶段的可跟踪性一样有效。

④ 当对象的要求、设计或实施不能充分追踪时，需要证明其对系统的安全性或完整性没有任何影响。

第9章

软件变更管理

9.1 目标

9.1.1 标准条款

> 6.6.1 Objectives
>
> 6.6.1.1 To ensure that the software performs as required, preserving the software safety integrity anddependability when modifying the software.
>
> 6.6.1.2 These objectives are managed by the Configuration Manager.
>
> 6.6.1 目标
>
> 6.6.1.1 确保软件按要求执行，在修改软件时保持软件安全的完整性和可信性。
>
> 6.6.1.2 这些目标是由配置管理员管理的。

9.1.2 条款解读

1. 条款目的与意图

标准的 6.6.1 节主要描述了软件变更管理的目标，以及管理软件变更活动的人员。

2. 条款解释与示例

1）什么是软件配置管理

软件配置管理是一个贯穿于软件生命周期始终的整体性循环过程。它跨越软件生命周期的全部区域，并影响所有的资料和过程。Babich 写道："配置管理是对一个编程团队正在构建的软件进行标识、组织以及控制其修改的艺术。目标通过最小化错误来最大化生产率"。

软件配置管理并非像通常理解的那样只针对源代码，所有的软件生命周期资料都需要配置管理，所有用于制造、验证软件以及说明软件符合性的数据和文档也都需要一定级别的配置管理。应用软件配置管理过程的严格度依赖于软件的级别和产品的特质。

2）为何需要软件配置管理

在任何领域（包括安全关键领域），软件开发都是一项高压力的活动。软件工程师要在紧张的进度和预算范围内开发复杂的系统，还要快速更新和维护符合标准和规章的高质量软件。

为了在这种残酷的竞争世界中生存，组织需要一种机制来保持工作制品置于可控范围之内，否则会造成完全的混乱，这将导致产品或项目的失效，并使得公司业务失利。正确实现的软件配置管理系统就是这样一种机制，它能够帮助软件开发团队建立一流质量的软件，而不产生混乱。

好的软件配置管理有助于防止问题的出现，例如丢失源代码模块、找不到一个文件的最新版本、已经纠正的错误再次出现、丢失需求、无法确定什么东西在何时进行了更改、两个程序员在更新同一个文件时覆盖了彼此的工作以及许多其他问题。软件配置管理通过协调在同一个项目上的多个人的工作和活动来减少这些问题的出现。如果软件配置管理可以正确实现，则能够防止出现技术混乱，避免客户不满，以及维护产品与关于产品相关信息之间的一致性。

软件配置管理也使得软件能够进行有效的管理变更。软件密集型系统会有变更——这是软件本性的一部分。Pressman 写道："如果你不控制变更，它就会'控制'你，那绝对不是好事。一串不受控的变更很容易把一个运行良好的软件项目变得混乱"。由于变更发生得那么频繁，所以必须对其加以有效的管理。好的软件配置管理提供了一种管理变更的手段：

- 标识易于变更的资料项；
- 定义资料项之间的关系；
- 标识控制资料修订的方法；
- 控制实现的变更；
- 报告做出的任何变更。

有效的软件配置管理对软件团队、整个组织以及客户都提供很多好处，包括以下几点：

- 通过使用有组织的任务和活动，维护软件的完整性；
- 建立合格的审定机构和客户信息；
- 支持更高质量和，使得软件更安全；
- 使得软件团队能够按照标准的要求管理生命周期资料；
- 确保软件的配置是已知的和正确的；
- 支持项目需要的进度和预算；
- 提供对软件和资料项建立基线的能力；
- 提供跟踪基线变更的能力；
- 通过提供资料管理的系统化方法，避免混乱，加强开发团队成员之间的沟通；
- 帮助避免或者最起码减少"意外"情况的出现，并避免浪费时间；
- 为开发、验证、测试和再生产软件提供一个受控的环境；
- 确保软件即使在初始开发许多年之后，也能够再次生成；
- 提供贯穿项目的状态记录；
- 为开发者和客户提供进行决策的一个基础；
- 提供在问题调查中再现问题的能力；
- 提供一个过程改进的基础；
- 提供资料以确定软件何时完成；

- 支持长期维护。

3）谁负责实现软件配置管理

软件配置管理是软件开发过程所涉及的个人的职责。软件开发在所有领域中都是一个高压力的活动，包括安全关键领域。公司要让所有开发人员学习良好 SCM 的益处、不良 SCM 的风险、SCM 的最佳实践以及公司特定的 SCM 规程，这样的培训有助于工程师整体工作水平的提高。当 SCM 正确实现并实现自动化时，开发者每日执行 SCM 就不会有困难了。

在过去，软件配置管理是一个手工的、耗时的过程，而现在，随着优秀的软件配置管理工具的推出，软件配置管理可以在不对开发者增加沉重负担的情况下得以实现。

但是认为 SCM 工具能够解决一切问题的想法是一个导致灾难的诱因。许多 SCM 活动，包括变更管理、构建和发布管理以及配置审核，都需要人的介入和判断。尽管 SCM 工具使这些工作变得更简单，但是人的智力和决策是无可替代的。

软件配置管理是每个人的职责。它要求那些需要软件和资料的人、制造软件和资料的人以及使用软件和资料的人之间进行沟通和团队工作。SCM 开始于沟通，也终止于沟通。下面是一些通过加强沟通获得有效 SCM 的建议：

- 确保目标和目的是清晰的；
- 确保所有的利益相关方理解目标和目的；
- 确保所有的利益相关方达成合作关系，并解决任何妨碍合作的问题；
- 确保所有的过程得到编档，并被所有的利益相关方清楚理解；
- 时常提供反馈；
- 确保决策需要的资料是可得的；
- 在问题出现时，解决问题。

4）软件配置管理的目标

软件配置管理确保软件按要求执行，在修改软件时保持软件安全性的完整性和可信性。软件配置管理过程同其他软件生命周期过程配合，可以满足如下目标：

① 目标 1　在整个软件生命周期中提供明确的、受控的软件配置；

② 目标 2　能始终如一地复现可执行的目标代码，以满足软件生产、检查或修改的需要；

③ 目标 3　在软件生命周期中，控制各过程的输入和输出，以保证过程活动的一致性、可重复性；

④ 目标 4　通过控制配置项和建立基线，为走查/评审、状态评估以及更改控制提供参考点；

⑤ 目标 5　通过一系列控制，确保问题得到关注，确保更改得以记录、批准和完成；

⑥ 目标 6　通过控制各个软件生命周期过程的输出，为软件已经批准提供证据；

⑦ 目标 7　为评估软件产品符合需求提供支持；

⑧ 目标 8　确保配置项物理归档安全、可恢复且受控。

软件配置管理的目标与软件等级无关。这些目标用于保证软件的完整性、可解释性、可再生产性、可视性、协调性，以及在软件生命周期资料的演化中对软件的可控制性。为了满足这些目标，需要多个活动，包括配置标识、基线建立、可追踪性、问题报告、变更控制、变更评审、状态记录、发布、归档和提取、加载控制以及环境控制。

这些目标由配置管理员管理，有经验和有资质的人员对 SCM 来说很重要。配置管理是每个人的工作，配置管理员、SCM 经理在 SCM 过程中扮演着重要角色。配置管理员建立一个或多个 SCM 库，并且保证每个库的完整性，以及库之间的完整性。管理员的角色可以得到自动化的支持。管理员应该拥有以下技能：理解公司的整个配置管理需要、关注细节、编档详细规程的能力、保证遵守规章的能力以及与各种类型人员良好沟通的能力。

5）软件配置管理活动

每一项活动应该在项目之初在 SCM 计划中进行具体说明。SCM 计划确保 SCM 组和项目团队了解他们在项目中为了支持和维护 SCM 所要执行的规程、义务和职责。对 SCM 组和项目团队都应该培训 SCM 期望和需求。SCM 计划是对项目团队培训和配备其需要的 SCM 过程的基础。接下来，将对软件配置管理活动进行简单介绍。

（1）配置标识。配置标识是配置管理的基础，也是配置管理的第一项活动。配置标识识别要控制的项、建立项及其版本的标识方案，并建立在获取和管理受控项时所要使用的工具和技术。配置标识为其他 SCM 活动提供了起点，它是在项目中需要启动的第一个重要的 SCM 功能，它实质上也作为其他 SCM 活动的一个前提，因为其他所有活动都使用配置标识活动的输出。

配置标识为软件与其生命周期资料之间提供追踪的能力。每个配置项必须被唯一标识。标识方法通常包括一个命名习惯，连同版本数字或字母。标识方法利于配置项的存储、提取、跟踪、再次生产以及分发。

（2）基线。软件基线是指在某一个时间点上的软件及支持它的生命周期资料。基线作为进一步开发的基础。一旦建立了基线，它的变更只能通过变更控制过程实现。

虽然在项目中应该及早建立基线，但是过早地把所有的项置于配置控制之下，就会增加不必要的规程，并会降低开发者的工作效率。在一个软件配置成为一个基线之前，可以快速和非正式地做出变更，一旦基线已经建立，虽然也可以进行变更，但必须使用正式规程来评价和验证每个变更。因此，就会出现这样的问题——应当什么时候建立基线。关于这个问题，目前没有硬性的规则，通常在软件每个生命周期阶段终结时，在完成该阶段的正式评审之后建立基线。这样就有一条需求基线、一条设计基线、一条代码基线。SCM 计划应当标识出建立基线的计划。此外，重要的是，应将代码基线与其实现的需求和设计基线相对应。

基线必须是不可变的。这意味着资料项是被锁定的，不能改变。这种不可变特性很重要，因为用于软件测试、生产制造等的软件发布时，必须使用固定版本的代码及其支持资料。

基线数目和类型的选择依赖于项目实现的生命周期模型。例如螺旋、增量开发以及快速原型等生命周期模型要求基线具有更多的灵活性。

（3）可追踪性。可追踪性与基线和问题报告密切相关。一旦一个配置项被建立基线，变更需要文档化，则通常通过一个问题报告（PR）或变更请求来实现。因此，当一条新的基线被建立时，必须可以追踪到其来源基线。

（4）问题报告。问题报告（PR）是最重要的 SCM 活动之一。问题报告用于标识基线资料问题、过程不符合性以及软件反常行为。问题报告既可以用于关注问题，也可以用于增加或增强软件功能。有效的问题报告对管理变更和及时修正已知问题十分重要。

问题报告是贯穿整个软件开发和验证过程的持续活动。应该在问题被标识之后快速进行调查和解决。此外，应当尽力使编写的问题报告易于被各类读者理解，这些读者包括开发者、质量人员、安全工程师、系统人员等。

（5）变更控制和评审。变更控制和评审与问题报告密切相关，因为问题报告经常被用作管理变更的载体。变更会发生在软件开发过程的任何阶段，实际上是软件的一个基本特性。变更的发生会增加或修改功能、修复一个隐错、提高性能、升级硬件和支持接口、改进过程、更改环境（例如编译器增强）等。更改软件是相对容易的，这也是使用软件的一个主要优势，然而管理它却不容易。如果没有有效的变更管理，混乱就会发生。变更管理是复杂的，也是重要的。有效的变更管理过程涉及以下多项任务。

① 防止未授权的变更。一旦基线被建立，应当保护它不被无意义地或未授权地变更。对一条基线的所有变更应该是有计划的、被编档和批准的，典型的方法是通过一个变更控制委员会（CCB）来实现变更。

② 变更启动。所有提出的对基线的变更都应当被编档。变更请求是对提出的变更进行编档的常用载体。

③ 变更分类。根据对整个系统安全性、功能性和符合性的影响进行变更分类。

④ 变更影响评估。为了对实现变更及重新验证所需要的资料进行正确策划，变更影响评估应当编档在一个问题报告或变更请求中。

⑤ 变更评审。变更评审的目标是确保“问题和变更得到评估、批准或不批准、批准的变更得到实现，并且通过在软件策划过程中定义的问题报告和变更控制方法，将反馈提供给受影响的过程”。变更评审涉及对所有变更的评审，以确定变更的潜在影响。通过成立一个CCB 作为变更过程的守门人。CCB 评审所有的问题报告和变更请求、批准或不批准提出的变更、确认批准的变更得到了正确的实现和验证，并确认问题报告或变更请求在开发和验证过程中是否得到了正确更新并在完成时得到关闭。因此，CCB 应该包含充分了解软件和系统的人员，以及有权力和能力对软件做出更改的人员。经常来说，客户将是 CCB 的一部分。

⑥ 变更决策。CCB 评价提出的变更，做出批准、拒绝、推迟或退回等决策。

⑦ 变更实现。一旦一个提出的变更得到 CCB 的批准，就可以按照问题报告或变更请求实施变更。如果在实现中修改了变更的范围，则需要对问题报告或变更请求进行更新，并且可能需要 CCB 的额外评审。

⑧ 变更验证。变更得到实现后，应对其进行验证。对所有变更及其影响制品进行独立评审，并重新进行必要的测试。

⑨ 变更请求或问题报告关闭。当已经实现、验证和接受了变更，则可关闭该变更。CCB 通常负责变更请求或问题报告的关闭。

⑩ 升级的基线发布。升级的基线发布应当直到所有批准的变更请求或问题报告已经得到验证之后再进行。

（6）配置状态记录。配置状态记录涉及记录为了有效管理软件开发和验证活动所需要的信息。生成报告把项目有关状态通报给经理、开发者和其他利益相关方。配置状态记录提供了一致的、可靠的和及时的状态信息，帮助加强沟通以及防止重复错误的发生。它通常包含以下内容：

- 资料项的状态，包括配置标识；
- 变更请求和问题报告的状态（包括分类、影响了的资料项、问题的根本原因、更新的资料项的配置标识）；
- 发布的资料和文件的状态；

● 基线内容以及与前一版基线差异的清单。

SCM 工具经常用于自动化配置状态记录报告。为成功使用该工具，上述资料必须被准确、一致地输入。此外，为了避免错误使用，SCM 工具的功能必须被使用者很好地理解。

配置状态报告应当在项目的早期进行策划，以便于正确捕捉资料。然而在项目进行中，有时需要修改或扩展记录项。例如，在总结问题报告时，为了有助于人员安排，可能会采用增加字段的方式来标识个人信息。

配置状态报告应该以一个确定的频度更新。大多数公司要么采用自动化更新的方式；要么选择在固定的时间进行人工更新，如在每周的项目小组会议之前更新。过时的或者错误的报告是没有用的，甚至会导致糟糕决策的做出。因此，尽一切努力生成正确的配置状态报告是重要的。

（7）发布。一个资料项一旦成熟，它就被发布到正式的配置管理系统（如一个企业范围的库）。发布是指使一个可以提取的配置项正式可得，并授权其使用的行为。

并非所有的资料项都需要经过正式发布过程。一些资料项可能只是被存储和保护。如重新构建和维护软件所需要的资料（例如需求、设计、代码、配置文件以及配置索引）需要被正式发布；支持性资料（例如评审记录和 SQA 记录）只需要与项目记录一起存储。

发布过程通常涉及关键利益相关方（例如编写者、评审者、软件质量工程师以及资料质量保证人员）对文档/数据的评审和签发。在签署/批准一个资料项之前，它应当被真正阅读过。

（8）归档和提取。归档和提取过程涉及资料的存档，目的是使其可以被得到授权的人员访问。归档和提取过程应当考虑以下方面：

① 准确性和完整性。应当验证正确的资料被归档。这个过程经常是在准备和评审软件配置索引（SCI）时完成的，以确保 SCI 中的资料与归档资料相匹配。

② 防止未经授权的更改。资料只应被得到授权的人员更新。

③ 存储介质的质量。最小化短期的再生成错误和长期的损坏错误。不是所有的介质都适合存储安全关键软件。

④ 灾难保护。通常是通过使用某种类型的异地存储完成的。

⑤ 资料的可读性。资料需要可得和可读。这会要求资料按照一个周期进行更新，依赖于存储介质的可靠性。

⑥ 支持工具的归档。如果需要工具来读取或生成资料，则所用工具也需要被归档。这可能包括了软件的开发和验证环境。如果工具需要有许可证协议，也应将其归档。

⑦ 提取和复制的准确性。当资料被提取或复制时，必须不能有损坏。

⑧ 处理修改的同时不丢失其他资料的能力。当资料被修改时，先前发布和归档的资料不应被影响。

（9）加载控制。可执行代码只有被加载到目标硬件上才会有用。一些软件是在厂房中加载的，另一些是在现场加载的。以下是一个受控的软件加载过程的关键部分：

① 批准的加载规程。尽管实际加载经常是在软件开发之外完成的，但它需要在软件批准过程中得到考虑。

② 加载验证。应当有一些手段来确保软件是未经被破坏地完全加载的。通常需要一些类型的完整性检查，例如，循环冗余检验（CRC）。

③ 零部件标记验证。需要通过一些方式来标识加载，以确认加载的零部件号和版本与所批准的一致。一旦软件被加载，应当验证其标识与批准的资料相符。

④ 硬件兼容性。批准的硬件和软件兼容性应被编档和遵守。

（10）软件生命周期环境控制。软件生命周期环境控制包括开发、验证、控制和生产软件生命周期资料和软件产品的方法、工具、规程、编程语言，以及硬件。一个不受控的环境可以导致大量的问题，包括代码中的错误、丢失的资料项、测试中的不易捕捉错误、不足的测试、不可重复的构建过程等。软件生命周期环境控制确保用于制造软件的工具是标识的、受控的和可提取的。

在策划阶段，在软件开发计划中描述软件开发环境，在软件验证计划中描述验证环境，在 SCM 计划中描述 SCM 环境，在 SQA 计划中描述 SQA 环境。这些计划描述用于实现这些过程的规程、工具、方法以及硬件。

然而，在策划阶段，环境的细节经常是不可知的（例如，编译器可能是已知的，但是在策划中可能不知道特定的版本、选项/设置，以及支持库）。为了有一个确定性的环境，细节（包括特定的可执行文件）必须被编档。软件生命周期的细节在软件生命周期环境配置索引（SLECI）或者相当的文档中标识。SLECI 用于控制环境。应当有过程用于确保 SLECI 标识的环境确实就是工程师们使用的环境。这通常是一个被忽视的任务。SLECI 经常直到项目的最后才完成。然而，为了使环境得到控制，它必须在过程中及早完成。由于开发 SCM 和 SQA 环境可能比验证环境提前，故可能会有多个迭代的 SLECI。

9.2 输入文档

9.2.1 标准条款

> 6.6.2 Input documents
> 1) Software Quality Assurance Plan,
> 2) Software Configuration Management Plan,
> 3) All relevant design, development and analysis documentation,
> 4) Change Requests,
> 5) Change impact analysis and authorisation.
> 6.6.2 输入文档
> 1）软件质量保证计划；
> 2）软件配置管理计划；
> 3）所有相关的设计、开发和分析文档；
> 4）变更请求；
> 5）变更影响分析和批准。

9.2.2 条款解读

1. 条款目的与意图

标准的 6.6.2 节主要描述了软件变更管理的输入文档要求，应包括软件质量保证计划，软件配置管理计划，所有相关的设计、开发和分析文档，变更请求，变更影响分析和批准等。

2. 条款解释与示例

1）软件质量保证计划

关于软件质量保证计划的说明可参见本书第 8 章 8.3.2 节。

2）软件配置管理计划

软件配置管理计划说明如何在整个软件开发和验证活动中，管理全生命周期内资料的配置。软件配置管理开始于策划阶段，并在软件整个生命周期持续进行，包括软件部署、维护，以及退役的整个过程。软件配置管理过程包括配置标识等活动，以下是对于每个活动在软件配置管理计划中应包含内容的简要概况。

（1）配置标识。软件配置管理计划应说明每个配置项（包括单个的源代码和测试文件）如何被唯一标识。唯一标识通常包括文档或数据的编号、版本或修订号。

（2）基线和可追踪性。软件配置管理计划应说明建立和标识基线的方法，应具体说明在项目整个过程中需要建立的工程基线、正式基线（包括合格审定和生产基线），并说明基线之间的可追踪性。

（3）问题报告。问题报告（PR）过程是软件配置管理过程的重要组成部分，应当在软件配置管理计划中进行说明。包括何时开始 PR 过程、PR 要求的内容，以及验证和关闭 PR 的过程。PR 过程对于有效的变更管理过程至关重要，应该在计划中进行定义，应当对工程师进行 PR 过程的培训。

通常，软件配置管理计划包含 PR 表单以及每个字段的简要说明。PR 一般包含一个分类字段（对 PR 的严重程度进行分类）和一个状态字段（标识 PR 的状态，例如开放、工作中、已验证、已关闭，或者推迟）。如果除了 PR 过程还有任何其他过程用于收集问题或行动，应当在软件配置管理计划中说明。

（4）变更控制。软件配置管理计划应说明如何控制生命周期资料的变更，以确保在对资料项进行更改之前，已建立变更驱动并得到批准。这与问题报告过程紧密相关。

（5）变更评审。变更过程的目的是确保变更是有计划的、经过批准的、有编档的、正确实现并得到关闭了的。这通常是由变更的批准来实现的，并保证变更在关闭之前由变更评审委员会监督。变更评审过程与问题报告过程密切相关。

（6）配置状态记录。在项目的整个过程中，配置状态记录提供了了解工作状态的能力。大多数软件配置管理工具可提供生成状态报告的能力。软件配置管理计划应说明状态报告中要包含什么、何时生成状态报告、如何使用状态报告，以及工具（如果可用）如何支持该过程。

（7）归档、发布和提取。许多公司有关于归档、发布和提取的详细流程。在这种情况下，软件配置管理计划可以引用公司已有的规程。以下是软件配置管理计划需要说明或引用的特别项：

- 归档。软件配置管理计划应说明如何进行归档，典型的包括一个场外的归档过程，以及对介质类型、存储的说明，要考虑介质的长期可靠性和可读性。
- 发布。软件配置管理计划应说明资料的正式发布过程，对于未发布的资料，应当说明这些资料如何存储。
- 提取。软件配置管理计划还应说明提取过程，提取过程应考虑长期的提取和介质的兼容性。

（8）软件加载控制。软件配置管理计划应说明如何将软件准确地加载到目标计算机上。若使用了完整性检查，应当详细说明；若没有使用完整性检查，应当定义确保准确、完整、无损坏的加载方法。

（9）软件生命周期环境控制。受控的环境应确保所有的团队成员使用的环境是经批准的，软件配置管理计划应说明如何控制环境，应在正式软件构建和正式测试执行步骤之前，进行配置审核（或符合性检查）。

（10）软件生命周期资料控制。软件配置管理计划应标识所有的软件生命周期资料。

需要注意的是，若有供应商，软件配置管理计划还应说明供应商的软件配置管理过程。许多时候供应商有自己的软件配置管理计划，可以对其进行引用。或者，供应商遵守客户的软件配置管理计划。但若用到多个软件配置管理计划，要对它们进行评审，以保证一致性和兼容性。

3）所有相关的设计、开发和分析文档

由于软件配置管理贯穿软件全生命周期，它跨越软件生命周期的全部区域，并影响所有的资料和过程。因此，所有相关的设计、开发和分析文档等均应作为软件变更管理过程的输入文档。

4）变更请求

变更会发生在软件开发过程的任何阶段，这是软件的一个基本特性。变更可能为增加或修改功能、修复隐错、提高性能、升级硬件和支持接口、改进过程、更改环境等。应编档对基线的变更，变更请求则是作为对提出的变更进行编档的常用载体，因此，变更请求应为软件配置管理活动所必要的输入文档，用于记录开发中的变更请求。

在软件开发过程中会产生许多变更，如配置项、配置、基线、构建的版本、发布版本等。需要有控制机制，以保证所有变更都是可控的、可跟踪的、可重现的。对变更进行控制的机构称为变更控制委员会（Change Control Board，CCB），CCB 要定期召开会议，对近期所产生的变更请求进行分析、整理，并做出决定。

（1）变更类型。软件变更通常有两种不同的类型：功能变更和缺陷修补。

① 功能变更：因增加或者删除某些功能而进行的变更。该类变更必须经过正式的变更评价过程，评估变更所需的成本、变更对软件系统其他部分的影响。若变更的代价比较小，且对软件系统其他部分没有影响或者影响较小，通常应批准该变更；反之，若变更的代价比较大，则必须权衡利弊，以决定是否进行变更，若同意变更，需要进一步确定由谁来支付变更所需要的费用。若为用户要求的变更，则由用户支付这笔费用；否则，必须完成效益分析，以确定是否值得进行变更。可见，功能变更涉及了额外的费用。

② 缺陷修补：为了修复漏洞需要而进行的变更。在项目早期，这是必须进行的，通常不需要从管理角度对这种变更进行审查和批准。在项目后期，则应遵照标准的变更控制过程来进行，若进行修补，则必须把变更正式记入文档，把所有受到这个变更影响的文档都进行相应的修改。

（2）变更请求管理。对变更请求的管理是变更活动的源头。根据变更的分类，变更请求通常也分为两类：增加请求和缺陷。增加请求是指针对系统新增的特征，或对系统“预定设计”行为的变更。缺陷指存在于已交付产品中的异常现象。

软件可变性是导致软件开发困难的一个重要原因。各种要素，如市场的变化、技术的进步、客户对于项目认识的深入等，都可能导致软件开发过程中提出变更请求。但是，若缺乏对于变更请求的有效管理，纷至沓来的变更就会成为开发团队的噩梦。缺乏有效的变更请求管理会导致如下问题：

- 软件产品质量低，对一些缺陷的修正可能被遗漏；
- 项目经理不了解开发人员的工作进展，缺乏对项目现状进行客观评估的能力；
- 开发人员不了解手头工作的优先级别，可能出现将紧急的事情放下而处理一般优先级任务的情况。

变更请求管理的复杂程度与变更的类型有关，但几乎所有的变更请求管理过程都包括下面 7 个阶段：

① 变更请求提交。识别变更需要，对受控配置项的修改提出变更请求。

② 变更请求接收。针对提交的变更请求建立跟踪机制。

③ 变更请求评估。对请求变更的配置项进行系统的评估、分类和确定优先级，确定变更影响的范围和修改的程度。

④ 变更请求决策。基于评估结果，决策实现哪个变更请求，或以何种顺序实现。

⑤ 变更请求实现。针对请求变更的目标产生新的工作，更新软件系统文档以反映这一变更。

⑥ 变更请求验证。对变更请求实现进行验证，确定是否修复了缺陷或满足了需求。验证实施后，验证组织提交验证结果及必要的证据。

⑦ 变更请求完成。关闭变更请求并通知请求提出人。

（3）变更管理的实施步骤

下面从变更请求管理的 7 个阶段说明变更管理的实施步骤。

① 变更请求提交。在提交阶段，对变更软件系统的请求进行记录。关于缺陷与增强的变更请求，通常在请求起源和收集信息类型上有所不同。

增强请求来源较广，在许多情况下，它们来自客户，并直接或者通过客户支持部门及市场部门间接到达工程部门。对增强请求而言，所需捕捉的关键数据包括请求对客户的重要性、关于请求详细的细节以及提出人的标识。在某些情况下，增强请求可能来自内部的测试或使用。

缺陷的来源也很广泛。通常，大多数缺陷在内部测试时可被发现、记录并解决。在提交期间所记录的关键数据包括如何发现缺陷、如何重现缺陷、缺陷严重程度以及谁发现了缺陷。同增强请求一样，缺陷也可以由客户发现。客户提交的缺陷报告通常通过销售人员、市场部门或客户支持部门间接到达工程部门。这些缺陷需要记录的关键数据，应包括遇到问题的客户的标识、缺陷的严重程度以及客户使用的软件系统的版本。

② 变更请求接收。必须针对提交的变更请求建立跟踪机制。指定接收和处理变更请求的责任人，确认变更请求。变更请求接收需要检查变更请求内容是否清晰、完整、正确，具体包括如下：

☺ 确定是否为重复请求；

☺ 确定请求的类型为缺陷还是增强请求；

☺ 对变更请求赋予唯一的标识符；

☺ 建立变更跟踪记录。

③ 变更请求评估。在请求接收后，对请求进行评估。在评估期间必须浏览所有新提交的变更请求，并根据每个请求的特征做出决定，确定变更影响的范围和修改的程度，为确定是否有必要进行变更提供参考依据。

根据请求的类型，可使用不同的评估过程。缺陷的优先级可根据缺陷的严重程度和修复缺陷的重要性进行确定。通常，缺陷由工程部门进行评估。

增强请求不需要进行确认，但需要同其他的增强请求和产品需求相比较，从而确定其优先级。在增强请求评估期间，需要记录有多少用户提出了相同的请求、提出请求的客户的相对重要性、在市场份额和产品利润上的可能影响以及对销售人员和客户支持的影响。通常，增强请求由产品管理部门进行评估。

④ 变更请求决策。决策是当选择实现一个变更请求时所做出的决定，如：推迟实施变更或不进行变更实施等。缺陷和增强请求通常是以不同的方式进行处理的。

对于增强请求，有多种因素影响是否实施变更，这些因素包括产品销售的容易程度、怎样经得起竞争、客户需要什么、需要进行何种变更以进入新市场等。对所有的增强请求进行权衡，对是否在给定的发布版本中实现请求、推迟实现请求或者不实现请求等进行决策。

对于缺陷的决策过程将由两个因素决定，分别是开发生命周期中所处阶段和开发工作量的大小。在开发生命周期早期，缺陷一般会由开发人员决定。若缺陷是可重现的，开发人员会尝试在当前发布的软件版本中修复该缺陷。在开发生命周期后期，多数公司为所有缺陷建立正式的重审过程。例如，开发人员可以进行评估，但他们不能做出关于是否实现的决策。复审过程需要由项目经理或测试组织批准，确保在代码稳定期间以及最终的回归测试阶段仅解决致命缺陷。

在较大规模的组织中，通常都具有一个正式的变更重审过程，这一过程涉及一个正式的重审委员会。这个重审委员会通常被称作变更控制委员会。在非常大的组织中，可能存在一个以上的变更控制委员会，变更控制委员会的功能通常是交叉的，在最后阶段主要关心产品质量和进度之间的平衡。尽管在最后阶段偶尔也会有增强请求出现，但变更管理委员会通常只关注缺陷。

⑤ 变更请求实现。在实现期间，对系统工作进行修改，或者根据需要创建新的工作。在实现过程中，缺陷修复和增强请求会变得更加细化。

⑥ 变更请求验证。验证发生在最终测试以及文档制作阶段。增强请求的测试，通常是验证所做变更是否满足该增强请求的需要。缺陷测试，是验证开发人员的修复是否真正消除了该缺陷，这通常会使用一个正式的项目构建版本来重现该缺陷，以便检测是否仍有问题。

⑦ 变更请求完成。完成是变更请求的最终阶段，这可能是完成了一项请求或者决定不

实现该请求。在完成阶段的主要任务是由提交申请的原有请求者中止这一循环过程。若变更请求来自外部用户，那么将是一个非常好的实践。

对于大的组织来说，变更请求可能会非常复杂，并且会可分为多个层次。通过对上面变更请求管理过程的分析，可以看出，实施有效的变更请求管理的优点如下：

☺ 提高产品管理的透明度；

☺ 提高软件产品质量；

☺ 提高开发团队沟通效率；

☺ 帮助项目管理人员对产品现状进行客观的评估。

5）变更影响分析和批准

软件一旦进入现场，软件变更影响分析将成为一个更正式的过程，会要求额外的文档。应当指出，该正式性也可以在初始开发时得到保证，也就是说，在正式测试已完成，对更改进行回归测试时得到保证。在 2000 年，FAA 首次明确了关于软件变更影响分析的原则，对于已经批准的用于某个已审定产品上的软件，当对其进行修改（包括修正隐错、增加功能，或者对不同的用户进行修改等）时应进行软件变更影响分析。在进行分析时，应当考虑软件变更影响分析的多个目的：

- 指导软件开发和验证小组确定返工的工作量；
- 帮助变更控制委员会（CCB）确定批准或不批准变更；
- 提供一种评估变更对安全性潜在影响的方式；
- 为客户提供关于系统层软件变更影响的透视；
- 作为一个载体，证明变更分类（分为重要或次要）的合理性。

典型的，应在软件修改活动的早期进行初步的软件变更影响分析，目的是评价实现变更所需要的工作量，并确定变更对安全性潜在的影响。对安全性没有潜在影响的软件变更可以被分类为次要变更，而可能影响安全性的变更通常分类为重要变更。无论重要变更还是次要变更都要经过相同的过程。每项都应该得到评估，即使最终结果是没有影响（若不适用，该软件变更影响分析可以说明是“不适用”，并解释原因）。以下是关于软件变更影响分析总结的简要概括。

（1）可追踪性分析。标识可能直接或间接受到变更影响的需求、设计元素、代码、测试用例和规程。变更的正向可追踪性帮助标识受到变更影响的设计部件；变更的逆向可追踪性帮助确定变更可能无意中影响的其他设计特征和需求。总而言之，需求可追踪性帮助确定变更对项目的影响。重要的是，既要标识变更，也要标识影响的软件和资料。

（2）内存裕量分析。确保内存分配需求仍可得到满足，保持了原有的内存映像，并保持了足够的内存裕量。通常，直到变更已实现，该分析才能完成。可以在早期进行估计，但实际的影响评估应发生在后期。

（3）时间裕量分析。确认时间需求（包括调度）仍然可以得到满足，并且保持了时间裕量。与内存裕量分析相同，通常直到变更已实现，时间分析才能完成。

（4）数据流分析。识别变更对数据流以及部件内和部件间耦合的任何不利影响。为了执行数据流分析，应当分析变更影响的每个变量和接口，以确保原本的初始化仍然有效，并做出一致性的变更，同时，没有影响该数据元素的其他使用。若大量使用全局数据段，这会是一个开销很大、非常困难的过程。

（5）控制流分析。识别变更对控制流和部件耦合可能造成的任何不利影响。要考虑的事项有：任务调度、执行流、优先级以及中断结构等。

（6）输入/输出分析。保证变更没有对产品的输入/输出需求产生不利影响。考虑诸如数据加载、内存访问、吞吐、硬件输入/输出设备接口等问题。

（7）开发环境和过程分析。标识可能影响软件产品的任何变更（例如编译器选项或版本的改变，链接器、汇编器和加载器指令或选项的改变，软件工具的改变等）。还应当考虑目标硬件的任何变更，若处理器或者与软件接口的其他硬件有所改变，可能影响软件执行其预期功能的能力。

（8）操作特性分析。考虑可能影响系统操作的变更（例如性能参数、增益、滤波、限制、数据确认、中断和异常处理以及故障缓解的变更），以确保没有不利的影响。

（9）分区分析。确保变更没有影响设计中纳入的任何保护性机制。若使用了体系结构作为保护机制的一部分，变更必须不能影响这些策略。例如，数据不能从较低安全等级的分区传递到较高安全等级的分区，除非较高等级的分区恰当地检查了这些数据。

软件变更影响还应编档变更的或受变更影响的软件生命周期资料（例如需求、设计、体系结构、源代码和目标代码、测试用例和规程），以及需要的验证活动（评审、分析、审查、测试），以确保在变更中没有引入对系统的不利影响。

有组织的、编档的、全面的软件变更影响分析过程，对于项目策划和实现、重新验证和回归测试十分重要。开发安全关键软件的公司应当有公司范围的、满足项目需要并支持安全性的软件变更影响分析过程。为了做到这些，应当标识任何变更和受影响的资料（包括软件本身），对变更和受影响的资料进行验证并进行安全影响分析。初步软件变更影响分析可以在较高层次上进行，而最终软件变更影响分析需要清楚标识改变或影响了哪些资料、如何验证、软件的最终特性与原始特性的比较（例如时间和内存裕量），以及任何安全性影响如何得到标识和验证。

9.3 输出文档

9.3.1 标准条款

> 6.6.3 Output documents
> 1) All changed input documents,
> 2) Software Change records (see 9.2.4.11),
> 3) New Configuration records.
> 6.6.3 输出文档
> 1）所有变更的输入文档；
> 2）软件变更记录（见 9.2.4.11）；
> 3）新配置记录。

9.3.2 条款解读

1. 条款目的与意图

标准的 6.6.3 节主要描述了软件变更管理的输出文档要求，应包括所有变更的输入文档、软件变更记录和新配置记录。

2. 条款解释与示例

软件变更管理通过软件变更管理活动的实施完成对输入文档的变更，并输出变更后的文档。因此，所有变更了的输入文档是软件变更管理的主要输出文档。此外，还需要相应的软件变更记录和新配置记录，即在整个合同期间，开发方应建立并保持已经置于项目级或更高级别配置控制下的所有实体的配置状态记录。该记录可包括每个实体的当前版本/修正版本/发布版本，对该实体自纳入项目级或更高级别配置控制下进行更改的记录，以及影响该实体的问题/更改报告的状态。

配置状态记录涉及记录和报告为了有效管理软件开发和验证活动所需要的信息，生成报告并把项目有关状态通报给项目经理、开发者和其他利益相关者。配置状态记录提供一致、可靠、及时的状态信息，帮助加强沟通、避免重复，以及防止错误再次发生。它通常包含以下内容：

- 资料项的状态，包括配置标识；
- 问题报告和变更请求的状态（包括分类、影响的资料项、问题的根本起因、更新资料项的配置标识）；
- 发布的资料和文件的状态；
- 基线内容以及与前一版基线差异的清单。

配置状态报告应当在项目的早期进行策划，从而正确捕捉资料。然而在项目进行中，有时需要修改或扩展记录项。例如，在总结问题报告时，为了有助于人员安排的需要，可能决定增加字段来标识个人信息（谁识别问题、哪个组引起问题、谁修复问题等）。

状态报告应以确定的频度进行更新。可自动化更新，使之总是时新的；或者，也可每周在项目小组会议之前进行更新。一个过时或者错误的报告是没有用处的，甚至会导致糟糕的决策。因此，尽一切努力生成准确的状态报告是重要的，否则，它们可能是百害而无一利的。

9.4 要求

9.4.1 标准条款

> 6.6.4 Requirements
>
> 6.6.4.1 The Change Management Process shall define at least the following aspects:

1) the documentation needed for problem reporting and/or corrective actions, with the aim of giving feedback to the responsible management;

2) analysis of the information collected in the problem reports to identify its causes;

3) the practices to be followed for reporting, tracking and resolving problems identified both during the development phase and during software maintenance;

4) the specific organisational responsibilities with regard to development and software maintenance;

5) how to apply controls to ensure that corrective actions are taken and that they are effective;

6) impact analysis of the effect of the changes on the software component under development or already delivered;

7) impact analysis shall state the re-verification, re-validation and re-assessment necessary for the change;

8) where multiple changes are applied, the impact analysis shall consider the cumulative impact;

NOTE Several changes may cumulatively require a complete re-test.

9) authorisation before implementation.

6.6.4.2 All changes shall initiate a return to an appropriate phase of the lifecycle. All subsequent phasesshall then be carried out in accordance with the procedures specified for the specific phases in accordance with the requirements in this European Standard.

6.6.4 要求

6.6.4.1 变更管理过程至少应定义以下方面:

1）问题报告和/或纠正措施所需要的文件，目的是向负责的管理人员提供反馈；

2）对问题报告中收集的信息进行分析，以确定其原因；

3）在开发阶段和软件维护期间的报告、跟踪和解决问题的实践；

4）关于开发和软件维护的具体组织职责；

5）如何应用控制，以确保采取有效的纠正措施；

6）对正在开发或已经交付的软件组件变更影响的分析；

7）对变更进行必要的重新验证、重新确认和重新评估；

8）当有多个变更时，影响分析应考虑累积的影响。

注：一些变更可能会累积，需要一个完整的重新测试。

9）实施之前的批准。

6.6.4.2 所有的变更都将返回到生命周期的适当阶段。然后，随后的所有阶段应按照欧洲标准的要求，按照特定阶段规定的程序执行。

9.4.2 条款解读

1. 条款目的与意图

标准的 6.6.4 节给出了关于软件变更管理的一般性要求。

2. 条款解释与示例

软件变更是安全关键系统的一种生命方式。但对于安全关键软件的变更，必须非常谨慎。对于服役中的软件的更改必须进行仔细策划、分析、实现、控制以及验证/测试。

必须采取严格的程序确保变更不会对系统中的其他功能产生不利影响。在本书第 9.2.2 节描述了一个有效的变更管理过程应涉及的多项任务，包括变更请求提交、变更请求接收、变更请求评估、变更请求决策、变更请求实现、变更请求验证以及变更请求完成。标准 6.6.4.1 节提出了关于变更管理过程所包含内容的总体要求：

- 问题报告和/或纠正措施所需要的文件，目的是向负责的管理人员提供反馈；
- 对问题报告中收集信息进行的分析，以确定其原因；
- 在开发阶段和软件维护期间的报告、跟踪和解决问题的实践；
- 关于开发和软件维护的具体组织职责；
- 如何应用控制，以确保采取有效的纠正措施；
- 对在开发或已经交付的软件组件的变更影响分析；
- 对变更进行必要的重新验证、重新确认和重新评估的影响分析；
- 当有多个变更时，影响分析应考虑累积影响（一些变更可能会累积，需要进行完整的重新测试）；
- 实施之前的批准。

同时，在标准的 6.6.4.2 节给出了变更后软件生命周期的要求，即所有的变更都将返回到生命周期的适当阶段。随后的所有阶段应按照欧洲标准的要求，按照特定阶段规定的程序执行。

第10章

支持的工具与语言

 目标

10.1.1 标准条款

> 6.7.1 Objectives
>
> 6.7.1.1 The objective is to provide evidence that potential failures of tools do not adversely affect the integrated toolset output in a safety related manner that is undetected by technical and/or organisational measures outside the tool. To this end, software tools are categorised into three classes namely, T1, T2 & T3 respectively (see definitions in 3.1).
>
> When tools are being used as a replacement for manual operations, the evidence of the integrity of tools output can be adduced by the same process steps as if the output was done in manual operation. These process steps might be replaced by alternative methods if an argumentation on the integrity of tools output is given and the integrity level of the software is not decreased by the replacement.
>
> 6.7.1 目标
>
> 6.7.1.1 目标是提供证据，以证明工具的潜在失效不会以安全相关的方式对集成工具集的输出产生不利影响，而该安全相关方式未被工具外部的技术和/或组织措施发现。为此，软件工具被分为三个类，分别是 T_1、T_2和 T_3（参见 3.1 中的定义）。
>
> 当工具被用作手动操作的替代品时，工具输出的完整性证据可以被相同的过程步骤所举证，就像用手工操作完成时的输出一样。如果对工具输出的完整性进行了讨论，并且软件完整性级别没有因这种替换所降低，那么这些过程步骤可能会由替代方法所取代。

10.1.2 条款解读

1. 条款目的与意图

标准的 6.7.1 节主要描述了软件支持的工具与语言的目标。

2. 条款解释与示例

软件工具是一个计算机程序或它的一个功能部分，用于帮助开发、转换、测试、分析、制造或修改另一个程序及其数据或文档。近年来，工具在软件生命周期过程中的使用正在持续增长。

支持的工具与语言的目标是提供证据，证明工具的潜在故障不会对集成工具集的输出产生不利影响，而这些工具在工具之外的技术和组织方法是不被发现的。为此，软件工具被分为三个类，分别是 T_1、T_2 和 T_3，其中：

- T_1 类工具：不会直接或间接地为软件的可执行代码（包括数据）提供输出，如 T_1 可包括文本编辑器、配置控制工具等。
- T_2 类工具：支持对设计或可执行代码的测试、验证，工具中的错误将导致不能发现缺陷，但不会直接在可执行代码中生成错误，如 T_2 可包括测试生成器、测试覆盖测量工具、静态分析工具等。
- T_3 类工具：可以直接或间接地为安全相关系统的可执行代码（包括数据）提供输出，例如 T_3 可包括源代码编译器、数据/算法编译器、优化编译器等。

工具不能代替人的大脑，但是，它们可以防止错误，并识别人类可能引入或未能识别的错误。工具可以帮助工程师更好地工作，使他们可以专注于那些需要工程技巧的、更有挑战性的问题。

一些工程抵制使用工具，而另一些工程则走向另一极端，使用工具做每一件事。在使用由工具成功开发的软件时，应达到一个最佳的中间点。2004 年举办了“软件工具论坛”，论坛由安柏德航空大学和美国联邦航空局共同赞助。该活动的举办是为了评估航空业中工具的使用现状，发现需要解决的问题，使得航空工业能够安全收获工具的益处。来自工业界、政府和学术界的大约 150 人参加了该论坛。论坛的目标是分享航空项目中使用的软件工具信息以及经验教训，讨论安全关键系统中使用工具所面临的挑战。

表 10-1 说明了工具在软件生命周期中的使用情况，一般可分为以下类别：开发工具、验证工具和其他工具。其中：软件开发工具，其输出是软件的一部分，从而可能引入错误；软件验证工具，指那些不会引入错误，但可能检测不出错误的工具；除开发工具、验证工具以外的工具则为其他工具。

当工具被用作手动操作的替代品时，工具输出的完整性证据可以被相同的过程步骤所举证，就像在手工操作中完成的输出一样。如果对工具输出的完整性进行了确认，即软件完整性级别没有因这种替换所降低，那么这些过程步骤可能会被替代方法所取代。有时，这样的证据可通过工具鉴定过程提供，也就是说，工具鉴定过程提供了对工具功能的信心。工具错误会对系统安全性产生不利影响，若其风险越高，则工具鉴定所要求的严格程度就越高。

表 10-1 工具在软件生命周期中的使用情况

开发工具	验证工具	其他工具
● 需求捕获和管理 ● 设计 ● 建模 ● 文本编辑 ● 链接 ● 自动代码生成 ● 配置文件生成	● 调试 ● 静态分析 ● 最坏情况执行时间分析 ● 模型验证 ● 编码标准符合性检查 ● 追踪验证 ● 结构覆盖分析 ● 自动化测试 ● 模拟 ● 仿真 ● 自动测试生成 ● 配置文件验证 ● 形式化方法	● 项目管理 ● 配置管理 ● 问题报告 ● 同行评审管理

10.2 输入文档

10.2.1 标准条款

> 6.7.2 Input documents
> Tools specification or manual.
> 6.7.2 输入文档
> 工具规范或手册。

10.2.2 条款解读

1. 条款目的与意图

标准的 6.7.2 节主要描述了支持的工具与语言过程的输入文档要求。

2. 条款解释与示例

标准的 6.7.2 节主要描述了支持的工具与语言过程的输入文档要求，一般应包括工具的规范或手册。

10.3 输出文档

10.3.1 标准条款

> 6.7.3 Output documents
> Tools validation report (when needed see 6.7.4.4 or 6.7.4.6).
> 6.7.3 输出文档
> 工具确认报告（需要时可参见 6.7.4.4 或 6.7.4.6）。

10.3.2 条款解读

1. 条款目的与意图

标准的 6.7.3 节主要描述了支持的工具与语言过程的输出文档要求。

2. 条款解释与示例

标准的 6.7.3 节主要描述了支持的工具与语言过程的输出文档要求，应包括工具确认报告，关于工具确认报告的要求可参见标准的 6.7.4.4 节或 6.7.4.6 节。

10.4 要求

10.4.1 标准条款

> 6.7.4 Requirements
>
> 6.7.4.1 Software tools shall be selected as a coherent part of the software development activities.
>
> NOTE Appropriate tools to support the development of software should be used in order to increase the integrity of the software by reducing the like lihood of introducing or not detecting faults during the development. Examples of tools relevant to the phases of the software development lifecycle include
>
> 1) transformation or translation tools that convert a software or design representation (e.g. text or a diagram) from one abstraction level to another: design refinement tools, compilers, assemblers, linkers, binders, loaders and code generationtools,
>
> 2) verification and validation tools such as static code analysers, test coverage monitors, the orem proving assistants, simulator sand model checkers,
>
> 3) diagnostic tools used to maintain and monitor the software under operating conditions,

4) infrastructure tools such as development support systems,

5) configuration control tools such as version control tools,

6) application data tools that produce or maintain data which are required to define parameters and to instantiate system functions e.g. function parameters, instrument ranges, alarm and trip levels, output states to be adopted at failure,geographical layout.

The selected tools should be able to cooperate. In this context, tools cooperate if the outputs from one tool have suitable content and format for automatic input to a subsequent tool, thus minimizing the possibility of introducing human error in the reworking ofintermediate results.

Tools shall be selected and demonstrated to be compatible with the needs of the application.

The availability of suitable tools to supply the services that are necessary over the whole lifetime of the software shall be considered.

6.7.4.2 The selection of the tools in classes T2 and T3 shall be justified (see 7.3.4.12). The justification shall include the identification of potential failures which can be injected into the tools output and the measures to avoid or handle such failures.

6.7.4.3 All tools in classes T2 and T3 shall have a specification or manual which clearly defines the behaviour of the tool and any instructions or constraints on its use.

6.7.4.4 For each tool in class T3, evidence shall be available that the output of the tool conforms to the specification of the output or failures in the output are detected. Evidence may be based on the same steps necessary for a manual process as a replacement for the tool and an argument presented if these steps are replaced by alternatives (e. g. validation of the tool). Evidence may also be based on

1) a suitable combination of history of successful use in similar environments and for similar applications(within the organisation or other organisations),

2) tool validation as specified in 6.7.4.5,

3) diverse redundant code which allows the detection and control of failures resulting in faults introduced by a tool,

4) compliance with the safety integrity levels derived from the risk analysis of the process and procedures including the tools,

5) other appropriate methods for avoiding or handling failures introduced by tools.

NOTE 1 A version history may provide assurance of maturity of the tool, and a record of the errors / ambiguities associated with itsuse in the environment.

NOTE 2 The evidence listed for T3 may also be used for T2 tools in judging the correctness of their results.

6.7.4.5 The results of tool validation shall be documented covering the following results:

1) a record of the validation activities;

2) the version of the tool manual being used;

3) the tool functions being validated;

4) tools and equipment used;

5) the results of the validation activity; the documented results of validation shall state either that the software has passed the validation or the reasons for its failure;

6) test cases and their results for subsequent analysis;

7) discrepancies between expected and actual results.

6.7.4.6 Where the conformance evidence of 6.7.4.4 is unavailable, there shall be effective measures tocontrol failures of the executable safety related software that result from faults that are attributable to the tool.

NOTE 1 An example is the generation of diverse redundant code which allows the detection and control of failures resulting in faults introduced by a translator.

NOTE 2 As an example, the fitness for purpose of a non-trusted compiler can be justified as follows.

The object code produced by the compiler has been subjected to a combination of tests, checks and analyses which are capable ofensuring the correctness of the code to the extent that it is consistent with the target Safety Integrity Level. In particular, the followingapplies to all tests, checks and analyses.

- Testing has been shown to have a sufficiently high coverage of the implemented code. If there is any code unreachable by testing,it has been shown by checks or analyses that the function concerned is executed correctly when the code is reached on the target.
- Checks and analyses have been applied to the object code and shown to be capable of detecting the types of errors which might result from a defect in the compiler.
- No more translation with the compiler has taken place after testing, checking and analysis.
- If further compilation or translation is carried out, all tests, checks and analyses will be repeated.

6.7.4.7 The software or design representation (including a programming language) selected shall

1) have a translator which has been evaluated for fitness for purpose including, where appropriate, evaluated against the international or national standards,

2) match the characteristics of the application,

3) contain features that facilitate the detection of design or programming errors,

4) support features that match the design method.

A programming language is one of a class of representations of software or design. A Translator converts asoftware or design representation (e.g. text or a diagram) from one abstraction level to another level.Examples of Translators include: design refinement tools, compilers, assemblers, linkers, binders, loadersand code generation tools.

The evaluation of a Translator may be performed for a specific application project, or for a class of applications. In the latter case all necessary information on the tool regarding the intended and appropriate use of the tool shall be available to the user of the tool. The evaluation of the tool for a specific project may then be reduced to checking general suitability of the tool for the project

and compliance to the "specificationor manual" (i.e. proper use of the tool). Proper use might include additional verification activities within the specific project.

A validation suite may be used to evaluate the fitness for purpose of a Translator according to definedcriteria, which shall include functional and non-functional requirements. For the functional Translatorrequirements, dynamic testing may be a main validation technique. If possible an automatic testing suite shallbe used.

6.7.4.8 Where 6.7.4.7 cannot be fully satisfied, the fitness for purpose of the language, and any additional measures which address any identified shortcomings of the language shall be justified and evaluated.

NOTE See NOTE 2 from 6.7.4.6.

6.7.4.9 Where automatic code generation or similar automatic translation takes place, the suitability of theautomatic Translator for safety-related software development shall be evaluated at the point in the development lifecycle where development support tools are selected.

6.7.4.10 Configuration management shall ensure that for tools in classes T2 and T3, only justified versionsare used.

6.7.4.11 Each new version of a tool that is used shall be justified (see Table 1). This justification may rely one vidence provided for an earlier version if sufficient evidence is provided that

1) the functional differences (if any) will not affect tool compatibility with the rest of the toolset,

2) the new version is unlikely to contain significant new, unknown faults.

NOTE Evidence that the new version is unlikely to contain significant new unknown faults may be based on a credible identification of the changes made, and on an analysis of the verification and validation actions performed.

6.7.4.12 The relation between the tool classes and the applicable sub-clauses is defined within Table 1.

Table 1 - Relation between tool class and applicable sub-clauses

Tool class	Applicable sub-clauses
T1	6.7.4.1
T2	6.7.4.1, 6.7.4.2, 6.7.4.3, 6.7.4.10, 6.7.4.11
T3	6.7.4.1, 6.7.4.2, 6.7.4.3, 6.7.4.4, 6.7.4.5 or 6.7.4.6, 6.7.4.7, 6.7.4.8, 6.7.4.9, 6.7.4.10, 6.7.4.11

6.7.4 要求

6.7.4.1 应选择软件工具作为软件开发活动的一部分。

注：应该使用适当的工具支持软件的开发，减少在开发过程中引入故障以及未检测故障的可能性，从而增加软件的完整性。与软件开发生命周期阶段相关的工具可包括：

1）转换或翻译工具，将软件或设计表示（例如文本、图表）从一个抽象级别转换为另一个抽象级别，如设计改进工具、编译器、汇编器、连接器、绑定器、装入器和代码生成工具；

2）验证和确认工具，如静态代码分析器、测试覆盖监视器、定理证明辅助工具、模拟器和模型检查器；

3）诊断工具，用于在工作条件下维护和监视软件；

4）基础设施工具，如开发支持系统；

5）配置控制工具，如版本控制工具；

6）应用数据工具，产生或维护定义参数和实例化系统功能所需的数据，如功能参数、工具范围、报警和触动级别，失效时采用的输出状态、布局。

所选择的工具应该能够相应配合使用。在这种情况下，如果一个工具的输出有合适的内容和格式可以自动输入到后续的工具，那么工具就会关联，这样，可最小化中间结果在重新设计时引入人为错误的可能性。

应选择并证明工具符合应用的需要。

在软件的整个生命周期中，可以提供适当的工具来提供必要的服务。

6.7.4.2　T2 和 T3 类工具的选择应是合理的（参见 7.3.4.12）。理由应包括识别可注入工具输出的潜在失效，以及避免或处理此类故障的措施。

6.7.4.3　T2 和 T3 类中的所有工具都有一个规范或手册，它清楚地定义了该工具的行为，以及它使用的任何指令或约束。

6.7.4.4　对于 T3 类中的每一个工具，都有证据表明该工具的输出符合规范，或能检测到输出中的失效。证据可能基于使用手动过程作为该工具替代时的步骤，并提出使用这些步骤作为替代方案（如对工具的验证）的证据。证据也可能是基于以下方面：

1）在相似的环境中成功使用的历史和相似的应用（在组织或其他组织中）；

2）6.7.4.5 中规定的工具确认；

3）不同的冗余代码，允许检测和控制由工具引入故障导致的失效；

4）遵循从风险分析过程和程序（包括工具）中获得的安全完整性水平；

5）其他适当的方法来避免或处理由工具引入的失效。

注 1：历史版本也可以提供工具成熟度的保证，以及与环境中使用相关的错误/歧义的记录。

注 2：T3 类的证据也可以用于 T2 类工具，来判断其结果的正确性。

6.7.4.5　应记录工具确认的结果，包括以下方面：

1）确认活动的记录；

2）使用的工具手册的版本；

3）确认的工具功能；

4）使用的工具和设备；

5）确认活动的结果，确认的记录结果应当说明软件已经通过了确认或者失败的原因；

6）用于后续分析的测试用例及其结果；

7）期望与实际结果之间的差异。

6.7.4.6　在 6.7.4.4 的证据不可用的情况下，应采取有效措施控制可执行安全相关软件的失效，这些故障是由该工具引起的。

注 1：例如，使用不同的冗余代码，它允许检测和控制由转换器故障引起的失效。

注 2：例如，不可信编译器的适用性可以证明如下。

编译器生成的目标代码经过了测试、检查和分析的组合，这能够确保代码的正确性，达到与目标安全完整性水平一致的程度。特别地，下面的内容适用于所有的测试、检查和分析。

- 测试已经被证明对实现的代码有足够高的覆盖率。如果有任何代码无法通过测试实现，那么可通过检查或分析证明，当代码达到目标时，相关功能的执行是正确的；
- 对目标代码进行了检查和分析，结果表明它们能够检测因编译器中的缺陷导致的错误类型；
- 在测试、检查和分析之后，编译器不再进行编译；
- 如果进行进一步的编译或转化，所有的测试、检查和分析都将重复。

6.7.4.7 选择的软件或设计表示（包括编程语言）应能够：

1）包括一个翻译器，被评估为适合这些目的，包括在适当的情况下，根据国际或国家标准进行评估；

2）匹配应用程序的特征；

3）包含有助于发现设计或编程错误的特性；

4）支持与设计方法相匹配的特性。

编程语言是软件或设计的一种表示形式。翻译器将软件或设计表示（例如文本或图表）从一个抽象级别转换到另一个级别。翻译器的示例，如设计优化工具、编译器、汇编器、连接器、绑定器、加载器和代码生成工具。

翻译器的评估可以针对特定的应用程序项目或某类应用程序执行，在后一种情况下，工具使用者应可获得有关工具预期和适用性的所有必要信息。对特定项目的工具的评估，可能会被简化为对项目工具的一般适用性进行检查，并遵循“规范或手册”（适当使用工具）。适当的使用可能包括在特定项目中附加的验证活动。

根据定义的标准，可以使用确认套件来评估翻译器的适用性，其中包括功能性和非功能性要求。对于功能转换器要求，动态测试可能是一种主要的确认技术。如有可能，应使用自动测试套件。

6.7.4.8 如果不能完全满足 6.7.4.7 的要求，应证明并评估语言的适用性，并提出解决任何已识别语言缺陷的附加措施。

注：见 6.7.4.6 注 2。

6.7.4.9 自动代码生成或类似的自动翻译发生时，应在选择开发支持工具的开发生命周期点，评估自动翻译对安全相关软件开发的适用性。

6.7.4.10 配置管理应确保在 T2 和 T3 类中的工具，仅使用已证明过的版本。

6.7.4.11 所使用工具的每一个新版本都应是经证明过的（见表 1）。若提供了足够的证据，这种证明可能依赖于早期版本提供的证据。

1）功能差异（若有）不会影响工具与工具集其余部分的兼容性；

2）新版本不应包含明显新的、未知的故障。

注：新版本不应包含明显新的、未知的故障的证据，可基于对所做更改的可靠识别，以及对验证和确认操作的分析。

6.7.4.12 在表 1 中定义了工具类和适用的条款之间的关系。

表 1　工具类和适用的条款之间的关系

工　具　类	适用的条款
T_1	6.7.4.1
T_2	6.7.4.1, 6.7.4.2, 6.7.4.3, 6.7.4.10, 6.7.4.11
T_3	6.7.4.1, 6.7.4.2, 6.7.4.3, 6.7.4.4, 6.7.4.5, 6.7.4.6, 6.7.4.7, 6.7.4.8, 6.7.4.9, 6.7.4.10, 6.7.4.11

10.4.2　条款解读

1. 条款目的与意图

标准的 6.7.4 节给出了关于支持的工具与语言的一般性要求。

2. 条款解释与示例

标准的 6.7.4.1 节说明了软件工具在软件开发生命周期阶段内的作用。应选择软件工具作为软件开发活动的一部分。我们应该使用合适的工具来支持软件的开发，减少在开发过程中引入故障以及未检测故障的可能性，从而增加软件的完整性。与软件开发生命周期阶段相关的工具的例子包括：

- 转换或翻译工具，将软件或设计表示（例如文本或图表）从一个抽象级别转换为另一个抽象级别，如设计改进工具、编译器、汇编器、连接器、绑定器、装入器和代码生成工具；
- 验证和确认工具，如静态代码分析器、测试覆盖监视器、定理证明辅助工具、模拟器和模型检查器；
- 诊断工具，用于在工作条件下维护和监视软件；
- 基础设施工具，如开发支持系统；
- 配置控制工具，如版本控制工具；
- 应用数据工具，产生或维护定义参数和实例化系统功能所需的数据，如功能参数、工具范围、报警和触动级别，失效时采用的输出状态、布局。

对于选择的多个工具，所选择的工具应该能够相互配合使用。在这种情况下，如果一个工具的输出有合适的内容和格式可以自动输入到后续的工具，那么工具就会关联，这样，可最小化中间结果在重新设计时引入人为错误的可能性。应选择并证明工具符合应用的需要。最终，在软件的整个生命周期中，可以使用适当的工具来提供必要的服务。

标准的 6.7.4.2 节和 6.7.4.3 节规定了使用 T_2 和 T_3 类中工具时的要求。当选择 T_2 和 T_3 类中的工具时应证明其是合理的，即说明所选择的工具满足软件安全性、完整性级别对工具的需求。理由应包括识别可注入工具输出的潜在失效，以及避免或处理此类故障的措施。同时，对于 T_2 和 T_3 类中的所有工具都应有一个规范或手册，它清晰地描述了该工具的行为，以及使用它时的任何指令或约束。

标准的6.7.4.4节至6.7.4.9节进一步规定了使用T_3类中工具时的要求。

标准的 6.7.4.4 节要求了对于 T_3 类中的每一个工具的使用，都需要有证据表明该工具的输出符合输出规范，或者能够检测到输出中的失效。证据可能基于使用手动过程作为该工具替代时的步骤，并提出使用这些步骤作为替代方案（如对工具的验证）的证据。证据也可能基于以下方面：

- 在相似的环境中成功使用的历史和相似的应用（在组织或其他组织中）；
- 在标准的6.7.4.5节中规定的工具确认；
- 不同的冗余代码，允许检测和控制由工具引入故障导致的失效；
- 遵循从风险分析过程和程序（包括工具）中获得的安全完整性水平；
- 其他适当的方法来避免或处理由工具引入的失效。

同时，历史版本也可以提供工具成熟度的保证，以及与环境中使用相关的错误/歧义的记录。另外，T_3类的证据也可以用于T_2类工具，来判断其结果的正确性。

标准的 6.7.4.5 节提出了对于使用 T_3 类中的工具进行确认的要求。需将对工具进行确认的结果记录下来，确认的结果可以作为使用T_3类工具的证据。确认的结果包括以下内容：

- 确认活动的记录；
- 使用的工具手册的版本；
- 确认的工具功能；
- 使用的工具和设备；
- 确认活动的结果，确认的记录结果应当说明软件已经通过了确认或者失败说明的原因；
- 用于后续分析的测试用例及其结果；
- 期望与实际结果之间的差异。

标准的 6.7.4.6 节说明了当 6.7.4.4 节的证据不可用时，应采取有效措施控制可执行安全相关软件的失效，这些故障是由于该工具造成的。例如，使用不同的冗余代码，它允许检测和控制由转换器故障引起的失效。又如，可提供不可信编译器的适用性证据，编译器生成的对象代码经过了测试、检查和分析的组合使用，这能够确保代码的正确性，达到与目标安全完整性水平一致的程度。特别地，下面的内容适用于所有的测试、检查和分析。

- 测试已经被证明对实现的代码有足够高的覆盖率。如果有任何代码无法通过测试实现，那么可通过检查或分析证明，当代码达到目标时，相关功能的执行是正确的；
- 对目标代码进行了检查和分析，结果表明它们能够检测编译器中的缺陷可能导致的错误类型；
- 在测试、检查和分析之后，编译器不再进行编译；
- 如果进行进一步的编译或转化，所有的测试、检查和分析都将重复。

标准的6.7.4.7节至6.7.4.9节规定了编程语言和翻译器的要求。

标准的6.7.4.7节规定了选择的软件或设计表示（包括编程语言）应满足以下要求：

- 包括一个翻译器，被评估为适合这些目的，包括在适当的情况下，根据国际或国家标准进行评估；
- 匹配应用程序的特征；
- 包含有助于发现设计或编程错误的特性；
- 支持与设计方法相匹配的特性。

编程语言是软件或设计的一种表示形式。翻译器将软件或设计表示（例如文本或图表）从一个抽象级别转换到另一个级别。翻译器的示例，如设计优化工具、编译器、汇编器、连接器、绑定器、加载器和代码生成工具。

翻译器的评估可以针对特定的应用程序项目或某类应用程序执行，在后一种情况下，工具使用者应可获得有关工具预期和适用性的所有必要信息。对特定项目的工具的评估，可能会被简化为对项目工具的一般适用性进行检查，并遵循"规范或手册"（适当使用工具）。适当的使用可能包括在特定项目中附加的验证活动。

根据定义的标准，可以使用确认套件来评估翻译器的适用性，其中包括功能性和非功能性要求。对于功能转换器要求，动态测试可能是一种主要的确认技术。如有可能，应使用自动测试套件。

标准的 6.7.4.8 节说明了当 6.7.4.7 节不能完全满足的情况下，应证明并评估语言的适用性，并提出解决任何已识别语言缺陷的附加措施。

标准的 6.7.4.9 节说明了自动代码生成或类似的自动翻译发生时，应在选择开发支持工具的生命周期点，评估自动翻译对安全相关软件开发的适用性。

标准的 6.7.4.10 节至 6.7.4.11 节进一步规定了使用 T_2、T_3 类中的工具时，应使用已证明过的版本。首先，在标准的 6.7.4.10 节说明了应使用配置管理，确保在 T_2 和 T_3 类中的工具仅使用已证明过的版本。然后，在标准的 6.7.4.11 节，规定了所使用工具的每一个新版本都应是经证明过的，如果提供了足够的证据，这种证明可能依赖于早期版本提供的证据，如功能差异（若有）不会影响工具与工具集其余部分的兼容性；新版本不应包含明显新的、未知的故障。其中，新版本不应包含明显新的、未知故障的证据，可基于对所做更改的可靠识别，以及对验证和确认操作的分析。

标准的 6.7.4.12 节，利用表格说明了工具类和适用的条款之间的关系，如表 10-2 所示。

表 10-2　工具类和适用的条款之间的关系

工　具　类	适用的条款
T_1	6.7.4.1
T_2	6.7.4.1, 6.7.4.2, 6.7.4.3, 6.7.4.10, 6.7.4.11
T_3	6.7.4.1, 6.7.4.2, 6.7.4.3, 6.7.4.4, 6.7.4.5, 6.7.4.6, 6.7.4.7, 6.7.4.8, 6.7.4.9, 6.7.4.10, 6.7.4.11

由表 10-2 可以看出，T_1 类工具仅需满足标准的 6.7.4.1 节要求的条款即可，即软件开发活动关于软件工具的基本要求，软件工具应被选择为软件开发活动的一致部分。T_2 类工具除需满足标准的 6.7.4.1 节要求的条款外，还应满足标准的 6.7.4.2 节和 6.7.4.3 节规定的要求，即说明所选择的工具满足软件安全性、完整性级别对工具的需求，同时，还需满足标准的 6.7.4.10 节和 6.7.4.11 节规定的要求，即当选择 T_2 类工具的工具时应使用已证明过的版本。T_3 类工具则需满足标准的 6.7.4.1 节至 6.7.4.11 节规定的全部要求。

第11章

软件需求

11.1 需求概念

标准条款 7.2.1、7.2.2、7.2.3、7.2.4 节对软件需求的输入输出文档、需求应包含的属性、需求的安全完整性等级、需求的描述提出了具体的要求。

11.1.1 标准条款

> 7.2 Software requirements
>
> 7.2.1 Objectives
>
> 7.2.1.1 To describe a complete set of requirements for the software meeting all System and Safety Requirements and provide a comprehensive set of documents for each subsequent phase.
>
> 7.2.1.2 To describe the Overall Software Test Specification.
>
> 7.2.2 Input documents
>
> 1) System Requirements Specification,
>
> 2) System Safety Requirements Specification,
>
> 3) System Architecture Description,
>
> 4) External Interface Specifications (e.g. Software/Software Interface Specification, Software/Hardware Interface Specification),
>
> 5) Software Quality Assurance Plan,
>
> 6) Software Validation Plan.
>
> 7.2.3 Output documents
>
> 1) Software Requirements Specification,
>
> 2) Overall Software Test Specification,
>
> 3) Software Requirements Verification Report.
>
> 7.2.4 Requirements
>
> 7.2.4.1 A Software Requirements Specification shall be written, under the responsibility of the Requirements Manager, on the basis of the input documents from 7.2.2.

The requirements from 7.2.4.2 to 7.2.4.15 refer to the Software Requirements Specification

7.2.4.2 The Software Requirements Specification shall express the required properties of the software being developed. These properties, which are all (except safety) defined in ISO/IEC 9126 series, shall include

1) functionality (including capacity and response time performance),

2) robustness and maintainability,

3) safety (including safety functions and their associated software safety integrity levels),

4) efficiency,

5) usability,

6) portability.

7.2.4.3 The software safety integrity level shall be derived as defined in Clause 4 and recorded in the Software Requirements Specification.

7.2.4.4 To the extent required by the software safety integrity level, the Software Requirements Specification shall be expressed and structured in such a way that it is

1) complete, clear, precise, unequivocal, verifiable, testable, maintainable and feasible,

2) traceable back to all the input documents

7.2.4.5 The Software Requirements Specification shall include modes of expression and descriptions which are understandable to the responsible personnel involved in the life cycle of the software.

7.2 软件需求

7.2.1 目标

7.2.1.1 完整第描述一整套满足所有系统和安全需求，并为后续每个阶段提供一套全面的文档。

7.2.1.2 描述整体软件测试规范。

7.2.2 输入文档：

1）系统需求规格说明书；

2）系统安全需求规范；

3）系统体系结构描述；

4）外部接口规范（如软件与软件之间的接口规范，软件与硬件之间的接口规范）；

5）软件质量保证计划；

6）软件确认计划。

7.2.3 输出文档：

1）软件需求规格说明书；

2）整体软件测试规格说明书；

3）软件需求验证报告。

7.2.4 要求

7.2.4.1 需求管理员在输入文档（7.2.2）的基础上编写软件需求规格说明书。

7.2.4.2 需求规格说明书应该描述出被开发软件的必要属性。这些属性（不包括安全性）在 ISO/IEC 9126 系列标准中均有定义，包括：

1）功能性（包括容量和性能响应时间）；

2）稳健性和可维护性；

3）安全性（包括安全功能及其相关的软件安全完整性等级）；

4）效率；

5）可用性；

6）可移植性。

7.2.4.3　软件安全完整性等级源于条款 5 中的定义，并记录在软件需求规格说明书中。

7.2.4.4　根据软件安全完整性等级的要求，软件需求规格说明书应以如下方式来描述和构造：

1）完整性、清楚性、准确性、无二义性性、可验证性、可测试性、可维护性和可行性；

2）可追溯到所有输入文档（7.2.2）。

7.2.4.5　软件需求规格说明书使用表达和描述方法应易于被软件生命周期中所涉及的人员所理解。

11.1.2　条款理解与应用

美国电气和电子工程师协会对“需求”定义如下[2]：

- 用户需要用于解决一个问题或达到一个目标的条件或能力；
- 一个系统或系统部件为满足某个合同、标准、规格说明或其他正式施实的文件，必须达到或具有的条件或能力；
- 对前两项中的条件或能力的一个文档化表示。

需求的目标是描述“我们在项目完成时将要获得什么”[4]。一般来讲，软件需求可分为三大部分：

- 功能需求：指系统需要完成哪些事情，即向用户提供哪些功能。
- 非功能需求：指产品所具备的品质和属性，比如可靠性、扩展性、响应时间、性能等。
- 设计约束：也称条件约束、补充规则。比如用户要安装该产品他需要有什么样的必备条件（如操作系统的要求、硬件环境的要求等）。

在做需求收集时需要注意以下问题：

- 应该收集什么信息？
- 从什么地方收集？
- 用什么机制或技术来收集？

1）软件功能需求

软件的功能需求是整个需求分析中最主要、最关键、最复杂的部分，它描述软件在各种可能的条件下，对所有可能输入的数据信息，应完成哪些具体功能，产生什么样的输出。描述软件功能需求时应注意以下三点。

（1）功能需求的完整性和一致性。对功能的描述应包含与功能相关的信息，并应具有内在的一致性（即各种描述之间不矛盾、不冲突）。应注意以下几点：

- 给出触发功能的各种条件（如控制流、运行状态、运行模式等）；

- 定义各种可能性条件下的所有可能的输入（包括合法的输入空间和非法的输入空间）；
- 给出各种功能间可能的相互关系（如各个功能间的控制流、数据流、信息流，功能运行关系：顺序、重复、选择、并发、同步）；
- 给出功能性的主要级别（如基本功能、可由设计者选择逐步实现的功能、可由设计者改变实现的功能等）；

尽可能不使用“待定”这样的词。所有含有待定内容的需求文件都不是完整的文件，如果出现待定的部分，必须对待定部分内容进行说明，落实负责人员、落实实施日期。

（2）功能描述的无准确性和可追踪性。功能描述必须清晰地描述出怎样输入和怎样输出，并且对输入、输出的描述应对应数据流描述、控制流描述图，这些描述必须与其他地方的描述一致；

可以用语言、方程式、决策表、矩阵或图等对功能进行描述。如果选用语言描述必须使用结构化的语言，描述前必须说明该步骤（或子功能）的执行是顺序、选择、重复，还是并发，然后说明步骤逻辑。

描述时，每一个功能名称和参照编号必须唯一，且不要将多个功能混在一起进行描述，这样便于功能的追踪和修改。

功能描述应注意需求说明和程序设计的区别。需求设计仅仅是软件的功能设计，它给出软件运行的外部功能描述，以及为了实现这一外部功能必须做哪些事情（采用何种数据结构、定义多少个模块等），功能描述不应涉及具体细节问题，以避免给软件设计带来不必要的约束。

（3）相关接口描述。软件需求中应明确软件与硬件或其他外部系统接口，内容应包括：

- 人机接口，说明输入/输出内容、屏幕安排、格式等要求；
- 硬件接口，说明端口号、指令集、输入/输出信号的内容与数据类型，初始化信号源，传输通道号和信号处理方式。
- 软件接口：说明软件的名称、助记符、规格说明、版本号和来源；
- 通信接口：指定通信接口和通信协议等描述。

2）软件的非功能性需求

软件的非功能性需求是指软件性能指标、容限等功能以外的需求。一般指下述内容：

- 时间需求，输入/输出频率，输入/输出响应时间，各种功能恢复时间等；
- 处理容限、精度、采样参数的分辨率，误差处理等；
- 可靠性的 MTBF 要求，可维护性、安全性要求等（对可能的、不正常的输入给以正常响应是可靠性的重要内容，这属于功能性需求）。

3）设计约束

软件设计约束主要指对软件设计者的限制。如软件运行环境的限制（选择计算机类型、使用配置、操作系统的限制等）、设计工具的限制（使用语言、执行的标准）和保密要求等。

11.2 需求建模

标准条款 7.2.4.6 至 7.2.4.15 节对软件需求规格说明提出了具体的要求。

11.2.1 标准条款

7.2.4.6 The Software Requirements Specification shall identify and document all interfaces with any other system, either within or outside the equipment under control, including operators, wherever a direct connection exists or is planned.

7.2.4.7 All relevant modes of operation shall be detailed in the Software Requirements Specification.

7.2.4.8 All relevant modes of behaviour of the programmable electronics, in particular failure behaviour, shall be documented or referenced (e.g. system level documentation) in the Software Requirements Specification.

7.2.4.9 Any constraints between the hardware and the software shall be documented or referenced (e.g. system level documentation) in the Software Requirements Specification.

7.2.4.10 To the extent required by the description of system documentation, the Software Requirements Specification shall consider the software self-checking and the hardware checking by the software. Software self-checking consists of the detection and reporting by the software of its own failures and errors.

7.2.4.11 The Software Requirements Specification shall include requirements for the periodic testing of functions to the extent required by the System Safety Requirements Specification.

7.2.4.12 The Software Requirements Specification shall include requirements to enable all safety functions to be testable during overall system operation to the extent required by the System Safety Requirements Specification.

12.4.13 All functions to be performed by the software, especially those related to achieving the required system safety integrity level, shall be clearly identified in the Software Requirements Specification.

7.2.4.14 Any non-safety functions which the software is required to perform shall be clearly identified in the Software Requirements Specification.

7.2.4.15 The Software Requirements Specification shall be supported by techniques and measures from Table A.2. The selected combination shall be justified as a set satisfying 4.8 and 4.9.

7.2.4.6 软件需求规格说明书应明确并详细描述与其他系统的所有接口，不管是受控设备内部还是外部的接口，包括与操作员的接口，也不管是已存在的还是仍处于规划中的直连接口。

7.2.4.7 软件需求规格说明书应详细描述所有相关的操作方式。

7.2.4.8 软件需求规格说明书应详细描述与可编程电子器件所有相关的行为方式，尤其是失效行为。

7.2.4.9 软件需求规格说明书应明确并用文件或引用文档（如系统级文档），证实软硬件之间的所有约束。

7.2.4.10　根据系统文档描述的程度，软件需求规格说明书应指出软件自检的程度，以及软件检测硬件的规定程度。软件自检内容包括软件自身失效和错误的检测报告。

7.2.4.11　软件需求规格说明书应根据系统安全性需求规格说明书的要求包括周期性功能检测需求。

7.2.4.12　软件需求规格说明书应根据系统安全性需求规格说明书的要求编写，内容包括使所有安全功能在整个系统运行期内可测试的需求。

7.2.4.13　所有由软件实现的功能，特别是那些与达到要求的系统安全完整性等级相关的功能，在软件需求规格说明书中应说明清楚。

7.2.4.14　任意由软件实现的非安全性功能应当在软件需求规格说明书中说明清楚。

7.2.4.15　软件需求规格说明应该被表 A.2 中规定的技术和方法所支持。技术的组合应按照条款 4.8 和 4.9 进行判断。

11.2.2　条款理解与应用

软件安全性需求的确定重在软件安全性需求建模。将软件的层次结构及依赖关系进行划分，可以对软件需求进行规范、清晰、显性化的描述。在后续开展软件系统级安全性分析时能够依据软件需求模型，更迅速、准确地定位与抽取需求要素及需求之间的逻辑联系，是复杂机载软件安全性工作的基础。

1）软件需求建模依据

软件需求建模的输入，可依据以下系统级文档：

- 符合 GJB　438B 要求的《运行方案说明》《系统/子系统规格说明》《系统/子系统设计说明》等；
- 符合 GJB　438B 要求的《软件研制任务书》《软件需求规格说明》等；
- 软件接口控制文件（ICD）、其他软件设计支撑材料等。

《软件需求规格说明》理论上包含了描述软件需求必备的全部信息，是软件系统级需求建模的基础。但在工程实际中，《软件需求规格说明》往往存在“隐含需求”，这些需求由于未显性化描述，极易被遗漏或被错误解读，常见的隐含需求，如多接口数据约束、多功能组合交互、状态功能关联、边界条件、异常处理、容错保护等。

软件需求模型的完整和详细程度决定了安全性工作输入的充分性，对于《软件需求规格说明》未明确描述的软件需求信息，可以参考其他软件资料，了解系统向软件分配的需求信息、系统与软件接口信息、软件功能设计限制、隐含性能或裕量需求等。

2）软件需求建模要求

对安全相关系统软件需求的建模，建议遵循以下要求：

（1）覆盖《运行方案说明》《系统/子系统规格说明》《系统/子系统设计说明》和《软件研制任务书》中要求软件实现的全部状态、功能、性能、接口、安全性、可靠性、裕量等需求，可参考但不做强制要求：

☺ 在系统/子系统中当前软件的部署方案，如与软件相关的硬件配置信息、资源与裕量使用限制、硬件对软件能力的影响和限制等信息；

☺ 在系统/子系统中当前软件的运行方案，如工作状态、工作模式、人员操作、故障处理、裕量设计、降级备份等信息；

☺ 软件在不同部署方案和运行方案下的能力范围，例如不同工作状态下（制动、缓解）软件的能力边界、性能边界、安全约束等信息；

☺ 系统/子系统功能向当前软件功能的分配，明确软件的顶层功能，明确软件功能与硬件功能的耦合关系；

☺ 系统/子系统与软件之间的接口实体信息，如接口使用方式、通信机制、偶发故障等信息。

（2）覆盖《软件需求规格说明》中的全部软件状态、功能、性能、接口、安全性、可靠性、裕量等需求，包括：

● 软件外部接口。

☺ 接口实体信息，如接口名称/标识、接口类型、接口数量、电气特性、使用方式等；

☺ 接口实体承载的数据元素信息，如数据元素的名称/标识、数据类型、数据单位、数据值域、数据精度、数据来源及目的等；

☺ 每个接口数据元素的时间处理信息，如时序处理、周期处理、取值时刻要求等；

☺ 每个接口数据元素的故障处理信息，如故障诊断、故障处理、故障恢复、缺省值设计等；

☺ 每个接口数据元素的裕量处理信息，如裕量设计、裕量表决、裕量切换等；

☺ 接口实体的通信协议信息，包括数据元素包的名称/标识、数据元素包结构、包中的各数据元素、数据来源及目的等；

☺ 接口通信协议的时间处理信息，如时序处理、周期处理、取值时刻处理等；

☺ 接口通信协议的故障处理信息，如故障诊断、故障容错处理、故障恢复机制等；

☺ 接口通信协议的裕量处理信息，如多裕量传输设计、裕量表决、裕量切换等；

☺ 如有必要，可包括软件内部接口，与外部接口同等描述，如软件状态字、中间过程计算结果等。

● 接口依赖关系。

☺ 接口的数据约束关系，即多个接口数据元素之间的具体数值约束，如大于、等于、小于等；

☺ 接口的时间约束关系，即多个接口数据元素之间的具体时序、周期约束，如早于、同时、晚于等；

☺ 接口的逻辑约束关系，即多个接口数据元素之间的具体处理逻辑约束，如同时有效、同时无效、取非等。

● 软件功能。

软件功能建模针对每一个不可再分的配置项功能，描述功能的输入/输出、处理过程、性能、与其他功能协作等全部信息：

☺ 功能输入信息，可引用相关软件接口数据的建模过程；

☺ 功能输出信息，可引用相关软件接口数据的建模过程；

☺ 功能的数据处理过程，如数据采集、数据解算、逻辑判断、容错性处理等；

☺ 功能的时间处理过程，如时序处理、周期处理、时限判断、异常中断处理等；
☺ 功能的故障处理过程，如故障诊断、故障恢复、故障上报、故障告警处理等；
☺ 功能的裕量处理过程，如裕量设计、裕量表决、裕量切换处理等。

● 功能从属关系。

功能之间的从属关系，明确父功能向子功能的能力分解。

● 功能依赖关系。

☺ 功能的数据约束关系，即多个功能之间的具体数据处理过程约束，如相加、相减、数值比较等；
☺ 功能的时间约束关系，即多个功能之间的具体执行时序、处理周期约束，如顺序执行、并发执行等；
☺ 功能的逻辑约束关系，即多个功能之间的具体处理逻辑约束，如同时有效、同时无效、取非等。

● 软件状态转移。

☺ 软件工作状态信息，包括工作状态与模式、工作状态下需要执行以及不执行的软件功能等；
☺ 状态转移条件信息，包括状态进入条件、状态转移条件、状态退出条件等；
☺ 状态场景信息，包括初始状态、状态转移路径、结束状态等。

● 状态依赖关系。

☺ 状态的数据约束关系，即多个状态之间的具体数据处理过程约束，如相加、相减、数值比较等；
☺ 状态的时间约束关系，即多个状态之间的具体时序、周期处理约束，如早于、晚于等；状态的逻辑约束关系，即多个状态之间的具体处理逻辑约束，如互斥等。

3）软件需求建模过程

软件需求的建模过程如图 11-1 所示。

（1）软件系统外部接口建模。根据软件外部接口的建模依据和要求，以文字、图表、形式化语言等形式建立软件系统外部接口模型。

（2）软件系统功能建模。根据软件功能的建模依据和要求，在引用软件系统外部接口模型的基础上，以文字、图表、形式化语言等形式建立软件系统功能模型。

（3）软件系统工作状态建模。根据软件状态转移的建模依据和要求，以文字、图表、形式化语言等形式建立软件系统工作状态模型。

（4）软件系统层次结构划分。根据功能从属关系的建模依据和要求，在引用软件系统功能模型的基础上，以文字、图表、形式化语言等形式建立软件系统层次结构。

（5）软件系统依赖关系划分。根据接口依赖关系、功能依赖关系、状态依赖关系的建模依据和要求，在软件系统外部接口、功能、工作状态模型的基础上，以文字、图表、形式化语言等形式建立软件系统依赖关系。

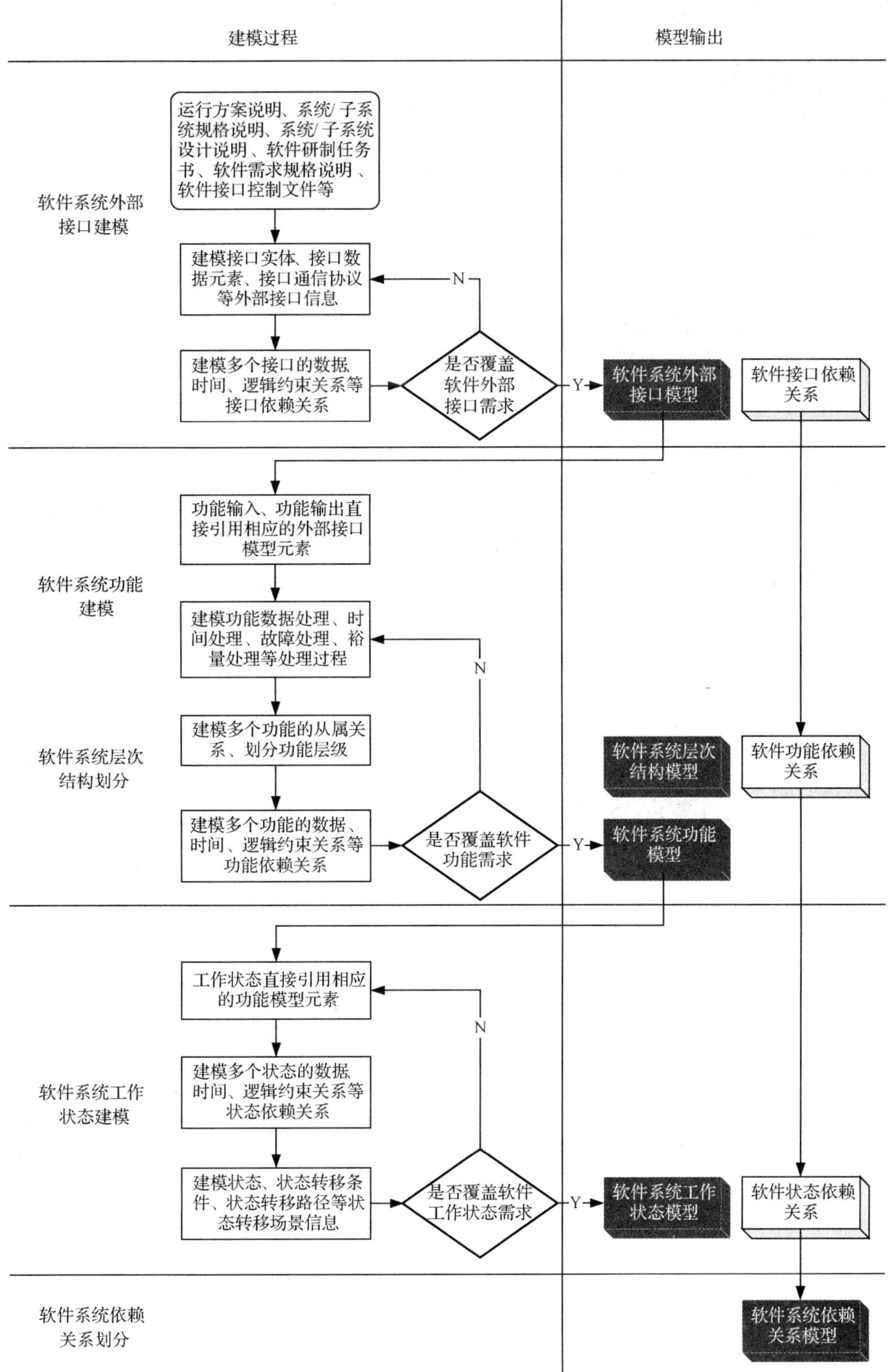

图 11-1　软件需求的建模过程

11.3 需求验证

第 7.2.4.6 至 7.2.4.15 条款规定了软件需求验证的目标、范围及要求。

11.3.1 标准条款

7.2.4.16 An Overall Software Test Specification shall be written, under the responsibility of the Tester, on the basis of the Software Requirements Specification.

The requirements from 7.2.4.17 to 7.2.4.19 refer to the Overall Software Test Specification.

7.2.4.17 The Overall Software Test Specification shall be a description of the tests to be performed on the completed software.

7.2.4.18 The Overall Software Test Specification shall choose techniques and measures from Table A.7.The selected combination shall be justified as a set satisfying 4.8 and 4.9.

7.2.4.19 The Overall Software Test Specification shall identify for each required function the test cases including

1) the required input signals with their sequences and their values,

2) the anticipated output signals with their sequences and their values,

3) the test success criteria, including performance and quality aspects.

7.2.4.20 A Software Requirements Verification Report shall be written, under the responsibility of the Verifier, on the basis of the System Safety Requirements Specification, Software Requirements Specification, Overall Software Test Specification and Software Quality Assurance Plan.

Requirements from 7.2.4.21 to 7.2.4.22 refer to the Software Requirements Verification Report.

7.2.4.21 The Software Requirements Verification Report shall be written in accordance to the generic requirements established for all the Verification Reports (see 6.2.4.13).

7.2.4.22 Once the Software Requirements Specification has been established, verification shall address

1) the adequacy of the Software Requirements Specification in fulfilling the requirements set out in the System Requirements Specification, the System Safety Requirements Specification and the Software Quality Assurance Plan,

2) that the Software Requirements Specification meets the general requirements for readability and traceability in 5.3.2.7 to 5.3.2.10 and in 6.5.4.14 to 6.5.4.17 as well as the specific requirements in 7.2.4.2 to 7.2.4.15,

3) the adequacy of the Overall Software Test Specification as a test against the Software Requirements Specification,

4) the definition of any additional activity in order to demonstrate the correct coverage of not

testable requirements,

5) the internal consistency of the Software Requirements Specification,

6) the adequacy of the Software Requirements Specification in fulfilling or taking into account the constraints between hardware and software.

The results shall be recorded in a Software Requirements Verification Report.

7.2.4.16 测试人员应当在软件需求规格说明书的基础上编写系统软件测试规范。该规范应参考 7.2.4.17 至 7.2.4.19 中描述的需求。

7.2.4.17 在软件完成时，应根据系统软件测试规范开展测试。

7.2.4.18 系统软件测试规格说明应该被表 A.7 中规定的技术和方法所支持。技术的组合应按照条款 4.8 和 4.9 进行判断。

7.2.4.19 整体软件测试规范应为每个要求的功能确定测试用例，包括：

1）所需的输入信号及其步骤和值；

2）预期的输出信号及其对应序列和值；

3）测试通过准则，包括性能和质量方面。

7.2.4.20 验证人应当在系统安全需求规格说明书、软件需求说明书、整体软件测试规范和软件质量保证计划的基础上，编写软件需求验证报告。该报告包含 7.2.4.21 和 7.2.4.22 中的需求描述。

7.2.4.21 软件需求验证报告的编写应与针对验证报告建立的通用需求一致（见 6.2.4.13）。

7.2.4.22 一旦软件需求规格说明确定后，验证应当着重于：

1）软件需求规格说明是否充分，使其满足系统需求规格说明、系统安全需求说明和软件质量保障计划；

2）软件需求规格说明是否满足可读性（5.3.2.7～5.3.2.10）和可追溯性（6.5.4.14～6.5.4.17），以及从 7.2.4.2 到 7.2.4.15 中的特定需求；

3）系统软件测试规范是否足以对软件需求规格说明中的内容进行测试；

4）对额外工作的定义，以证明对不可测试需求的正确覆盖；

5）软件需求规格说明书的内在一致性；

6）软件需求规格说明书是否充分考虑了硬件与软件之间的约束限制；

以上验证结果应当在软件需求验证报告中进行记录。

11.3.2 条款理解与应用

软件安全性需求是安全相关系统设计中最重要的活动之一。若对软件需求没有进行充分验证，安全相关系统就可能存在潜在的安全风险。与此同时，软件安全性需求也是设计研发人员在确认过程（或验证过程）中的重要参考文件。由于测试人员一般不了解系统详细设计的细节，因此软件安全性需求作为测试的依据，应进行充分验证，以保证后续软件安全相关功能测试的质量。

对软件安全性需求的验证一般在软件需求分析阶段开展，并在设计与实现阶段不断完善。该活动的主要工作内容为识别并分析软件可能导致的系统安全风险，实现系统级分配所涉及的软件安全需求以及软件需求的安全等级分配。软件安全需求的验证需要全面信息的导入，这些信息一般包括：

（1）安全性完整性等级。应提供系统级以及每个硬件模块的安全等级。

（2）安全法规要求。如果任何法规要求影响了安全相关系统的设计，安全法规的内容要求应包含在安全需求中。

（3）过程和危险报告（PHA）。PHA 报告是必须的。该报告为计划中的安全相关系统提供有关各种风险和风险事件的宝贵信息。这些重要的信息也涵盖风险频率及风险后果。

（4）单点故障分析报告。系统或组件中可能引起的单点故障必须考虑在内。这些故障可能会减少或者消除应用于安全相关系统中的冗余安全措施。

软件安全需求可分为一般要求、功能性要求和安全完整性要求。

1）一般要求

（1）安全状态。安全状态被定义为“当安全达到时的过程状态”（IEC 61511-1:2003）。为了设置一个达到安全状态的过程，了解该过程非常重要。在某些情况下，只有在进程连续运行时才存在安全状态，在其他情况下，进程可能必须经历许多其他状态，才能进入最终的安全状态。在发现故障时，对于为实现或维持安全状态所必须采取的行动应该予以描述（影响安全状态的相关人为因素应予以考虑）。

描述过程应该包含必要的安全状态细节，例如：顺序关机；在安全状态过程中，需要哪个工序的阀门来执行特定操作；阀门应该打开还是关闭；应启动或停止哪个流程；停止、启动或继续运行哪个旋转元件（马达、水泵等）。

（2）验证测试间隔。应该给出验证测试间隔定义，因为验证测试间隔影响了程序的设计。验证测试的目的是尽可能地测试函数。验证的主要活动包括：

调查是否必须在验证测试间隔期间调整附加安全措施（如监视、冗余等）；调查人为错误（被遗忘的旁路等）是否会影响验证测试期间的安全性；在生命周期中指定所需的验证测试，应记录验证测试活动（验证测试的最终结果）。

（3）故障响应及响应时间。应说明当系统及组件出现失效时，涉及软件的响应及故障响应时间要求。故障响应时间是指从故障发生到系统进入安全状态的时间。

系统和软件的需求规范包括特定功能的内存和响应要求。应该分析并确定在平均情况和最坏情况下的分配要求。此分析要求估计每个系统功能的资源使用情况和运行时间。这些估计可以从几个方面得到，例如，与现有系统比较，或与时间关键系统的原型和标杆比较。

2）功能性要求

应描述涉及软件的相关系统的功能性要求。软件安全性需求输入文档用于提供有关功能性需求的详细信息。这些信息内容有安全状态的定义、过程输入及其跳闸点、过程参数正常工作范围、过程输出及其操作、投入与产出之间的关系、选择得电跳闸或失电跳闸、考虑手动关机、考虑旁路、断电应对行动、软件将进程带到安全状态的响应时间要求、公开故障的应对措施、操作员接口要求、重置功能、响应时间要求等。

3）安全完整性要求

软件安全性需求应对软件安全完整性要求进行说明，其内容包括每个安全相关部件的安全完整性等级、安全相关功能的诊断范围要求、为达到系统的安全完整性等级对维护和测试的要求、可靠性要求（杂散跳闸点可能具有危险性）、高或低需求模式、验证测试要求。

第12章

软件设计与实现

12.1 软件架构设计

IEC 62279:2015 标准规定，轨道产品涉及安全功能的软件，在架构设计上，根据不同的SIL 等级，应采用区别化的措施从整体上保障软件的安全性。标准第 7.3.1.1 至 7.3.4.43 分别从软件架构设计目标、软件架构设计规范、软件架构设计技术措施以及软件/硬件集成测试规范四个方面阐述了标准对轨道交通产品软件架构设计的安全性要求。

12.1.1 标准条款

7.3 Architecture and Design

7.3.1 Objectives

7.3.1.1 To develop a software architecture that achieves the requirements of the software.

7.3.1.2 To identify and evaluate the significance of hardware/software interactions for safety.

7.3.1.3 To choose a design method if one has not been previously defined.

7.3.1.4 To design software of a defined software safety integrity level from the input documents.

7.3.1.5 To ensure that the resultant system and its software will be readily testable from the outset.

As verification and test will be a critical element in the validation, particular consideration shall be given to verification and test needs throughout the implementation.

7.3.2 Input documents

Software Requirements Specification

7.3.3 Output documents

1) Software Architecture Specification,

2) Software Design Specification,

3) Software Interface Specifications,

4) Software Integration Test Specification,

5) Software/Hardware Integration Test Specification,

6) Software Architecture and Design Verification Report.

7.3.4 Requirements

7.3.4.1 A Software Architecture Specification shall be written, under the responsibility of the Designer, on the basis of the Software Requirements Specification.Requirements from 7.3.4.2 to 7.3.4.14 refer to the Software Architecture Specification.

7.3.4.2 The proposed software architecture shall be established and detailed in the Software Architecture Specification.

7.3.4.3 The Software Architecture Specification shall consider the feasibility of achieving the Software Requirements Specification at the required software safety integrity level.

NOTE The Software Architecture should minimise the size and complexity of the safety part of the application.

7.3.4.4 The Software Architecture Specification shall identify, analyse and detail the significance of all hardware/software interactions.

7.3.4.5 The Software Architecture Specification shall identify all software components and for these components identify

1) whether these components are new or existing,

2) whether these components have been previously validated and if so their validation conditions,

3) the software safety integrity level of the component.

7.3.4.6 Software components shall

1) cover a defined subset of software requirements,

2) be clearly identified and independently versioned inside the configuration management system.

7.3.4.7 The use of pre-existing software shall be subject to the following restrictions.

1) For all software safety integrity levels the following information shall clearly be identified and documented:

- the requirements that the pre-existing software is intended to fulfil;
- the assumptions about the environment of the pre-existing software;
- interfaces with other parts of the software.

2) For all software safety integrity levels the pre-existing software shall be included in the validation process of the whole software.

3) For software safety integrity levels SIL 3 or SIL 4, the following precautions shall be taken:

- an analysis of possible failures of the pre-existing software and their consequences on the whole software shall be carried out;
- a strategy shall be defined to detect failures of the pre-existing software and to protect the

system from these failures;

- the verification and validation process shall ensure

a that the pre-existing software fulfils the allocated requirements,

b that failures of the pre-existing software are detected and the system where the pre-existing software is integrated into is protected from these failures,

c that the assumptions about the environment of the pre-existing software are fulfilled.

4) The pre-existing software shall be accompanied by a sufficiently precise (e.g. limited to the used functions) and complete description (i.e. functions, constraints and evidence). The description shall include hardware and/or software constraints of which the integrator shall be aware and take into consideration during application. In particular it forms the vehicle for informing the integrator of what the software was designed for, its properties, behaviour and characteristics.

NOTE Statistical evidence may be used in the validation strategy of the pre-existing software.

7.3.4.8 The use of existing verified software components developed according to this European Standard in the design is to be preferred wherever possible.

7.3.4.9 Where the software consists of components of different software safety integrity levels then all of the software components shall be treated as belonging to the highest of these levels unless there is evidence of independence between the higher software safety integrity level components and the lower software safety integrity level components. This evidence shall be recorded in the Software Architecture Specification.

7.3.4.10 The Software Architecture Specification shall describe the strategy for the software development to the extent required by the software safety integrity level. The Software Architecture Specification shall be expressed and structured in such a way that it is

1) complete, consistent, clear, precise, unequivocal, verifiable, testable, maintainable and feasible,

2) traceable back to the Software Requirements Specification.

7.3.4.11 Measures for handling faults shall be included in the Software Architecture Specification in order to achieve the balance between the fault avoidance and fault handling strategies.

7.3.4.12 The Software Architecture Specification shall justify that the techniques, measures and tools chosen form a set which satisfies the Software Requirements Specification at the required software safety integrity level.

7.3.4.13 The Software Architecture Specification shall take into account the requirements from 8.4.8 when the software is configured by applications data or algorithms.

7.3.4.14 The Software Architecture Specification shall choose techniques and measures from Table A.3.

The selected combination shall be justified as a set satisfying 4.8 and 4.9.

7.3.4.15 The size and complexity of the developed software architecture shall be balanced.

7.3.4.16 Prototyping may be used in any phase to elicit requirements or to obtain a more detailed view on requirements and their consequences.

7.3.4.17 Code from a prototype may be used in the target system only if it is demonstrated that the code and its development and documentation fulfils this European Standard.

7.3.4.18 A Software Interface Specification for all Interfaces between the components of the software and the boundary of the overall software shall be written, under the responsibility of the Designer, on the basis of the Software Requirements Specification and the Software Architecture Specification.

The requirement in 7.3.4.19 refers to the Software Interface Specification.

7.3.4.19 The description of interfaces shall address

1) pre/post conditions,

2) definition and description of all boundary values for all specified data,

3) behaviour when the boundary value is exceeded,

4) behaviour when the value is at the boundary,

5) for time-critical input and output data:

- time constraints and requirements for correct operation,
- management of exceptions.

6) allocated memory for the interface buffers and the mechanisms to detect that the memory cannot be allocated or all buffers are full, where applicable,

7) existence of synchronization mechanisms between functions (see e).

All data from and to the interfaces shall be defined for the whole range of values defined by the type of the data, including the ranges which are not used when processed by the functions:

1) definition and description of all equivalence classes for all specified data and each software function using them,

2) definition of unused or forbidden equivalence classes.

NOTE The data type includes the following:

- input parameters and output results of functions and/or procedures;
- data specified in telegrams or communication packets;
- data from the hardware.

7.3.4.20 A Software Design Specification shall be written, under the responsibility of the Designer, on the basis of the Software Requirements Specification, the Software Architecture Specification and the Software Interface Specification.

Requirements from 7.3.4.21 to 7.3.4.24 refer to the Software Design Specification.

7.3.4.21 The input documents shall be available, although not necessarily finalised, prior to the start of the design process.

7.3.4.22 The Software Design Specification shall describe the software design based on a decomposition into components with each component having a Software Component Design

Specification and a Software Component Test Specification.

7.3.4.23 The Software Design Specification shall address

1) software components traced back to software architecture and their safety integrity level,

2) interfaces of software components with the environment,

3) interfaces between the software components,

4) data structures,

5) allocation and tracing of requirements on components,

6) main algorithms and sequencing,

7) error reporting mechanisms.

7.3.4.24 The Software Design Specification shall choose techniques and measures from Table A.4. The selected combination shall be justified as a set satisfying 4.8 and 4.9.

7.3.4.25 Coding standards shall be developed and specify

1) good programming practice, as defined by Table A.12,

2) measures to avoid or detect errors which can be made during application of the language and are not detectable during the verification (see 7.5 and 7.6). Such failures are derived by analysis over all features of the language,

3) procedures for source code documentation.

7.3.4.26 The selection of a coding standard shall be justified to the extent required by the software safety integrity level.

7.3.4.27 The coding standards shall be used for the development of all software and be referenced in the Software Quality Assurance Plan.

7.3.4.28 In accordance with the required software safety integrity level the design method chosen shall possess features that facilitate

1) abstraction, modularity and other features which control complexity,

2) the clear and precise expression of

- functionality,
- information flow between components,
- sequencing and time related information,
- concurrency,
- data structure and properties,

3) human comprehension,

4) verification and validation,

5) software maintenance.

7.3.4.29 A Software Integration Test Specification shall be written, under the responsibility of the Integrator, on the basis of the Software Requirements Specification, the Software Architecture Specification, the Software Design Specification and the Software Interface Specifications.

The requirements from 7.3.4.30 to 7.3.4.32 refer to the Software Integration Test

Specification.

7.3.4.30 The Software Integration Test Specification shall be written in accordance with the generic requirements established for a Test Specification (see 6.1.4.4).

7.3.4.31 The Software Integration Test Specification shall address the following:

1) it shall be shown that each software component provides the specified interfaces for the other components by executing the components together;

2) it shall be shown that the software behaves in an appropriate manner when the interface is subjected to inputs which are out of specification;

3) the required input data with their sequences and their values shall be the base of the test cases;

4) the anticipated output data with their sequences and their values shall be the basis of the test cases;

5) it shall be shown which results of the component test (see 7.5.4.5 and 7.5.4.7) are intended to be reused for the software integration test.

7.3.4.32 The Software Integration Test Specification shall choose techniques and measures from Table A.5. The selected combination shall be justified as a set satisfying 4.8 and 4.9.

7.3.4.33 A Software/Hardware Integration Test Specification shall be written, under the responsibility of the integrator, on the basis of the System Design Description, the Software Requirements Specification, the Software Architecture Specification and the Software Design Specification. The requirements from 7.3.4.34 to 7.3.4.39 refer to the Software/Hardware Integration Test Specification.

7.3.4.34 A Software/Hardware Integration Test Specification should be created early in the development lifecycle, in order that integration testing may be properly directed and that particular design or other integration needs may be suitably provided for. Depending upon the size of the system, the Software/Hardware Integration Test Specification may be subdivided during development into a number of child documents and be naturally added to, as the hardware and software designs evolve and the detailed needs of integration become clearer.

7.3.4.35 The Software/Hardware Integration Test Specification shall distinguish between those activities which can be carried out by the supplier on his premises and those that require access to the user's site.

7.3.4.36 The Software/Hardware Integration Test Specification shall address the following:

1) it shall be shown that the software runs in a proper way on the hardware using the hardware via the specified hardware interfaces,

2) it shall be shown that the software can handle hardware faults as required,

3) the required timing and performance shall be demonstrated,

4) the required input data with their sequences and their values shall be the basis of the test cases,

5) the anticipated output data with their sequences and their values shall be the basis of the

test cases,

6) it shall be shown which results of the component test (see 7.5.4.5) and of the software integration test (see 7.6.4.3) are intended to be reused for the software/hardware integration test.

7.3.4.37 The Software/Hardware Integration Test Specification shall document the following:

1) test cases and test data,

2) types of tests to be performed,

3) test environment including tools, support software and configuration description,

4) test criteria on which the completion of the test will be judged.

7.3.4.38 The Software/Hardware Integration Test Specification shall be written in accordance with the generic requirements established for a Test Specification (see 6.1.4.4).

7.3.4.39 The Software/Hardware Integration Test Specification shall choose techniques and measures from Table A.5. The selected combination shall be justified as a set satisfying 4.8 and 4.9。

7.3.4.40 A Software Architecture and Design Verification Report shall be written, under the responsibility of the Verifier, on the basis of the Software Requirements Specification, Software Architecture Specification, Software Design Specification, Software Integration Test Specification and Software/Hardware Integration Test Specification.

The requirements from 7.3.4.41 to 7.3.4.43 refer to the Software Architecture and Design Verification Report.

7.3.4.41 The Software Architecture and Design Verification Report shall be written in accordance with the generic requirements established for a Verification Report (see 6.2.4.13).

7.3.4.42 After the Software Architecture, Interface and Design Specifications have been established, verification shall address

1) the internal consistency of the Software Architecture, Interface and Design Specifications,

2) the adequacy of the Software Architecture, Interface and Design Specifications in fulfilling the Software. Requirements Specification with respect to consistency and completeness,

3) that the Software Architecture Specification meets the general requirements for readability and traceability in 5.3.2.7 to 5.3.2.10 and in 6.5.4.14 to 6.5.4.16 as well as the specific requirements in 7.3.4.1 to 7.3.4.14,

4) that the Software Interface Specification meets the general requirements for readability and traceability in 5.3.2.7 to 5.3.2.10 and in 6.5.4.14 to 6.5.4.16 as well as the specific requirements in 7.3.4.18 to 7.3.4.19,

5) that the Software Design Specification meets the general requirements for readability and traceability in 5.3.2.7 to 5.3.2.10 and in 6.5.4.14 to 6.5.4.16 as well as the specific requirements in 7.3.4.20 to 7.3.4.24,

6) the adequacy of the Software Architecture Specification and the Software Design Specification in taking into account the hardware and software constraints. The results shall be

recorded in a Software Architecture and Design Verification Report.

7.3.4.43 After the Software Integration and Software/Hardware Integration Test Specifications have been established, verification shall address

1) that the Software Integration Test Specification meets the general requirements for readability and traceability in 5.3.2.7 to 5.3.2.10 and in 6.5.4.14 to 6.5.4.16, as well as the specific requirements in 7.3.4.29 to 7.3.4.32,

2) that the Software/Hardware Integration Test Specification meets the general requirements for readability and traceability in 5.3.2.7 to 5.3.2.10 and in 6.5.4.14 to 6.5.4.16, as well as the specific requirements in 7.3.4.33 to 7.3.4.39.

The results shall be recorded in a Software Architecture and Design Verification Report.

7.3 架构与设计

7.3.1 目标

7.3.1.1 开发一套满足软件需求的软件架构。

7.3.1.2 识别和评估硬件/软件交互作用对软件安全性的重要性。

7.3.1.3 若之前未进行过定义，选择一种设计方法。

7.3.1.4 根据输入文档设计软件，使其满足预定的软件安全完整性等级。

7.3.1.5 确保最终的系统及其软件在真实环境下具有可测性。

由于验证和测试是确认的一个关键因素，因此应当着重考虑在整个产品实现过程中的验证和测试工作。

7.3.2 输入文档

软件需求规格说明书

7.3.3 输出文档

1）软件架构规格规范。

2）软件设计规格规范。

3）软件接口规格规范。

4）软件集成测试规范。

5）软件/硬件集成测试规范。

6）软件架构和设计验证规范。

7.3.4 要求

7.3.4.1 设计人员应当在软件需求规格说明书的基础上，编写软件架构规范。该规范包含 7.3.4.2 至 7.3.4.14 中描述的需求。

7.3.4.2 提出的软件架构应当在软件架构规范中进行确定和详细描述。

7.3.4.3 软件架构规范应考虑实现规定安全完整性等级的软件需求规范的可行性。

注：在软件架构上，应尽可能降低安全相关部分的软件规模与复杂度。

7.3.4.4 软件架构规范应当识别、分析并详细说明所有的软硬件交互。

7.3.4.5 软件架构规范应当明确所有软件组件，这些组件需明确：

1）该组件是新的还是已存在的；

2）该组件之前是否经过确认（validated），如果已确认，确认的证据是什么；

3）该组件的软件安全完整性等级。

7.3.4.6 软件组件应当：

1）覆盖软件需求的规定的子条款；

2）在配置管理系统中可以被清晰地识别，并具有独立的版本。

7.3.4.7 使用已存在软件应受到如下条款的约束：

1）对于所有的软件安全完整性等级，如下信息应当被清晰地识别和记录：

- 预先存在的软件要符合的要求；
- 预先存在软件的假设环境；
- 与软件其他部分的接口。

2）所有具有软件安全完整性等级的预先存在的软件应列入整个软件的验证过程。

3）对于软件安全完整性等级 SIL3 和 SIL4，应当采用如下预防措施：

- 应当对整个软件中已存在部分进行可能的失效分析，以及相应的失效后果；
- 应当定义策略来检测已存在软件的故障，以及针对这些故障的系统保护措施；
- 验证（verification）和确认（validation）过程应确保：

a 已存在软件实现了其分配需求；

b 已检测出已存在软件的故障，且系统针对已存在的软件组件具有保护措施；

c 已存在软件满足其预定的环境假设。

4）已存在软件应当附有足够精确（仅限于使用的功能）和完整的描述（功能、约束和证据）。该描述应当包含硬件和软件在集成应用期间需要注意和考虑的限制，特别是它形成的媒介告知了集成者软件设计的目的、属性、行为和特性。

注：统计数据证据可用于已存在软件的确认策略中。

7.3.4.8 在可能的情况下，优先采用那些已存在且已经验证的、参照本欧洲标准开发的软件组件。

7.3.4.9 对于包含不同软件安全完整性等级的软件，其所有组件的等级应当按照其中最高的等级来对待，除非有证据表明在高等级软件与低等级软件之间存在独立性。该证据应当记录进入软件体系架构规范。

7.3.4.10 软件体系架构规范应当描述根据所要求的软件安全完整性等级来进行开发的策略。软件体系架构规范应当按照如下方式进行表述和构造：

1）完整、一致、清楚、精确、无二义，可验证、可测试、可维护以及可行；

2）可追溯到软件需求规格说明书。

7.3.4.11 为了达到故障避免和故障处理策略的平衡，软件体系架构规范应包含故障处理方法。

7.3.4.12 软件体系架构规范应当证明选择的技术、方法和工具组成的集合能满足软件需求规范中的软件安全完整性等级要求。

7.3.4.13 当配置软件应用数据或算法的时候，软件体系架构规范应当考虑标准条款 8.4.8 中的要求。

7.3.4.14 软件体系架构规范应当从表 A.3 中选择技术和方法。选择的组合应当满足 4.8 和 4.9 中的要求。

7.3.4.15　所开发软件架构的规模与复杂度应该得到平衡。

7.3.4.16　可以在任何阶段使用原型设计，以引出需求或获得对需求及其结果的更详细的视图。

7.3.4.17　只有在证明源码及其开发和文档满足本欧洲标准的情况下，才能将原型代码用于目标系统。

7.3.4.18　在软件需求规范和软件架构规范的基础上，设计人员应当对软件组件之间、软件外围边界的所有接口编写软件接口规范。该规范遵循 7.3.4.19 中的需求。

7.3.4.19　接口的描述应着重于：

1）前置/后置条件。

2）所有数据的边界值的定义和描述。

3）超出边界值时的行为。

4）当值是在边界的行为。

5）对于时序要求严格的输入及输出数据：

● 时间约束和正确操作的要求；

● 对异常的管理。

6）在适用的情况下，接口缓冲的内存分配，和检测内存的机制。

7）功能之间存在的同步机制。

对于接口的所有输出和输入数据，应当定义由数据类型限定的取值范围，以及函数处理过程中未用到的取值范围：

8）对于所有指定数据以及用到这些数据的每个软件功能，其所有等价类的定义和描述；

9）未使用的或禁止的等价类的定义。

注：上面提到的数据类型包含如下几种：

● 函数和/或过程的输入参数和输出结果；

● 在电报或通信的数据包中指定的数据；

● 硬件中的数据。

7.3.4.20　设计人员根据软件需求规格说明、软件架构规范与软件接口规范编写软件设计规范，该规范应遵循标准中第 7.3.4.21 到 7.3.4.24 条款的要求。

7.3.4.21　在软件设计过程开始之前，即使要求的输入文档没有达到最终版本的要求，但也必须达到可用的状态。

7.3.4.22　软件设计规格说明书应基于软件组件的分解描述软件的设计和测试规范，每个软件组件应有软件组件设计规格说明书和软件组件测试规格说明书。

7.3.4.23　软件设计规范应当明确：

1）软件组件追溯到软件架构及其安全完整性等级；

2）环境中软件组件的接口；

3）各软件组件之间的接口；

4）数据结构；

5）组件的分配和需求追溯；

6）主要的算法和顺序。

7）错误报告机制。

7.3.4.24 软件设计规范应当从表 A.4 中选择技术和方法。选中的组合应能满足 4.8 和 4.9。

7.3.4.25 开发和制定的编码标准应满足：

1）明确表 A.12 中定义的良好的编程规则；

2）明确避免和检测错误的方法。这些错误是在编程语言应用的过程中可能出现，且在验证阶段（见 7.5 和 7.6）中无法检测的。此类错误可从对编程语言所有特性的分析中推理得到；

3）源代码文件的流程。

7.3.4.26 选择的编码标准应满足既定软件安全完整性等级。

7.3.4.27 编码标准应在所有软件的开发中使用，并在软件质量保证计划中作为参考。

7.3.4.28 为了满足既定的软件安全完整性等级，选择的设计方法应当具备促进如下方面的特性：

1）抽象化，模块化和控制复杂性的其他特性。

2）对如下方面的清晰、精确的表述：

- 功能性；
- 组件之间的数据流；
- 测序和时间相关的信息；
- 并发性；
- 数据结构和属性。

3）可理解性。

4）验证（Verification）和确认（Validation）。

5）软件维护性。

7.3.4.29 集成人员应当在软件需求规范、软件架构规范、软件设计规范和软件接口规范的基础上，编写软件集成测试规范。该规范包含从 7.3.4.30 到 7.3.4.32 中的需求。

7.3.4.30 软件集成测试规范的编写应当与测试规范（见 6.1.4.4）中的通用需求保持一致。

7.3.4.31 软件集成测试规范应当明确如下方面：

1）应当表明每个软件组件为其他组件的交互提供指定的接口；

2）应当表明当接口输入超出规范数值时软件进行的恰当处理方式；

3）所需的输入数据及其顺序和数值应当作为测试用例的基础；

4）预期的输出数据及其顺序和数值应当作为测试用例的基础；

5）应当表明组件测试（见 7.5.4.5 和 7.5.4.7）中的哪些结果将在软件集成测试中重用。

7.3.4.32 软件集成测试规范应当从表 A.5 中选取技术和方法。选中的组合应当被证明能够满足本标准 4.8 和 4.9。

7.3.4.33 集成人员应当在系统设计说明书、软件需求规范、软件架构规范和软件设计规范的基础上，编写软件/硬件集成测试规范。该规范包含从 7.3.4.34 节到 7.3.4.39 节中的需求。

7.3.4.34　软件/硬件集成测试规范应当在开发周期的早期创建，以此保证能正确指导集成测试，并提供详细设计或其他集成需求。根据系统的大小，软件/硬件集成测试规范可在开发阶段划分为多个子文档，从而使得硬件和软件在设计的发展中集成的详细需求变得更加清晰。

7.3.4.35　软件/硬件集成测试规范应当区分哪些活动可以由供应商在其处所内进行，哪些活动需要在用户处开展。

7.3.4.36　软件/硬件集成测试规范应当明确如下方面：

1）应当表明软件在硬件环境上通过指定的硬件接口正确运行；

2）应当表明软件能够根据需要处理硬件错误；

3）所需的时序和性能应能被证明；

4）所需的输入数据及其顺序和数值；

5）预期的输出数据及其顺序和数值；

6）应当表明组件测试（见 7.5.4.5 节和 7.5.4.7 节）和软件集成测试（见 7.6.4.3 节）中的哪些结果将在软件/硬件集成测试中重用。

7.3.4.37　软件/硬件集成测试规范应当记录如下内容：

1）测试用例和测试数据；

2）将执行的测试类型；

3）测试环境，包括工具、支撑软件和配置描述；

4）测试通过准则。

7.3.4.38　软件/硬件集成测试规范的编写应当与测试规范（见 6.1.4.4 节）中的通用需求保持一致。

7.3.4.39　软件/硬件设计规范应当从表 A.5 中选择技术和方法。选中的组合应当被证明能满足 4.8 节和 4.9 节中的要求。

7.3.4.40　验证人员应当在软件需求规范、软件架构规范、软件设计规范、软件集成测试规范和软件/硬件集成测试规范的基础上，编写软件架构和设计验证报告。该报告应包含从 7.3.4.41 节到 7.3.4.43 节中提到的需求。

7.3.4.41　软件架构和设计验证报告的编写应当与验证报告（见 6.2.4.13 节）中的通用需求保持一致。

7.3.4.42　在软件架构、接口和设计规范确定以后，验证应当明确：

1）软件架构、接口和设计规范的内部一致性；

2）软件架构、接口和设计规范在完成软件需求规范的一致性和完备性方面的充分性；

3）软件架构规范满足通用需求中的可读性（5.3.2.7 节至 5.3.2.10 节）和可追溯性（6.5.4.14 节至 6.5.4.16 节），以及特定需求（7.3.4.1 节至 7.3.4.14 节）；

4）软件接口规范满足通用需求中的可读性（5.3.2.7 节至 5.3.2.10 节）和可追溯性（6.5.4.14 节至 6.5.4.16 节），以及特定需求（7.3.4.18 节至 7.3.4.19 节）；

5）软件设计规范满足通用需求中的可读性（5.3.2.7 节至 5.3.2.10 节）和可追溯性（6.5.4.14 节至 6.5.4.16 节），以及特定需求（7.3.4.20 节至 7.3.4.24 节）；

6）软件架构规范和软件设计规范在考虑软件和硬件之间约束的充分性。

如上结果应当记录进入软件架构和设计验证报告。

7.3.4.43 在软件集成测试规范、软件/硬件集成测试规范确定以后，验证应当着重于：

1）软件集成测试规范满足通用需求中的可读性（5.3.2.7 节至 5.3.2.10 节）和可追溯性（6.5.4.14 节至 6.5.4.16 节），以及特定需求（7.3.4.29 节至 7.3.4.32 节）；

2）软件/硬件集成测试规范满足通用需求中的可读性（5.3.2.7 节至 5.3.2.10 节）和可追溯性（6.5.4.14 节至 6.5.4.16 节），以及特定需求（7.3.4.33 节至 7.3.4.39 节）。

如上结果应当记录进入软件架构和设计验证报告。

12.1.2 条款理解与应用

1. 软件架构设计目标

首先，根据产品软件不同的 SIL 等级，标准对软件架构设计的阶段成果物进行了规定，软件架构设计输出文档见表 12-1。

表 12-1 软件架构设计输出文档

文档名称	SIL0	SIL1	SIL2	SIL3	SIL4
软件架构规范	HR	HR	HR	HR	HR
软件设计规范	HR	HR	HR	HR	HR
软件接口规范	HR	HR	HR	HR	HR
软件集成测试规范	HR	HR	HR	HR	HR
软件/硬件集成测试规范	HR	HR	HR	HR	HR
软件架构和设计验证报告	HR	HR	HR	HR	HR

软件架构规范应在软件需求规范的基础上，对软件的总体结构框架及软件处理机制、流程进行描述；软件设计规范和软件接口规范则对软件中的各功能模块、接口和采用的数据结构进行定义和描述。

软件集成测试规范应根据产品结构设计规范按照标准的要求对软件的结构、接口及设计进行详细描述。在软件需求规范的基础上，结构规范对软件的总体结构框架及软件处理机制、流程进行描述；设计和接口规范则对软件中的各功能模块、接口和采用的数据结构进行定义和描述。该文档为软件的详细设计提供依据，为后期具体代码的实现奠定基础。该文档一般包括软件集成测试的策略、测试用例的编写方法、测试的进入与退出条件、测试环境与工具的说明、测试的通过准则及覆盖率要求等内容。

软件/硬件集成测试规范是产品结构设计验证的依据，其内容除了覆盖软件功能外，还应涵盖电源测试、信号输入/输出测试、电气绝缘测试、电磁兼容测试、防雷电测试、环境应力测试等内容。

软件架构和设计验证报告对软件结构设计文档的充分性、完整性，使用的方法、工具和技术的适宜性，从事本阶段工作的人员能力等进行验证，并记录验证所使用的方法、过程、参与人员和结果等。

2. 软件架构设计技术措施

在软件架构方面，标准对不同SIL等级的技术措施要求见表12-2。

表12-2 软件架构设计技术措施要求

技术/方法	SIL0	SIL1	SIL2	SIL3	SIL4
防御性编程	-	HR	HR	HR	HR
故障检测与诊断	-	R	R	HR	HR
纠错码	-	-	-	-	-
检错码	-	R	R	HR	HR
失效断言编程	-	R	R	HR	HR
安全袋技术	-	R	R	R	R
多版本技术	-	R	R	HR	HR
恢复块	-	R	R	R	R
后向恢复	-	NR	NR	NR	NR
前向恢复	-	NR	NR	NR	NR
重试恢复机制	-	R	R	R	R
执行路径记忆	-	R	R	HR	HR
人工智能—故障纠正	-	NR	NR	NR	NR
软件动态重构	-	NR	NR	NR	NR
软件错误影响分析	-	R	R	HR	HR
故障弱化	-	R	R	HR	HR
信息隐藏	-	-	-	-	-
封装信息	R	HR	HR	HR	HR
完全接口定义	HR	HR	HR	HR	HR
正规方法	-	R	R	HR	HR
建模	R	R	R	HR	HR
结构化方法	R	HR	HR	HR	HR
计算机辅助设计和规范工具支持的建模	R	R	R	HR	HR

1）防御性编程

防御性编程是指设计可以检测其执行期间产生的异常控制流、数据流或数据值的程序，并以预定的和可接受的方式对这些流程做出反应。下面以二取二结构设计为例进行说明。

某软件涉及二取二架构的部分有：上电同步、周期同步、双CPU通信、协议解析和运行周期补偿等。硬件电路二取二结构示例如图12-1所示，其中同步机制采用外围硬件逻辑与处理器软件逻辑共同实现的方式，硬件采用或非门结构。

（1）软件上电，输出引脚nReady初态均为“1”，因此Syn为“0”，系统处于初态。

（2）软件从初态到同步状态要经过过渡态，故软件先由初始状态跳转到过渡态。

（3）过渡态时两通道处理器的 nReady 输出不同时为“0”，此时 Syn 为“0”，而同步状态时 Syn 引脚为“1”。

（4）由过渡态转向同步状态，程序在进程 2 中执行，在此进程中查询 Syn 引脚是否为“1”。

（5）如果 Syn 引脚依然为“0”，说明至少有一个处理器未就绪，应继续查询。如果 Syn 引脚为“1”，说明两个处理器均就绪，系统进入同步状态。

（6）同步完成后，程序在进程 3 中将处理器的 nReady 引脚置‘1’，系统重新进入过渡过程。

（7）在同步状态下，DSP-A 处理器首先向 DSP-B 处理器发送数据，然后再检测自身的接收缓冲是否已填满。

（8）如果不满，则继续查询；如果满，则接收数据。

（9）整个任务周期执行完毕时，处理器重新就绪，程序进程转向 2，开始下一次同步过程。

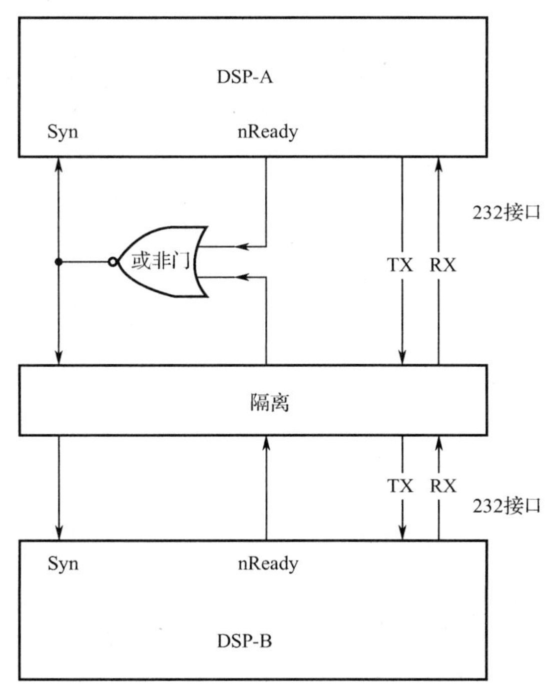

图 12-1　二取二结构示例

2）故障检测与诊断

故障检测是检查系统错误状态的过程（如前所述，由（子）系统中待检测的故障所引起）。故障检测的主要目的是抑制错误结果的影响。只能提供正确结果或没法提供结果的系统被称为“自检”系统。

故障检测功能可通过引入传感器感知、检错码程序等来实现，检测的内容涵盖物理量（如温度，电压等）和逻辑（如控制功能）。通过对检测结果的分析，可以实现对故障源的跟踪。

复杂系统由子系统组成。故障检测、诊断和故障补偿的效率取决于影响故障传播的子系统之间相互作用的复杂性。故障诊断隔离了可能被识别的最小子系统。而更小的子系统允许对故障进行更详细的诊断（识别错误状态）。

以某软件上电自检作为示例，软件在上电或复位后，检测以下内容：

- 检查整个 RAM 区域是否正常，包括外扩 RAM 和内部 RAM，以及外扩 RAM 对应的地址线；
- 检查整个 Flash 区域是否正常；
- 检查 CPU 内部资源，包括加法器、乘法器、结果寄存器、辅助寄存器（8 个）、溢出标志位、负标志位、零标志位、进位标志位等；
- 外部跳线配置及光耦状态 。

某软件上电自检流程如图 12-2 所示。

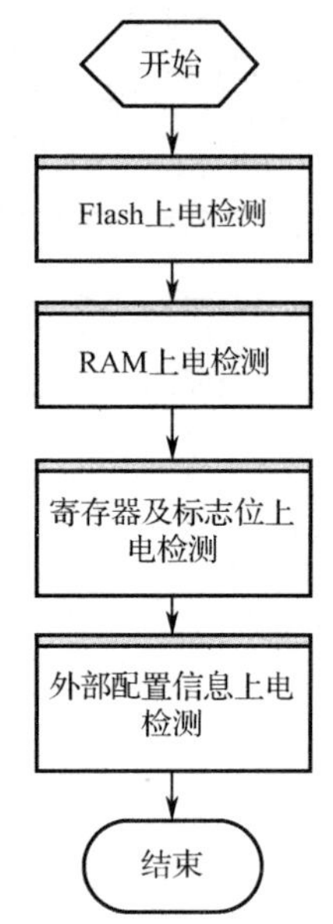

图 12-2　某软件上电自检流程图

3）纠错码（检错码）

纠错码（检错码）是在传输过程中发生错误后能在接收端自行纠正（发现）的码。仅用来发现错误的码一般常称为检错码，能够纠正错误码位的码常称为纠错码。为使一种码同时具有检错或纠错能力，需要对原码字增加多余的码元，以扩大码字之间的差别 ，即把原码字按某种规则变成有一定剩裕度的码字（见信源编码），并使每个码字的码之间有一定的关系。关系的建立称为编码。码字到达接收端后，可以根据是否满足编码规则来判定有无错误。当不能满足编码规则时，应按一定规则确定错误所在的位置并予以纠正。纠错并恢复原码字的过程称为译码。检错码与其他手段结合使用，可以纠错。典型的纠错码有汉明码、CRC 校验等。

4）失效断言编程

断言是编程术语，表示为一些布尔表达式，程序员相信在程序中的某个特定点该表达式值为真。使用断言可以创建更稳定、品质更好且不易于出错的代码。如果需要在值为 FALSE 时中断当前操作的话，可以使用断言。例如，assert 宏在 C 语言程序的调试中发挥着重要的作用，它用于检测不会发生的情况，表明一旦发生了这样的情况，程序就执行错误了。在 strcpy 函数中，失效断言按照如下方法实现：

```
char *strcpy(char *strDest, const char *strSrc)
{
    char *address = strDest;
    assert((strDest != NULL) && (strSrc != NULL));
    while ((*strDest++ = *strSrc++) != '\0')
        ;
    return address;
}
```

其中包含断言 assert((strDest != NULL) && (strSrc != NULL))，它的意思是源字符串和目的字符串的地址都不能为空，一旦为空，程序就执行错误了，会引发一个 abort 函数从而终止该进程。

5）安全袋技术

安全袋用于防止软件执行错误对系统安全产生不利的影响。该技术是通过在安全相关装备的外部设置独立的监视器来实现的。安全袋是一个根据不同规格说明在一台独立计算机上执行的外部监视器。这种技术可连续监控主机，以防止系统进入不安全状态。此外，如果它检查到主机进入了潜在的危险状态，系统将被安全袋或主机引入安全状态。某时钟检测程序的宕机处理机制是一种典型的安全袋方法，其结构如图 12-3 所示。

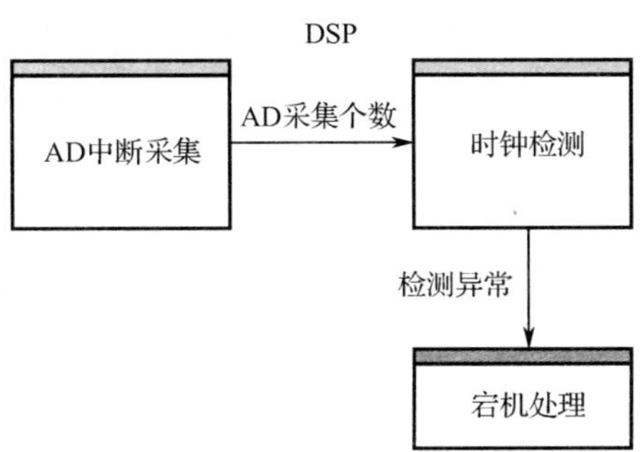

图 12-3　某时钟检测程序宕机处理结构

宕机处理模块处理流程如下：

- 关中断；
- 关闭动态方波输出；
- 报警引脚输出。

6）后向恢复

后向恢复技术的目标是使系统在故障状态下恢复正常功能。在实现方面，该技术需要频繁保留系统内部正常的工作状态。状态数据的存储可以采用增量或完整存储方式。当发现故障时，系统就会被软件恢复到最近的一个正常工作状态。

7）前向恢复

与后向恢复类似，恢复点设置在后续的某一个正常状态。

8）重试恢复机制

此项技术的目标是依靠重试机制尝试从已检测到的故障状况中恢复原有的功能。在检测到故障或错误的条件下，尝试以重新执行相同代码的方式来恢复原有的功能。在软件超时或执行一个任务监督指令后，重试恢复方式可以和重启、重新开始程序、小规模重计划、重开始任务等方式一样完善。重试技术广泛应用在通信故障检测或错误的恢复中，重试条件可以从通信协议错误（校验和等）或通信确认响应超时中获得。

9）执行路径记忆

此方法的目标是当执行未许可的路径时，强制软件失败。在软件执行期间，记录每个程序执行的所有相关细节。在正常操作期间，将每个程序执行与许可执行的集合进行比较，如有不同，则采取安全措施。执行记录可以是单个决策路径的顺序或对数组，还可以是单个访问数组、记录或两者的顺序。存储执行路径的不同方法是可能的。可以使用哈希码将执行序列映射到单个大数或数字序列上。在执行任何输出操作之前，应针对存储的情况进行执行路径值检查。因为在一个程序中，执行路径的组合个数会非常多，因此，本方法一般不能适用于整体程序，但可以应用于程序中的单位函数。因为决策路径在一个程序中的可能的组合会非常大，因此将程序作为一个整体来处理或许是不可行的。在这种情况下，可以在组件级应用该技术。

10）结构化方法

结构化方法的主要目的是通过将注意力集中在生命周期的早期阶段来提高软件开发的质量。该方法旨在通过精确和直观的程序或符号（由计算机辅助）来实现这一点，从而识别以逻辑顺序和结构化的方式存在的要求和功能实现。

结构化程序设计曾被称为软件发展中的第三个里程碑。该方法的要点如下。

（1）主张使用顺序、选择、循环三种基本结构来嵌套连结成具有复杂层次的“结构化程序”，严格控制 GOTO 语句的使用。用这样的方法编出的程序在结构上具有以下效果：

- 以控制结构为单位，只有一个入口、一个出口，所以能独立理解这一部分；
- 能够以控制结构为单位，从上到下顺序阅读程序文本；
- 由于程序的静态描述与执行时的控制流程容易对应，所以能够方便正确地理解程序的动作。

（2）“自顶而下，逐步求精”的设计思想，其出发点是从问题的总体目标开始，抽象低层的细节。先专心构造高层的结构，然后再一层一层地分解和细化。这使设计者能把握主题，高屋建瓴，避免一开始就陷入复杂的细节中，使复杂的设计过程变得简单明了，过程的结果也容易做到正确可靠。

（3）“独立功能，单出、入口”的模块结构，减少模块的相互联系，使模块可作为插件或积木使用，降低程序的复杂性，提高程序的可靠性。程序编写时，所有模块的功能通过相应的子程序代码来实现。程序的主体是子程序层次库，它与功能模块的抽象层次相对应，编码原则使得程序流程简洁、清晰，增强了程序的可读性。

12.2 软件组件设计、实现与测试

12.2.1 标准条款

7.4 Component design

7.4.1 Objectives

7.4.1.1 To develop a software component design that achieves the requirements of the Software Design Specification to the extent required by the software safety integrity level.

7.4.1.2 To develop a software component test specification that achieves the requirements of the Software Component Design Specification to the extent required by the software safety integrity level.

7.4.2 Input documents

1) Software Design Specification

7.4.3 Output documents

1) Software Component Design Specification,

2) Software Component Test Specification,

3) Software Component Design Verification Report.

7.4.4 Requirements

7.4.4.1 For each component, a Software Component Design Specification shall be written, under the responsibility of the Designer, on the basis of the Software Design Specification.

Requirements from 7.4.4.2 to 7.4.4.6 refer to the Software Component Design Specification.

7.4.4.2 For each software component, the following information shall be available

1) author,

2) configuration history, and

3) short description.

The configuration history shall include a precise identification of the current and all previous versions of the component, specifying the version, date and author, and a description of the changes made from the previous version.

7.4.4.3 The Software Component Design Specification shall address

1) identification of all lowest software units (e.g. subroutines, methods, procedures) traced back to the upper level,

2) their detailed interfaces with the environment and other components with detailed inputs and outputs,

3) their safety integrity level without any further apportionment within the component itself,

4) detailed algorithms and data structures.

Each Software Component Design Specification shall be self consistent and allow transforming into code of the corresponding components.

7.4.4.4 Each Software Component Design Specification shall be readable, understandable and testable.

7.4.4.5 The size and complexity of each developed Software Component shall be balanced.

7.4.4.6 The Software Component Design Specification shall choose techniques and measures from Table A.4. The selected combination shall be justified as a set satisfying 4.8 and 4.9.

7.4.4.7 For each component, a Software Component Test Specification shall be written, under the responsibility of the Tester, on the basis of the Software Component Design Specification.

The requirements from 7.4.4.8 to 7.4.4.10 refer to the Software Component Test Specification.

7.4.4.8 The Software Component Test Specification shall be written in accordance with the generic requirements established for a Test Specification (see 6.1.4.4).

7.4.4.9 A Software Component Test Specification shall be produced against which the component shall be tested. These tests shall show that each component performs its intended function. The Software Component Test Specification shall define and justify the required criteria and degree of test coverage to the extent required by the software integrity level. Tests shall be designed so as to fulfil three objectives:

1) to confirm that the component performs its intended functions (black box testing);

2) to check how the internal parts of the component interact to carry out the intended functions (black/white box testing);

3) to confirm that all parts of the component are tested (white box testing).

7.4.4.10 The Software Component Test Specification shall choose techniques and measures from Table A.5. The selected combination shall be justified as a set satisfying 4.8 and 4.9.

7.4.4.11 A Software Component Design Verification Report shall be written, under the responsibility of the Verifier, on the basis of the Software Design Specification, Software Component Design Specification and Software Component Test Specification.

Requirements from 7.4.4.12 to 7.4.4.13 refer to the Software Component Design Verification Report.

7.4.4.12 The Software Component Design Verification Report shall be written in accordance with the generic requirements established for a Verification Report (see 6.2.4.13).

7.4.4.13 After each Software Component Design Specification has been established, verification shall address

1) the adequacy of the Software Component Design Specification in fulfilling the Software Design Specification,

2) that the Software Component Design Specification meets general requirements for readability and traceability in 5.3.2.7 to 5.3.2.10 and in 6.5.4.14 to 6.5.4.17, as well as the specific requirements in 7.4.4.1 to 7.4.4.6,

3) the adequacy of the Software Component Test Specification as a set of test cases for the Software Component Design Specification,

4) that the Software Component Test Specification meets the general requirements for readability and traceability in 5.3.2.7 to 5.3.2.10 and in 6.5.4.14 to 6.5.4.17, as well as the specific requirements in 7.4.4.7 to 7.4.4.10,

5) the decomposition of the Software Design Specification into software components and the Software Component Design Specification with reference to

- feasibility of the performance required,
- testability for further verification, and
- maintainability to permit further evolution.

The results shall be recorded in a Software Component Design Verification Report.

7.5 Component implementation and testing

7.5.1 Objectives

7.5.1.1 To achieve software which is analysable, testable, verifiable and maintainable. Component testing is also included in this phase.

7.5.2 Input documents

1) Software Component Design Specification,

2) Software Component Test Specification.

7.5.3 Output documents

1) Software Source Code and supporting documentation

2) Software Component Test Report

3) Software Source Code Verification Report

7.5.4 Requirements

7.5.4.1 The Software Source Code shall be written under the responsibility of the Implementer on the basis of the Software Component Design Specification. Requirements from 7.5.4.2 to 7.5.4.4 refer to the software source code.

7.5.4.2 The size and complexity of the developed source code shall be balanced.

7.5.4.3 The Software Source Code shall be readable, understandable and testable.

7.5.4.4 The Software Source Code shall be placed under configuration control before the commencement of documented testing.

7.5.4.5 A Software Component Test Report shall be written, under the responsibility of the Tester, on the basis of the Software Component Test Specification and the Software Source Code.

Requirements from 7.5.4.6 to 7.5.4.7 refer to the Software Component Test Report.

7.5.4.6 The Software Component Test Report shall be written in accordance with the generic requirements established for a Test Report (see 6.1.4.5).

7.5.4.7 The Software Component Test Report shall include the following features.

1) A statement of the test results and whether each component has met the requirements of its Software Component Design Specification.

2) A statement of test coverage shall be provided for each component, showing that the required degree of test coverage has been achieved for all required criteria.

7.5.4.8 A Software Source Code Verification Report shall be written, under the responsibility of the verifier, on the basis of the Software Component Design Specification, the Software Component Test Specification and the Software Source Code.

Requirements from 7.5.4.9 to 7.5.4.10 refer to the Software Source Code Verification Report.

7.5.4.9 The Software Source Code Verification Report shall be written in accordance with the generic requirements established for a Verification Report (see 6.2.4.13).

7.5.4.10 After the Software Source Code and the Software Component Test Report have been established, verification shall address

1) the adequacy of the Software Source Code as an implementation of the Software Component Design Specification,

2) the correct use of the chosen techniques and measures from Table A.4 as a set satisfying 4.8 and 4.9,

3) determining the correct application of the coding standards,

4) that the Software Source Code meets the general requirements for readability and traceability in 5.3.2.7 to 5.3.2.10 and in 6.5.4.14 to 6.5.4.17, as well as the specific requirements in 7.5.4.1 to 7.5.4.4,

5) the adequacy of the Software Component Test Report as a record of the tests carried out in accordance with the Software Component Test Specification.

The results shall be recorded in a Software Source Code Verification Report.

7.4 组件设计

7.4.1 目的

7.4.1.1 开发一套软件模块设计，达到软件设计规范所要求的软件安全完整性等级程度。

7.4.1.2 开发一套软件模块测试规范，达到软件组件设计规范所要求的软件安全完整性等级程度。

7.4.2 输入文件

1）软件模块规范

7.4.3 输出文件

1）软件组件设计规范；

2）软件模块测试规范；

3）软件模块设计验证报告。

7.4.4 要求

7.4.4.1 对于每个组件，设计人员应当在软件设计规范的基础上编写软件组件设计规范。7.4.4.2 小节到 7.4.4.6 小节中的需求适用于该规范。

7.4.4.2 每个软件模块均应具备如下信息：

1）作者；

2）配置历史；

3）简短描述。

配置历史应当包含当前以及所有之前模块版本的精确标识，具体说明版本、日期、作者以及每一版本相对于上一版本的修改描述。

7.4.4.3 软件组件设计规范应当明确：

1）所有底层软件单元到上层的追溯关系（如子程序、方法、过程）；

2）与环境以及其他模块接口的详细输入和输出；

3）模块本身的安全完整性等级；

4）详细的算法和数据结构。

每个软件组件设计规范应具有内在一致性，并允许编写/转化成相应的模块代码。

7.4.4.4 每个软件组件设计规范均应是可读、可理解和可测试的。

7.4.4.5 每个开发的软件组件大小和复杂性应平衡。

7.4.4.6 软件组件设计规范将从表 A.4 中选择技术和措施，选定的组合应满足标准 4.8 节和 4.9 节的相关内容。

7.4.4.7 对于每个组件，软件组件测试规范应由测试人员根据软件组件设计规范编写，编写过程中遵照标准 7.4.4.8 节到 7.4.4.10 节条款的要求。

7.4.4.8 软件组件测试规范应根据测试规范建立的通用要求（见 6.1.4.4 节）进行编写。

7.4.4.9 应制订软件组件测试规范，对该组件进行测试。这些测试应显示每个组件都执行其预期功能。软件组件测试规范应定义和确定软件安全完整性等级所要求的标准和测试覆盖度。测试应可实现以下三个目标：

1）确认组件能够执行其预期功能（黑盒测试）；

2）检查组件的内部如何相互作用以执行预期功能（黑/白盒测试）；

3）确认组件的所有部件都已经过测试（白盒测试）。

7.4.4.10 软件组件测试规范应从表 A.5 中选择技术和措施。选定的组合应满足标准 4.8 节和 4.9 节的相关内容。

7.4.4.11 在软件架构设计规范、软件组件设计规范和软件组件测试规范的基础上，由验证人员负责编写软件组件设计验证报告。

7.4.4.12 软件组件设计验证报告应根据为验证报告确定的通用要求（见 6.2.4.13 节）编写。

7.4.4.13 每个软件组件设计规范建立完成后，应验证以下内容：

1）软件组件设计规范在实现软件架构设计规范时的充分性。

2）软件组件设计规范符合 5.3.2.7 节至 5.3.2.10 节和 6.5.4.14 节至 6.5.4.17 节中可读性和可追溯性的一般要求，以及 7.4.4.1 节至 7.4.4.6 节中的具体要求。

3）软件组件测试规范作为软件组件设计规范的一组测试用例的充分性。

4）软件组件测试规范符合 5.3.2.7 节至 5.3.2.10 节和 6.5.4.14 节至 6.5.4.17 节中的可读性和可追溯性的一般要求，以及 7.4.4.7 节至 7.4.4.10 节中的具体要求。

5）参考软件设计规范分解为软件组件和软件组件设计规范：

- 所需性能要求；

- 后续可测试性要求；
- 变更可维护性要求。

结果应记录在软件组件设计验证报告中。

7.5　组件实现与测试

7.5.1　目标

7.5.1.1　实现软件的可分析性、可测试性、可验证性和可维护性。组件测试也包括在此阶段。

7.5.2　输入文档

1）软件组件设计规范；

2）软件组件测试规范。

7.5.3　输出文档

1）软件源码和支撑文档；

2）软件组件测试报告；

3）软件源码验证报告。

7.5.4　要求

7.5.4.1　软件源代码应由软件组件设计规范的实施者负责编写。7.5.4.2 节至 7.5.4.4 节的要求参见软件源代码。

7.5.4.2　所开发源码的大小和复杂性应当均衡。

7.5.4.3　软件源码应当是可读的、可理解的和可测试的。

7.5.4.4　软件源码在开始测试记录前应当进行配置管理。

7.5.4.5　测试人员应当在软件组件测试规范和软件源码的基础上，编写软件组件测试报告。7.5.4.6 节到 7.5.4.7 节中的需求适用于该报告。

7.5.4.6　软件组件测试报告的编写应当与测试报告（见 6.1.4.5 小节）中的通用需求保持一致。

7.5.4.7　软件组件测试报告应当包含以下特性：

1）对测试结果以及每个组件是否满足其软件组件设计规范需求的陈述；

2）对每个组件应提供测试覆盖度的陈述，表明所有要求的测试准则均已达到预期的测试覆盖程度。

7.5.4.8　验证者应当在软件组件设计规范、软件组件测试规范和软件源码的基础上，编写软件源码验证报告。从 7.5.4.9 节到 7.5.4.10 节中的需求适用于该报告。

7.5.4.9　软件源码验证报告的编写应当与审核报告（见 6.2.4.13 节）中的通用需求保持一致。

7.5.4.10　在软件源码和软件组件测试报告确定以后，验证应明确以下内容：

1）软件源码作为软件组件设计规范实现方式的充分性；

2）从表 A.4 中选择的一组满足标准 4.8 节和 4.9 节所提需求的技术和方法的正确使用；

3）确定对编码标准的正确应用；

4）软件源码满足通用需求中的可读性（5.3.2.7 节至 5.3.2.10 节）和可追溯性（6.5.4.14 节至 6.5.4.16 节），以及特定需求（7.5.4.1 节至 7.5.4.4 节）；

5）软件组件测试报告作为软件组件测试规范的测试记录的充分性；
以上结果应当记录进入软件源码验证报告。

12.2.2 条款理解与应用

1. 软件组件设计目标

首先，根据产品软件不同的 SIL 等级，标准对软件组件设计的阶段成果物进行了规定，软件架构设计输出文档见表 12-3。

表 12-3 软件架构设计输出文档

文 档 名 称	SIL0	SIL1	SIL2	SIL3	SIL4
软件组件设计规范	R	HR	HR	HR	HR
软件组件测试规范	R	HR	HR	HR	HR
软件组件设计验证报告	R	HR	HR	HR	HR

软件组件设计规范对软件设计进行了详细描述，指导软件编程人员进行有效编程，为测试人员提供测试依据。该文档一般应包括的内容为：文档目的、范围、引用文件、软件整体设计、软件功能模块设计、单元函数设计。

软件组件测试规范针对软件组件测试，为测试人员提供测试标准，测试人员应严格按照测试规范执行组件测试阶段的测试工作。一般来讲，软件组件测试规范应包含的内容有：文档概述、术语、测试依据、参考文档、用例编号规则、测试环境搭建、测试方法说明、测试分析、覆盖分析等。

软件组件设计验证报告由验证者编写，主要内容是对项目中组件设计阶段的活动进行验证，并记录验证所使用的方法、过程、参与人员和结果等。验证报告的内容一般应包括验证目的、验证方式、验证人员、验证范围、验证过程及结果、验证结论。

2. 软件组件设计技术要求

在规定了软件组件设计阶段的成果物后，标准又对不同 SIL 等级软件功能的技术措施提出了要求，软件组件设计技术措施见表 12-4。

表 12-4 软件组件设计技术措施

技术、方法	SIL 0	SIL 1	SIL 2	SIL 3	SIL 4
形式化方法	-	R	R	HR	HR
建模	R	HR	HR	HR	HR
结构化方法	R	HR	HR	HR	HR
模块化方法	HR	M	M	M	M
组件设计	HR	HR	HR	HR	HR
设计和编码标准	HR	HR	HR	M	M
可分析程序	HR	HR	HR	HR	HR

续表

技术、方法	SIL 0	SIL 1	SIL 2	SIL 3	SIL 4
强类型编程语言	R	HR	HR	HR	HR
结构化程序设计	R	HR	HR	HR	HR
编程语言	R	HR	HR	HR	HR
语言子集	-	-	-	HR	HR
面向对象程序设计	R	R	R	R	R
过程式程序设计	R	HR	HR	HR	HR
元程序	R	R	R	R	R

1）形式化方法

形式化方法指使用严格的数学方法和工具来规范、设计和验证软件。典型的形式化语言包括 VDM 语言、Z 语言、Event-B 语言等。

形式化方法在软件开发中能够起到的作用是多方面的。首先是对软件需求的描述，软件需求描述是软件开发的基础。比如说一般非形式化的描述很可能导致描述的不明确和不一致，如果描述得不明确和不一致将导致设计、编程方面的错误，将来的修改所需要付出的代价就非常大了；如果导致的错误没有被发现，则会影响程序的可靠性和正常使用。形式化方法则要求描述具有明确性，而描述的不一致性也就相对易于被发现。其次是对软件设计的描述。软件设计的描述和软件需求的描述一样重要，形式化方法的优点对于软件需求的描述同样适用于对软件设计的描述，另外由于有了软件需求的形式化描述，我们可以检验软件的设计是否满足软件的要求。对于编程来讲，我们可以考虑自动代码生成。对于一些简单的系统，形式化的描述有可能直接转换成可执行程序，这就简化了软件开发过程，节约了资源并减少了出错的可能性。另外，形式化方法也可以用于程序的验证，以保证程序的正确性。对于测试来讲，形式化方法可用于测试用例的自动生成，这可以节约很多时间并在一定程度上保证测试用例的覆盖率。以下是 Event-B 语言描述程序逻辑的一个示例。

C 语言函数:

```
void FeedBank(int amount)
{
    If(amount > 0)
    piggybank = piggybank + amount;
}
```

Event-B 语言描述：

```
FeedBank ≙
ANY
    amount amount to be added to piggybank
WHERE
    grd1：amount∈N1 if amount were 0 then this event could always fire
THEN
```

```
act1：piggybank:= piggybank + amount
END
```

上述 C 语言代码经过 Event-B 语言形式化表达后，可以使用定理证明的方法对程序逻辑进行验证。

2）模型设计

模型是系统输入、处理和输出过程的抽象表示，用于分析、验证、仿真或代码生成，或者由此产生任何组合。一个模型应当是清晰的，无论其抽象层次是什么（引自 DO-331）。基于模型的设计应该能够更聚焦于需求，便于更早地对系统设计进行验证，提高系统设计的易理解性。一般来讲，模型设计应分为高层次模型设计和低层次模型设计，高层次模型描述系统的结构组成，低层次模型用于描述模块实现的控制流、数据流、状态机等。目前，支持模型设计的工具主要有 S-graphic、Simulink 和 SCADE，以下是一款速度曲线控制器的模式设计示例，如图 12-4、图 12-5 所示。

图 12-4 描述了某速度曲线控制器加速、减速、刹车等控制模块的组成机构及相互关系。在此基础上，图 12-5 具体描述了速度曲线控制器 Controller 模块中的 PID 控制算法。

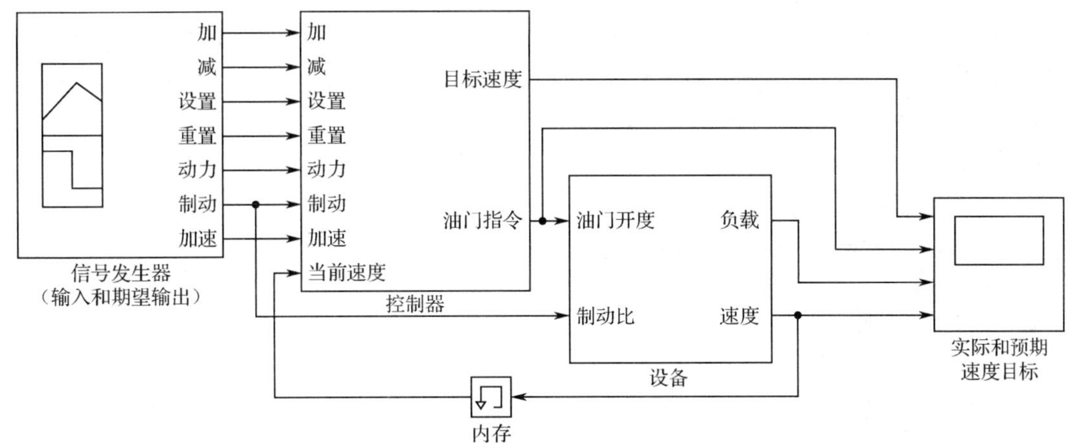

图 12-4　速度曲线控制器高层模型

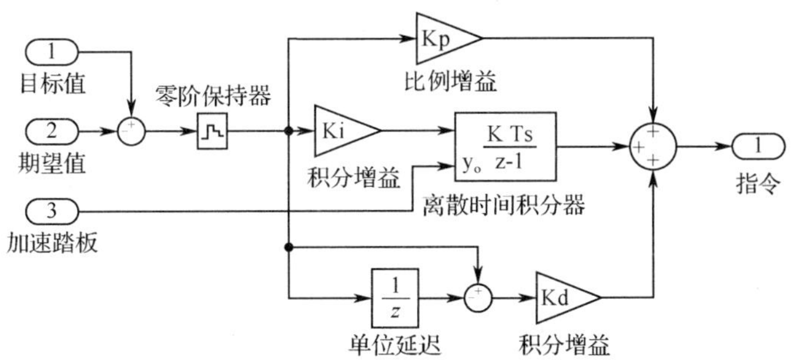

图 12-5　速度曲线控制器低层模型

3）模块化方法

模块化方法是将软件分解成小部件，以限制软件的复杂性。模块化方法包含软件项目的设计、编码和维护阶段的若干规则。这些规则根据设计中使用的设计方法的不同而有所不同。大多数方法包含以下规则：

- 模块/组件应由具有一个明确定义的任务或功能来实现；
- 模块/组件之间的连接应受到限制和严格的定义，同一个模块或组件的一致性应强；
- 应建立子程序集，提供多级模块/组件；
- 子程序只能有单个入口和单个出口；
- 模块/组件应可通过其接口与其他模块/组件进行通信。在使用全局或常用变量的情况下，应对其进行结构化，其访问应受到控制，其使用在每种情况下均应合理；
- 所有模块/组件接口应完整记录；
- 任何模块/组件接口应包含模块/组件功能所需的最少参数数量；
- 应指定参数数量的适当限制, 通常为5。

4）设计和编码标准

设计和编码标准是为了确保设计文档和代码编写的风格、方法约束的一致性，从而达到避免潜在错误的目的。常用的编码标准有：MISRA C/C++-2012、《MISRA C:2012 Guidelines for the use of the C language in critical systems》等。

5）可分析程序

可分析程序是指以易于实现程序分析的方式进行设计的程序。程序行为应在程序分析的基础上对程序进行完整的测试。为了实现这一目标，结构化编程的规则应遵循以下几点：

- 组件控制流程应由结构化构造组成；
- 组件应足够小；
- 通过组件的可能的路径数量很少；
- 输入和输出参数之间的关系应尽可能简单；
- 复杂计算不应用作分支和循环决策的基础；
- 不同类型映射之间的边界应简单。

6）强类型编程语言

此类语言通常允许用基本语言数据类型（如整数、实数）定义用户的数据类型。这些类型可以与基本类型采用完全相同的使用方式，但要严格检查以确保使用了正确的类型。即使这是建立在单独的编译单位基础之上的，这些检查在整个程序中是强制执行的。这些检查能够确保编译过程中所有参数的数目和类型都完全匹配。

此外强类型编程语言在实际工程中还支持良好的软件工程实践的其他方面，如易于分析控制结构，从而形成结构良好的程序。

强类型语言的典型例子有 C/C++、ST、Ada 和 Modula-2，非强制类语言的例子如 Python、Ruby 和 Javascript。

7）语言子集

语言子集是某种编程语言（如 C/C++语言）的使用规则的子集合，用于降低引入编程故障的概率。以 C 语言安全子集为例，其中有如下内容：

- 过程名禁止被重用；
- 标号名禁止被重用；
- 禁止使用动态内存分配方法；
- 在 switch 语句中必须有 default 语句；

● 实参与形参的个数必须一致。

8）面向对象程序设计

面向对象编程是一种全新的基于抽象思维的软件思维方式，它存在于现实世界中，而不是基于计算抽象编程。面向对象的编程将软件组织为包含数据结构和行为的对象的集合。而传统的编程只是把数据结构和行为松散地连接在一起。

（1）对象：对象由私有数据区域和操作集组成，并因此而得名。方法可能是公共的，也可能是私有的。不允许其他软件组件直接读取或更改对象的私有数据。每个其他软件组件都必须使用该对象上的公共方法来读取或写入对象私有数据区域中的数据。

（2）对象类：通过指定对象类，可以启用同一类的多个对象的实例化，即所有实例具有私有数据区域和对象类中定义的方法。

（3）（多个）继承：对象类可以继承私有数据区域和一个（或多个）超类（类层次结构中的上层对象类），允许添加一些私有数据，添加一些方法或修改继承方法的实现。使用继承可以构建多个对象类树。

（4）多态性：同一操作在不同的对象类上可能有不同的行为，例如终端对象的写操作会将字符写入该终端，而文件对象的写操作会将字符写入该文件。

以下是面向对象编程的一个范例：

```
class Mediator {
    protected $events = array();
    public function attach($eventName, $callback) {
        if (!isset($this->events[$eventName])) {
            $this->events[$eventName] = array();
        }
        $this->events[$eventName][] = $callback;
    }
    public function trigger($eventName, $data = null) {
        foreach ($this->events[$eventName] as $callback) {
            $callback($eventName, $data);
        }
    }
}
$mediator = new Mediator;
$mediator->attach('load', function() { echo "Loading"; });
$mediator->attach('stop', function() { echo "Stopping"; });
$mediator->attach('stop', function() { echo "Stopped"; });
$mediator->trigger('load'); // prints "Loading"
$mediator->trigger('stop'); // prints "StoppingStopped"
```

面向对象的编程强调使用对象的编程范式（包含数据域、方法以及它们之间的交互）来设计程序。

9）过程式程序设计

过程式程序设计是基于过程调用的编程。过程式程序设计强调为了达到预定的状态而执行指定的步骤。以下是过程式程序设计的一个范例：

```
$m = mysqli_connect(...);
$res = mysqli_query($m, $query);
$results = array();
while ($row = mysqli_fetch_assoc($res)) {
    $results[] = $row;
}
```

虽然用到了对象，但它实际上也是过程式编程。

10）元程序

用来生成代码的程序被称为元程序。C++语言中的模板就是常见的一种元程序编写方法，示例如下：

```
#include <iostream>
// 函数模板
template<typename T>
bool equivalent(const T& a, const T& b){
    return !(a < b) && !(b < a);
}
// 类模板
template<typename T=int>                                    // 默认参数
class bignumber{
    T _v;
public:
    bignumber(T a) : _v(a) { }
    inline bool operator<(const bignumber& b) const;    // 等价于 (const bignumber<T> b)
};
// 在类模板外实现成员函数
template<typename T>
bool bignumber<T>::operator<(const bignumber& b) const{
    return _v < b._v;
}
int main()
{
    bignumber<> a(1), b(1);                                 // 使用默认参数，"<>"不能省略
    std::cout << equivalent(a, b) << '\n';                  // 函数模板参数自动推导
    std::cout << equivalent<double>(1, 2) << '\n';
```

```
        std::cin.get();
        return 0;
    }
```

元编程一言以蔽之，就是用“代码”生成（操纵）“代码”。元编程常见的应用场景很多，典型的如扩展（重构）语法、DSL、自动生成代码等。

12.3 软件集成

12.3.1 标准条款

7.6 Integration

7.6.1 Objectives

7.6.1.1 To carry out software and software/hardware integration.

7.6.1.2 To demonstrate that the software and the hardware interact correctly to perform their intended functions.

7.6.2 Input documents

1) Software/Hardware Integration Test Specification,

2) Software Integration Test Specification.

7.6.3 Output documents

1) Software Integration Test Report,

2) Software/Hardware Integration Test Report,

3) Software Integration Verification Report.

7.6.4 Requirements

7.6.4.1 The integration of software components shall be the process of progressively combining individual and previously tested components into a composite whole in order that the components interfaces and the assembled software may be adequately proven prior to system integration and system test.

7.6.4.2 During software/hardware integration any modification or change to the integrated system shall be subject to an impact study which shall identify all components impacted and the necessary reverification activities.

7.6.4.3 A Software Integration Test Report shall be written, under the responsibility of the Integrator, on the basis of the Software Integration Test Specification Requirements from 7.6.4.4 to 7.6.4.6 refer to the Software Integration Test Report.

7.6.4.4 The Software Integration Test Report shall be written in accordance with the generic requirements established for a Test Report (see 6.1.4.5).

7.6.4.5 A Software Integration Test Report shall be produced as follows:

1) a Software Integration Test Report shall be produced stating the test results and whether

the objectives and criteria of the Software Integration Test Specification have been met. If there is a failure, the circumstances for the failure shall be recorded;

2) test cases and their results shall be recorded, preferably in machine readable form for subsequent analysis;

3) tests shall be repeatable and, if practicable, be performed by automatic means;

4) the Software Integration Test Report shall document the identity and configuration of all the items involved.

7.6.4.6 The Software Integration Test Report shall demonstrate the correct use of the chosen techniques and measures from Table A.6 as a set satisfying 4.8 and 4.9.

7.6.4.7 A Software/Hardware Integration Test Report shall be written, under the responsibility of the integrator, on the basis of the Software/Hardware Integration Test Specification.

Requirements from 7.6.4.8 to 7.6.4.10 refer to the Software/Hardware Integration Test Report.

7.6.4.8 The Software/Hardware Integration Test Report shall be written in accordance with the generic requirements established for a Test Report (see 6.1.4.5).

7.6.4.9 A Software/Hardware Integration Test Report shall be produced as follows:

1) the Software /Hardware Integration Test Report shall state the test results and whether the objectives and criteria of the Software/Hardware Integration Test Specification have been met. If there is a failure, the circumstances of the failure shall be recorded;

2) test cases and their results shall be recorded, preferably in a machine-readable form for subsequent analysis;

3) the Software/Hardware Integration Test Report shall document the identity and configuration of all items involved.

7.6.4.10 The Software/Hardware Integration Test Report shall demonstrate the correct use of the chosen techniques and measures from Table A.6 as a set satisfying 4.8 and 4.9.

7.6.4.11 A Software Integration Verification Report shall be written, under the responsibility of the Verifier, on the basis of the Software and Software/Hardware Integration Test Specifications and the corresponding test reports.

Requirements from 7.6.4.12 to 7.6.4.13 refer to the Software Integration Verification Report.

7.6.4.12 The Software Integration Verification Report shall be written in accordance with the generic requirements established for a Verification Report (see 6.2.4.13).

7.6.4.13 After the Software Integration Test Report and the Software/Hardware Integration Test Report have been established, verification shall address

1) the adequacy of the Software Integration Test Report as a record of the tests carried out in accordance with the Software Integration Test Specification,

2) whether the Software Integration Test Report meets the requirements for readability and traceability in 5.3.2.7 to 5.3.2.10 and in 6.5.4.14 to 6.5.4.17, as well as the specific requirements

in 7.6.4.3 to 7.6.4.6,

3) the adequacy of the Software/Hardware Integration Test Report as a record of the tests carried out in accordance with the Software/Hardware Integration Test Specification,

4) whether the Software/Hardware Integration Test Report meets the general requirements for readability and traceability in 5.3.2.7 to 5.3.2.10 and in 6.5.4.14 to 6.5.4.17, as well as the specific requirements in 7.6.4.7 to 7.6.4.10.

7.6 软件集成

7.6.1 目标

7.6.1.1 实现软件与软件/硬件集成。

7.6.1.2 证明软件和硬件之间交互正确，实现了其预期功能。

7.6.2 输入文档

1）软件/硬件集成测试规范；

2）软件集成测试规范。

7.6.3 输出文档

1）软件集成测试报告；

2）软件/硬件集成测试报告；

3）软件集成验证报告。

7.6.4 要求

7.6.4.1 为了确保在系统集成和系统测试之前，软件组件及其接口已经过充分验证，软件的集成应该将已经过验证的软件模块逐步组装成软件组件。

7.6.4.2 在软件/硬件集成过程中，对于集成系统中的任何修改或变更均应进行研究，该研究应识别所有受影响的组件并进行必要的重验证活动。

7.6.4.3 软件集成人员应根据软件集成测试规范编写软件集成测试报告。

7.6.4.4 软件集成测试报告的编写应当与测试报告（见 6.1.4.5）中的通用需求保持一致。

7.6.4.5 软件集成测试报告应参照如下形式生成：

1）软件集成测试报告应说明测试结果，以及是否达到软件集成测试规范中的目标和要求。如果存在异常情况，应当对产生该异常的状况进行记录。

2）应记录测试用例及其测试结果，最好采用机器可读的形式进行记录以便进行后续的分析。

3）测试应当是可重复的，在可行的情况下，应采用自动化测试方法。

4）软件集成测试报告应详细记录所有相关要素的标识及其配置信息。

7.6.4.6 软件集成测试报告应证明其正确使用了从表 A.6 中选择的满足 4.8 节和 4.9 节所述需求的一组技术和方法。

7.6.4.7 集成人员应在软件/硬件集成测试规范的基础上编写软件/硬件集成测试报告。7.6.4.8 节到 7.6.4.10 节中提出的需求适用于该报告。

7.6.4.8 软件/硬件集成测试报告的编写应当与测试报告（见 6.1.4.5）中的通用需求保持一致。

7.6.4.9　软件/硬件集成测试报告应参照如下形式产生：

1）软件/硬件集成测试报告应说明测试结果，以及是否达到软件/硬件集成测试规范中的目标和要求。如果存在异常情况，应当对产生该异常的状况进行记录。

2）应记录测试用例及其测试结果，最好采用机器可读的形式进行记录以便后续的分析。

3）软件/硬件集成测试报告应详细记录所有相关要素的标识及其配置信息。

7.6.4.10　软件/硬件集成测试报告应证明其正确使用了从表 A.6 中选择的满足 4.8 节和 4.9 节中所述需求的一组技术和方法。

7.6.4.11　验证人员应在软件集成测试规范、软件/硬件集成测试规范以及相应测试报告的基础上，编写软件集成验证报告。该报告应适用于标准中 7.6.4.12 小节到 7.6.4.13 小节的要求。

7.6.4.12　软件集成验证报告的编写应当与验证报告（见 6.2.4.13）中的通用需求保持一致。

7.6.4.13　在软件集成测试报告和软件/硬件集成测试报告建立完成后，验证应明确以下几点：

1）软件集成测试报告中的测试记录是否能够证明测试充分并且依照软件集成测试规范开展；

2）软件集成测试报告是否满足通用需求中的可读性（5.3.2.7 节至 5.3.2.10 节）和可追溯性（6.5.4.14 节至 6.5.4.17 节）以及特定需求（7.6.4.3 节至 7.6.4.6 节）；

3）软件/硬件集成测试报告中的测试记录是否能够证明测试充分并且依照软件/硬件集成测试规范开展；

4）软件/硬件集成测试报告是否满足通用需求中的可读性（5.3.2.7 节至 5.3.2.10 节）和可追溯性（6.5.4.14 节至 6.5.4.17 节）以及特定需求（7.6.4.7 节至 7.6.4.10 节）。

12.3.2　条款理解与应用

集成是将软件部件结合在一起的过程。集成的方法有自顶向下集成和自底向上集成。自顶向下的集成通常从主函数开始，对于主函数中还没有集成的部件，使用桩函数代替。逐个使用部件替换桩函数，当所有桩函数都被替换后，软件集成完成。之后再对集成后的软件进行测试。自底向上集成从最底层的模块开始集成，底层部件使用驱动进行测试。驱动模拟分级树中相邻上层的部件，然后沿着分级向上集成部件。

另外，也许单个部件可以在单元测试的时候执行得很正确，但是当多个单元集成后却产生了错误的执行结果。当部件被集成时，数据的传递、调用的次序、共享数据的访问都有可能出错。为了避免集成阶段可能存在的问题，软件集成测试与软件/硬件集成测试必不可少。

根据标准要求，软件集成阶段产生的成果物见表 12-5。

软件集成测试报告的目的在于总结和分析软件集成阶段的测试结果，判断集成后的软件是否满足软件架构设计的相关要求。该报告的内容应包括测试目标、测试依据、测试环境、测试对象（明确软件版本）、测试结果、测试覆盖率分析和测试结论。

表 12-5 软件集成阶段成果物要求

文档名称	SIL0	SIL1	SIL2	SIL3	SIL4
软件集成测试报告	HR	HR	HR	HR	HR
软件/硬件集成测试报告	HR	HR	HR	HR	HR
软件集成验证报告	HR	HR	HR	HR	HR

软件/硬件集成测试报告的目的在于总结和分析软件和硬件集成阶段的测试结果，判断软件/硬件集成后的模块是否满足模块架构设计的相关要求。报告内容在软件集成测试报告的基础上，应补充测试对象的硬件参数及版本、硬件模块测试目标及测试结果、测试的假设与局限性分析等内容。

软件集成验证报告由验证者编写，对子系统软件测试文档的充分性、完整性，使用的方法、工具和技术的适宜性，以及从事本阶段工作的人员的能力等进行验证，并记录了验证所使用的方法、过程、参与人员和结果等。本阶段验证报告的内容一般包括目标、范围、依据、验证方式、验证时间、验证人员、验证记录、验证结论。验证记录的内容应包括本阶段输入/输出信息的验证、人员能力的验证、测试过程的验证、方法工具的验证等。

软件集成阶段应采取的技术措施见表 12-6。

表 12-6 软件集成阶段应采用的技术措施

技术/方法	SIL 0	SIL 1	SIL 2	SIL 3	SIL 4
黑盒功能测试	HR	HR	HR	HR	HR
性能测试	-	R	R	HR	HR

1）黑盒功能测试

黑盒功能测试根据软件架构设计的要求，对集成后的模块进行验证，一般包括功能确认、接口测试和边界异常测试。

（1）功能确认。

- 根据软件结构设计规范的功能描述，对软件的各项功能逐一进行验证。为了正确设计测试用例，使每一个功能均能被全面地测试，首先应对各种功能加以分解，得到最低层次的子功能；
- 在对软件的各项子功能逐一进行测试时，对被测试软件的可选择项目和输入数据用等价类划分和边界值分析的方法进行分类，每一个等价类和边界值都要分别设计测试用例；
- 评审测试用例集，保证测试用例集的全面性、可实施性和规范性；
- 测试软件每个功能对输入数据的接收能力和过滤非法数据的能力。

（2）接口测试。

- 根据软件结构设计规范中的接口描述设计用例，检验软件接口的正确性和一致性；
- 评审测试用例集，保证测试用例集的全面性、可实施性和规范性；
- 在测试过程中如果发现问题，测试组应及时、详细填写软件问题报告。

（3）边界及异常测试。

- 通过分析软件单元的输入域范围，确定每个输入值的边界范围；
- 考察输入值从逼近边界、到达边界到刚超出边界时软件的处理情况。

2）性能测试

针对嵌入式系统的性能测试，重点考虑时间响应、内存占用和中断响应三种情况，测试方法一般为WECT分析、内存裕量分析和中断分析。

（1）WECT分析。WECT分析即为最坏情况下的执行时间分析。了解一个程序的时间特性对于实时系统来说极其重要。WECT 分析是在目标环境中的一个给定的处理器上，完成一组任务执行的最长可能时间。开展WECT分析来验证最坏情况时间是否在给定的时间范围内。

在开展WECT分析时，一般对代码中的每个分支和循环进行分析，确定代码中最坏情况的执行路径；然后再将最坏情况执行路径中的每个分支和循环的时间累加在一起，得出WECT。该分析需要通过实际的时间测量进行验证。

有多个因素会使WECT分析复杂化，包括中断、带有多个判断步骤的算法、缓存使用、调度方法以及实时操作系统的使用等。在进行分析时，需要根据实际情况，将上述因素考虑在内。

（2）内存裕量分析。执行内存裕量分析以确保有足够的裕量供产品运行。分析所有使用的内存，包括非易失性内存（NVM）、随机访问内存（RAM）、堆、栈以及任何动态分配内存。例如，栈通常通过分析源码来确定在例程处理和中断处理时最深的函数调用树。这些函数用于从组合的调用树确定最大栈的内存大小。

（3）中断分析。对于实时系统，经常执行中断分析来进行验证：软件使能的所有中断都被软件中定义的相应中断服务例程（ISR）正确处理；没有未使用的ISR。中断分析包括检查源代码以确定开启的中断集合，并验证每个使能的中断都有一个 ISR 存在。一般对每个 ISR进行分析以确定如下内容：

- ISR被正确放置于内存；
- 在ISR的开头，系统上下文得到保存；
- ISR 中执行的操作对于相应的物理中断是合适的。例如，在中断上下文中不允许阻塞式操作；
- 在ISR中发生的所有时间关键操作应在任何其他中断可以发生之前完成；
- 在把数据传递给控制回路之前屏蔽中断；
- 为传递数据而屏蔽中断的时间是最小化的；
- 在ISR结束时恢复系统上下文。

12.4 系统确认

当集成测试结束后，软件和硬件就全部组装到一起了，接口错误已经被发现并修正了，软件测试的最后一部分——系统确认就可以开始了。

12.4.1 标准条款

7.7 Overall Software Testing / Final Validation

7.7.1 Objectives

7.7.1.1 To analyse and test the integrated software and hardware to ensure compliance with the Software Requirements Specification with particular emphasis on the functional and safety aspects according to the software safety integrity level and to check whether it is fit for its intended application.

7.7.2 Input documents

1) Software Requirements Specification,

2) Overall Software Test Specification,

3) Software Verification Plan,

4) Software Validation Plan,

5) All Hardware and Software Documentation including intermediate verification results,

6) System Safety Requirements Specification.

7.7.3 Output documents

1) Overall Software Test Report

2) Software Validation Report

3) Release Note

7.7.4 Requirements

7.7.4.1 An Overall Software Test Report shall be written, under the responsibility of the Tester, on the basis of the Overall Software Test Specification.

Requirements from 7.7.4.2 to 7.7.4.4 refer to the Overall Software Test Report.

7.7.4.2 The Overall Software Test Report shall be written in accordance with the generic requirements established for a Test Report (see 6.1.4.5).

7.7.4.3 The Validator shall specify and perform supplementary tests on his discretion or have them performed by the Tester. While the Overall Software Tests are mainly based on the structure of the Software Requirements Specification, the added value the Validator shall contribute, are tests which stress the system by complex scenarios reflecting the actual needs of the user.

7.7.4.4 The results of all tests and analyses shall be recorded in a Overall Software Test Report.

7.7.4.5 The software shall be exercised either by connection to real items of hardware or actual systems with which it would interface in operation, or by simulation of input signals and loads driven by outputs. It shall be exercised under conditions present during normal operation, anticipated occurrences and undesired conditions requiring system action. Where simulated inputs or loads are used it shall be shown that these do not differ significantly from the inputs and loads encountered in operation.

NOTE　Simulated inputs or loads might replace inputs or loads which are only present at system level or in faulty modes.

7.7.4.6　A Software Validation Report shall be written, under the responsibility of the Validator, on the basis of the Software Validation Plan.

Requirements from 7.7.4.7 to 7.7.4.11 refer to the Software Validation Report.

7.7.4.7　The Software Validation Report shall be written in accordance with the generic requirements established for the Validation Report (see 6.3.4.7 to 6.3.4.11).

7.7.4.8　Once integration is finished and overall software testing and analysis are complete, a Software Validation Report shall be produced as follows:

1) it shall state whether the objectives and criteria of the Software Validation Plan have been met. Deviations to the plan shall be recorded and justified;

2) it shall give a summary statement on the tests results and whether the whole software on its target machine fulfils the requirements set out in the Software Requirements Specification;

3) an evaluation of the test coverage on the requirements of the Software Requirements Specification shall be provided;

4) an evaluation of other verification activities in accordance to the Software Verification Plan and Report shall be done together with a check that requirements tracing is fully performed and covered;

5) if the Validator produces own test cases not given to the Tester the Software Validation Report shall document these in accordance with 6.3.4.7 to 6.3.4.11.

7.7.4.9　The Software Validation Report shall contain the confirmation that each combination of techniques or measures selected according to Annex A is appropriate to the defined software safety integrity level. It shall contain an evaluation of the overall effectiveness of the combination of techniques and measures adopted, taking account of the size and complexity of the software produced and taking into account the actual results of testing, verification and validation activities.

7.7.4.10　The following shall be addressed in the Software Validation Report:

1) documentation of the identity and configuration of the software;

2) statement of appropriate identification of technical support software and equipment;

3) statement of appropriate identification of simulation models used;

4) statement about the adequacy of the Overall Software Test Specification;

5) collection and keeping track of any deviations found;

6) review and evaluation of all deviations in terms of risk (impact);

7) a statement that the project has performed appropriate handling of corrective actions in accordance with the change management process and procedures and with a clear identification of any discrepancies found;

8) statement of each restriction given by the deviations in a traceable way;

9) a conclusion whether the software is fit for its intended application, taking into account the application conditions and constraints.

7.7.4.11 Any discrepancies found, including detected errors and non-compliances with this European Standard or with any of the software requirements or plans, as well as constraints and limitations, shall be clearly identified in a separate sub-clause of the Software Validation Report, evaluated regarding the safety integrity level and included in any Release Note which accompanies the delivered software.

7.7.4.12 A Release Note which accompanies the delivered software shall include all restrictions in using the software. These restrictions are derived from

1) the detected errors,

2) non-compliances with this European Standard,

3) degree of fulfilment of the requirements,

4) degree of fulfilment of any plan.

7.7 软件系统测试/最终确认

7.7.1 目标

7.7.1.1 分析和测试集成后的软件和硬件，以确保其符合软件需求规范。重点是分析和测试功能与安全方面是否符合软件安全完整性等级的要求，并检查其是否适合其预期应用。

7.7.2 输入文档

1）软件需求规格说明；

2）总体软件测试规范；

3）软件验证计划；

4）软件确认计划；

5）所有硬件和软件文档包括中间验证结果；

6）系统安全性需求规格说明。

7.7.3 输出文档

1）整体软件测试报告；

2）软件验证报告；

3）发布说明。

7.7.4 要求

7.7.4.1 测试者应在整体软件测试规范的基础上，编写整体软件测试报告。

7.7.4.2 整体软件测试报告的编写应与测试报告（见6.1.4.5）中的通用需求保持一致。

7.7.4.3 确认者应根据自己的判断进行补充性测试，测试可由自己进行，也可指定测试人员执行。由于整体软件测试主要基于软件需求规范的架构，确认者补充的测试应着重于反映实际用户需求的复杂场景。

7.7.4.4 所有测试和分析的结果应记录进入整体软件测试报告。

7.7.4.5 软件应被加载到具有操作接口的硬件模块或系统中实际运行，或通过仿真输入信号和负载来运行。软件运行的环境应考虑系统工作可能遇到的正常、异常条件。

注：对于只出现在系统级或故障模式中的输入或负载，可用模拟输入或负载代替。

7.7.4.6　确认者应在软件确认计划的基础上编写软件确认报告。标准 7.7.4.7 节到 7.7.4.11 节提出的要求适用于该报告。

7.7.4.7　软件确认报告的编写应与确认报告（见 6.3.4.7 至 6.3.4.11）中的通用需求保持一致。

7.7.4.8　在集成工作结束，整体软件测试和分析完成后，软件确认报告应参照如下内容生成：

1）应申明软件确认计划中的目标和准则是否被满足，应记录和判断实际情况与计划的偏差；

2）应对测试结果进行总结陈述，表明目标机器上的整个软件是否实现了软件需求规范中的要求；

3）应提供对软件需求规范中要求的测试覆盖率的评估；

4）应同时根据完成的软件验证计划和报告对其他验证活动进行评估，并检查需求追溯是否全部完成；

5）如果确认者自行新增了测试用例且未交给其他测试人员执行，软件确认测试报告应当根据 6.3.4.7 节至 6.3.4.11 节中的要求对其进行详细记录。

7.7.4.9　软件确认报告应证明从附录 A 中选择的每种技术和方法的组合适用于预期的软件安全完整性等级，其应包含对所采用技术和方法组合的整体有效性的评估，应考虑软件的大小和复杂性，并考虑实际测试结果、验证和确认活动。

7.7.4.10　软件确认报告应明确以下方面内容：

1）软件标识和配置信息的文档；

2）技术支持软件和设备的适当识别声明；

3）使用的仿真模型的适当识别声明；

4）整体软件测试规范充分性声明；

5）收集和跟踪发现的任何偏差；

6）审查和评估所有偏差带来的各种风险（或影响）；

7）声明该项目已按照变更管理流程和程序对纠正措施进行适当处理，并对发现的不符合之处有明确的标识；

8）以可追溯的方式对偏差带来的各种限制进行声明；

9）在考虑应用条件和约束软件的基础上，给出软件是否符合其预期应用的结论。

7.7.4.11　对于发现的任何差异，包括检测出的错误，与该欧洲标准或与该软件的任何需求、计划以及其约束和限制不一致的地方，应当在该软件确认报告的独立子条款中清晰地说明。

7.7.4.12　软件交付说明中应说明软件的使用限制条件。这些限制源于：

1）检测出的错误；

2）与本欧洲标准不一致之处；

3）对需求的实现程度；

4）任何计划的完成程度。

12.4.2 条款理解与应用

1. 系统确认阶段依据文档

系统确认是证明软件功能、性能、安全性、可靠性等属性满足系统需求的活动，该活动一般采用黑盒测试手段开展。首先，测试计划应列出要进行测试的种类，并定义为了发现和需求不一致的错误而使用的详细测试用例及相应的工具和环境。系统确认测试的依据应该为系统需求规范。

2. 系统确认阶段成果物

标准规定了系统确认阶段应输出的成果物，包括整体软件测试报告、软件确认报告、工具确认报告和系统发布说明，系统确认阶段成果物见表12-7。

表12-7 系统确认阶段成果物

技术/方法	SIL 0	SIL 1	SIL 2	SIL 3	SIL 4
整体软件测试报告	HR	HR	HR	HR	HR
软件确认报告	HR	HR	HR	HR	HR
工具确认报告	R	HR	HR	HR	HR
系统发布说明	HR	HR	HR	HR	HR

整体软件测试报告描述系统测试工作过程中的主要活动，并对测试结果进行汇总与统计。通过对系统测试中发现的问题的全面分析，对被测产品的质量做出评估。系统确认阶段依据文档用于描述系统测试的工作内容及其实施情况，总结本系统测试的测试过程，总结测试结果，并对测试结果进行分析。

该报告一般包括如下内容：

- 说明了系统测试报告的标题、缩略语和被测系统的概述，以及系统确放阶段依据文档的简介。
- 在测试依据和引用文档中，描述了系统测试的测试依据及参考的开发文档、测试文档；
- 在测试过程中，总结了系统测试过程中的主要活动的执行情况。
- 在测试结果中，描述了测试期间发现问题情况和问题更改情况，并对这些问题进行统计分析。

软件确认报告应描述确认人员在确认工作过程中的主要活动，以及确认结果的汇总与统计信息，内容包括描述软件确认目标、描述确认阶段被检查的成果以及确认方法、软件确认问题记录和软件确认结果。

工具确认报告应在软件确认报告的内容框架下，重点阐述软件开发工具安装步骤、软件开发工具的参数配置、软件开发工具的编译链接过程、配管管理情况和软件开发工具符合IEC 62279:2015标准的情况。

系统发布说明记录系统发布的功能、应用条件、软件/硬件兼容性和使用限制、发布人员、发布版本、变更情况等。

3. 系统确认阶段技术措施

1）性能测试

系统确认阶段的性能测试是针对整体系统性能的测试，该测试的目标是站在用户的角度对系统关键性能指标的确认。测试需要对系统和软件的需求规范进行分析，以确定所有通用的和特定的、明确的和隐含的性能要求。

表 12-8 系统确认技术措施

技术/方法	SIL 0	SIL 1	SIL 2	SIL 3	SIL 4
性能测试	-	HR	HR	M	M
功能和黑盒测试	HR	HR	HR	M	M
建模	-	R	R	R	R
要求： 软件安全完整性等级 1 和 2 的技术的批组合是 1 和 2。					

在系统确认阶段，确认的重点一般聚焦于负载压力和系统响应。负载压力测评内容包括：

- 用手工或软件测试工具使系统处理的信息量超出软件设计允许的最大值，测试软件对超出范围的内容是否接收和处理，如果不能处理，是否给用户明确的提示；
- 用手工或软件测试工具使数据传输（如内存的写入和读出，外部设备的数据传输等）超出饱和后，记录系统的反应和处理；
- 设计测试用例使存储范围（如缓冲区、表格区和临时信息区）从额定值逐渐增加，同时记录系统的反应、处理和超出额定的值；
- 分别设计测试用例，测试系统在接口故障、人为错误操作、外部干扰情况中的反应，检测软件是否存在保护措施、提示信息，验证系统在遇到意外情况下的健壮性。

系统响应测试是依据系统和软件需求规范中的系统响应要求，测试和评估每个系统功能的资源使用情况和响应时间。

2）功能和黑盒测试

在系统确认阶段的功能和黑盒测试主要按照β测试的模式。β测试是由软件的最终用户在一个或多个用户场所来进行的，是在真实使用环境下或是与真实使用环境极其相似的环境下开展的测试。在此阶段测试的着重点应聚焦在测试用例的设计与生成方面，以便最大程度地覆盖各种使用的场景。使用的技术手段一般包括组合测试、边界值分析、等价类划分和因果图分析。

第13章 软件部署与维护

13.1 软件部署

在产品软件研发与测试完成的，软件研发所有的相关资料（如计划、需求、设计、代码、测试报告、配置文件等）需要经过正式的部署过程，并应对其进行持续维护。

13.1.1 标准条款

> 9. Software deployment and maintenance
>
> 9.1 Software deployment
>
> 9.1.1 Objective
>
> 9.1.1.1 To ensure that the software performs as required, preserving the required software safety integrity level and dependability when it is deployed in the final environment of application.
>
> 9.1.2 Input documents
>
> All design, development and analysis documents relevant to the deployment.
>
> 9.1.3 Output documents
>
> 1) Software Release and Deployment Plan,
>
> 2) Software Deployment Manual,
>
> 3) Release Notes,
>
> 4) Deployment Records,
>
> 5) Deployment Verification Report.
>
> 9.1.4 Requirements
>
> 9.1.4.1 The deployment shall be carried out under the responsibility of the project manager.
>
> 9.1.4.2 Before delivering a software release, the software baseline shall be recorded and kept traceable under configuration management control. Pre-existing software and software developed according to a previous version of this European Standard shall also be included.
>
> 9.1.4.3 The software release shall be reproducible throughout the baseline lifecycle.

9.1.4.4 A Release Note shall be written, under the responsibility of the Designer, on the basis of the input documents from 9.1.2.

The requirement in 9.1.4.5 refers to the Release Note.

9.1.4.5 A Release Note shall be provided that defines

1) the application conditions which shall be adhered to,

2) information of compatibility among software components and between software and hardware,

3) all restrictions in using the software (see 7.7.4.12).

9.1.4.6 A Software Deployment Manual shall be written on the basis of the input documents from 9.1.2.

The requirement in 9.1.4.7 refers to the Software Deployment Manual.

9.1.4.7 The Software Deployment Manual shall define procedures in order to correctly identify and install a software release.

9.1.4.8 In case of incremental deployment (i.e., deployment of single components), it is highly recommended for SIL 3 and SIL 4, and recommended for SIL 1 and SIL 2, that the software is designed to include facilities which assure that activation of incompatible versions of software components is excluded.

9.1.4.9 Configuration management shall ensure that no harm results from the co-presence of different versions of the same software components where it cannot be avoided.

9.1.4.10 A rollback procedure (e., capability to return to the previous release) all be available when installing a new software release.

9.1.4.11 The software shall have embedded self-identification mechanisms, allowing its identification at the loading process and after loading into the target. The self-identification mechanism should indicate version information for the software and any configuration data as well as the product identity.

NOTE The data within the code, containing the information about the software release, is recommended to be protected through coding (see Table A.3 “rror Detecting Codes”).

9.1.4.12 A Deployment Record shall be written on the basis of the input documents from 9.1.2.The requirement in 9.1.4.13 refers to the Software Deployment Record.

9.1.4.13 A Deployment Record shall give evidence that intended software has been loaded, by inspection of the embedded self-identification mechanisms (see 9.1.4.11). This record shall be stored among the delivered system related documents like other verifications and is part of the commissioning and acceptance.

9.1.4.14 The deployed software shall be traceable to delivered installations.

NOTE This is of special importance when critical faults are discovered and need to be corrected in more than one installation.

9.1.4.15 Diagnostic information shall be provided by the software, as part of fault monitoring.

9.1.4.16 A Deployment Verification Report shall be written, under the responsibility of the Verifier, on the basis of the input documents from 9.1.2.

Requirements from 9.1.4.17 to 9.1.4.19 refer to the Deployment Verification Report.

9.1.4.17 Once the Software Deployment Manual has been established, verification shall address

1) that the Software Deployment Manual meets the general requirements for readability and traceability in 5.3.2.7 to 5.3.2.10 and in 6.5.4.14 to 6.5.4.17 as well as the specific requirements in 9.1.4.7,

2) the internal consistency of the Software Deployment Manual.

9.1.4.18 Once the Deployment Record has been established, verification shall address

1) that the Deployment Record meets the general requirements for readability and traceability in 5.3.2.7 to 5.3.2.10 and in 6.5.4.14 to 6.5.4.17 as well as the specific requirements in 9.1.4.13,

2) the internal consistency of the Deployment Record.

9.1.4.19 Once the Release Note has been established, verification shall address

1) that the Release Note meets the general requirements for readability and traceability in 5.3.2.7 to 5.3.2.10 and in 6.5.4.14 to 6.5.4.17 as well as the specific requirements in 9.1.4.5,

2) the internal consistency of the Release Note.

The results shall be recorded in a Deployment Verification Report.

9.1.4.20 Measures shall be included in the software package to prevent or detect errors occurring during storage, transfer, transmission or duplication of executable code or data. The executable code is recommended to be coded (see Table A.3 “Error Detecting Codes”) as part of checking the integrity of the code in the load process.

9. 软件部署与维护

9.1 软件部署

9.1.1 目标

9.1.1.1 软件部署活动的目标是为了确保当软件运行在最终的应用环境中时，软件能够按要求达到和保持规定的软件安全完整性等级和可靠性。

9.1.2 输入文件

软件部署阶段的输入文件包括与软件部署有关的所有设计，开发和分析文件。

9.1.3 输出文件

1）软件发布和部署计划；

2）软件部署手册；

3）发布说明；

4）部署记录；

5）部署验证报告。

9.1.4 要求

9.1.4.1 软件部署工作应该由项目经理负责实施。

9.1.4.2　在软件正式发布前，应该在软件配置管理中记录软件基线，并维持基线的可追溯性。基线还应包括根据本标准的先前版本开发的既有软件。

9.1.4.3　软件发布应重现整个软件生命周期的基线。

9.1.4.4　在标准 9.1.2 条款要求的输入文件的基础上，发布说明由设计者负责编写。

9.1.4.5　发布说明应该包括以下定义：

1）应该遵守的应用条件；

2）软件组件之间以及软件和硬件之间的兼容性信息；

3）使用软件时的所有限制条件（查看 7.7.4.12）。

9.1.4.6　软件部署手册应在 9.1.2 节输入文档的基础上进行编写，并符合 9.1.4.7 节的要求。

9.1.4.7　为了正确识别和安装发布的软件，软件部署手册应定义程序。

9.1.4.8　在增量部署的情况下，发布的软件组件应设计相应的措施，从而确保已激活的不兼容软件被排除。这种措施对 SIL3 和 SIL4 的软件应强烈推荐，对 SIL1 和 SIL2 的软件一般推荐。

9.1.4.9　配置管理应保证在无法避免同一组件的不同软件版本的共存现象发生时，不会产生危害。

9.1.4.10　在安装新的软件发布时，回滚程序应该可用（如，能够回滚到之前的版本）。

9.1.4.11　软件应嵌入自我识别机制，允许其在加载过程和加载后进行身份验证。这种自我识别机制应表明软件版本信息、配置数据和产品信息。

注意：建议在编码过程中对代码中的包含软件发布信息数据进行保护（查看表 A.3 “错误检查代码”）。

9.1.4.12　应按照 9.1.2 节要求，在输入文档的基础上编写软件部署记录。

9.1.4.13　部署记录具有规定软件已被加载的证据，该证据应通过对嵌入的自我识别机制的检查结果获得。

9.1.4.14　部署的软件应该可追溯到交付安装。

注意：当发现关键错误并需要改正超过一个装置的时候，这点非常重要。

9.1.4.15　作为故障监控的一部分，软件应提供诊断信息。

9.1.4.16　以 9.1.2 条款中的输入文档为基础，由验证者负责编写部署验证报告。

9.1.4.17　一旦软件部署手册建立，验证工作应该检查：

1）软件部署手册应该满足 5.3.2.7 到 5.3.2.10 和 6.5.4.14 到 6.5.4.17 以及 9.1.4.7 中对可读性和可追溯性的通用要求及 9.1.4.7 中的特定要求。

2）软件部署手册的内在一致性。

9.1.4.18　一旦部署记录形成，验证者应该确保：

1）部署记录应该满足 5.3.2.7 到 5.3.2.10 和 6.5.4.14 到 6.5.4.17 中对可读性和可追溯性的通用要求以及 9.1.4.13 中的特定要求

2）部署记录的内在一致性。

9.1.4.19　一旦发布说明形成，验证者应该确保：

1）发布说明应该满足 5.3.2.7 到 5.3.2.10 和 6.5.4.14 到 6.5.4.17 中对可读性和可追溯性

的通用要求以及 9.1.4.5 中的特定要求

2）发布说明的内在一致性。

结果应该记录在部署验证报告中。

9.1.4.20　软件中应具有相应的措施能够防止或发现目标码或数据在存储、转换、运输和复制过程中发生的错误。作为检查加载过程中代码完整性的一部分，软件执行目标码建议进行编码（具体见表 A.3“错误检测码”）。

13.1.2　条款理解与应用

软件发布计划目的在于确定实施发布阶段相关活动的具体组织及其职责，明确具体工作内容，以保证软件发布工作的顺利进行。标准要求发布工作由项目经理负责。

软件发布时最重要的工作是要核实软件的配置管理。软件配置管理是一个贯穿软件生命周期始终的整体性过程。它跨越软件生命周期的全部区域，并影响所有的资料和过程。著名软件工程大师 Babich W.A.写道：“配置管理是对一个开发团队正在构建的软件进行标识、组织，以及控制其修改的艺术”。软件配置管理并非时常理解的那样只针对软件源代码，所有的软件生命周期资料都需要它。所有用于制造、验证软件以及说明软件符合性的数据和文档也都需要一定级别的配置管理。

根据标准要求，安全相关的轨道交通产品软件在进行配置管理时，需要重新清晰梳理配置项、配置项标识、变更控制情况、基线库管理情况。

（1）配置项。配置管理员与项目经理共同确定项目配置项。并根据工作成果类别的不同分为基线配置项和非基线配置项。

基线配置项为属于产品组成元素的工作成果包含项目文档、硬件图纸、软件程序、开发工具；

非基线配置项为非产品组成元素的工作成果包含评审类文件、管理类文件（如立项文件、会议纪要等）、外部文件、参考资料等。

（2）配置项标识。项目文档、嵌入式软件、硬件图纸（原理图/PCB、机械文件）、开发工具的配置项应有统一的规则进行标识，标识应具有唯一性。例如，某需求的标识规则如下：

SRS-TKJ602BS02-0020-EXXX

- E：1 位，代表需求类型，F 为功能需求，P 为性能需求，S 为安全性需求，O 为其他；
- XXX：3 位，代表需求流水编号。

又如，某软件的版本标识如下：

软件发布版本以 V 开头，由主版本号、子版本号、修正版本号组成。格式：V 主版本号.子版本号.修正版本号。首次发布版本：V1.0.0。

当进行重大修改，导致软件整体发生全局变化或子版本号更改超过 9 次时，主版本号加 1；子版本号、修正版本号复位为 0；在原有的基础上增加/删除了部分功能/函数或修正版本号更改超过 9 次时，主版本号不变，子版本号加 1，修正版本号复位为 0；当产品在进行了函数修改或 bug 修正时，主版本号和子版本号都不变，修正版本号加 1。

（3）变更控制。软件发布应通过以下几个方面来对版本的控制进行管理：

- 变更前版本进行存档管理。文档、软件部分、硬件部分在变更实施之前，配置管理员解锁需修订的配置项，将新版本做版本号升级处理。
- 新版本的发布管理。项目文档需通过审批后才能发布；软件需通过编译，并经过软件测试人员测试通过后才能发布；硬件部分需通过测试人员对相关设备进行整体测试，并通过后才能发布。

（4）基线库管理。基线库管理主要涉及开发库、受控库和产品库三个方面的管理工作。

开发库用于保存项目所涉及到的所有配置项。项目成员通过配置管理员分配的账号和密码登入配置管理工具（如：Tortoise SVN），将输出成果传至相应的配置项目录下。

项目成员应对开发库进行规范操作，即检出已上传到开发库的文件，进行修改，并在日志中标明该文件版本号及主要修改内容，修改后提交相应开发库。

受控库保存阶段性提交的并通过审批的基线配置项。受控库由配置管理员进行控制，项目组成员可以读取，但无修改权限。 配置管理员确定每个基线的名称（标识符）及其包含的主要配置项。

产品库保存经过测试并正式发布的产品，如软件程序、硬件工程、产品生产发布单、产品发布清单、生产文件等。产品库由配置管理员进行控制，其他人无修改权限。生产技术部可读取库中相关资料进行生产。

软件发布说明应由设计者负责编写，发布说明中需要记录软件发布的功能、应用条件、软/硬件兼容性和使用限制等。详细记录每一次发布活动对软件做出的修改，用于作为最终版本的证据。某软件发布说明的软件版本信息、软件工具信息、应用条件见表 13-1～表 13-3。

表 13-1　某发布说明软件版本信息

序号	源代码文件	从属模块	版本号	SVN 版本	日期
1	DSP2833x_Adc.c	DSP 内部及外部资源配置模块	V1.0.0	6336	2015.07.03
DSP2833x_Adc.h		6336		2015.07.03	
DSP2833x_ADC_cal.asm		6336		2015.07.03	
……					

表 13-2　项目软件工具信息

序号	软件名称	软件版本	软件可实现功能
1	Code Composer Studio	V3.3.83.20	代码编译调试
2	Libero IDE	V9.1	适用于 FPGA 的原理图绘制或程序开发
3	Altium Designer	6.9	原理图、PCB 图绘制
……			

表 13-3　项目软件应用条件

应用条件编号	ZPC-XT-AQYYTJ-A-012
应用条件概述	运用场景
应用条件描述	某轨道电路系统不适用于客运专线及高速铁路。
应用条件来源	见《系统定义》中 3.6 节

软件部署时应建立软件部署手册。该手册的目标是为了正确识别和安装发布的软件，定义软件部署的工作程序。在增量部署的情况下，发布的软件组件应设计相应的措施，能够确保之前不兼容的软件组件已被排除（或卸载）。这种措施对 SIL_3 和 SIL_4 的软件应强烈推荐，对 SIL_1 和 SIL_2 的软件推荐度一般。例如，使用软件组件 ID 识别技术对之前的软件组件进行扫描，自动对不兼容的软件组件进行卸载或升级。

某软件的部署手册主要内容示例如下：

（1）软件版本

程序包名称	软件版本	程序包说明	MD5
Prj2016111801	V1.1.0	某制动系统软件	3295929293495929

（2）软硬件资源

序号	硬件和固件项名称	编　号	数量	用　途
1	双路跟踪稳压稳流电源	DH718E-4	1	提供 5.3V 直流稳压电源
2	PXA270 CPU 板	/	1	运行被测软件和陪测软件
3	控制计算机	DELL E5400	1	运行串口调试助手、ARM Developer Suite、FlashWrite 等工具软件
4	ARM JTAG 仿真器	/	1	进入仿真环境，查看内存数据
5	示波器	Agilent 9104A	1	查看看门狗复位信号
6	便携式计算机	7111052907	1	程序静态分析、代码走查、阅读、编制文档的平台。

（3）部署过程。

- 给系统上电；
- 自检，将司机控制器手柄置零位，零速信号为高电平，模拟显示屏自检指令给出，系统能够开始自检；
- 功能试验，试验常用制动、保持制动、缓解、故障诊断功能、通讯等功能。

运行软件后，验证 MVB 通讯端口接收和发送数据是否正常。

（4）验收测试。验收测试内容详见下表，测试过程中如果出现异常，则需要回退。

序号	检　查　点	测 试 步 骤	预 期 结 果	实 际 结 果
1	上电	系统启动时间	不超过 80s	76s
2	自检	通过 HMI 实现自检	能够触发自检	能够触发自检
3	制动力管理	常用制动	输出相应的制动力	输出的制动力符合试验大纲要求
		紧急制动	输出相应的制动力	输出的制动力符合试验大纲要求
		保持制动	输出相应的制动力	输出的制动力符合试验大纲要求
4	故障诊断	模拟蓄能器传感器故障	HMI 报告故障	显示正常
		模拟蓄能器传感器故障	HMI 报告故障	显示正常
		模拟制动缸传感器	HMI 报告故障	显示正常
		模拟 MVB 通信中断	HMI 报告故障	显示正常
5	MVB 通信	三节车之前的通信	通信正常	通信正常

续表

序号	检 查 点	测 试 步 骤	预 期 结 果	实 际 结 果
6	缓解	司控器正常缓解	缓解正常	缓解正常
		B09 缓解	缓解正常	缓解正常

软件部署时，应建立软件部署记录。部署记录应含有规定软件已被加载的证据，该证据应通过对嵌入的自我识别机制的检查结果获得。自我识别机制的实现方法较多，典型的实现方法有使用软件的 MD5 码对软件进行唯一性标识，并在软件部署时自动提取、识别和检验软件的 MD5 码。此外，部署的软件应该可追溯到交付安装。对于已交付使用的软件，应可以通过显示屏、RFID、串口等人机交互接口将内部已部署软件的特征（如软件的 MD5 码）进行读取，从而可以追溯到具体的软件发布版本。

软件部署完成后，验证人员应对软件部署记录进行验证和核实，形成软件部署验证报告。验证报告中应明确软件部署过程是否遵循了软件部署计划、软件部署过程是否满足软件部署手册的要求、软件部署手册与部署记录是否满足内部一致性。

13.3 软件维护

维护阶段是软件生命周期中的最后阶段。它确保初步的系统操作被正确执行。但在这里，我们应该指出的是，该系统已经存在一些错误或失误。这些错误可能是软件项目风险的一个来源。因此，在此阶段，我们可以通过维护活动（修改软件、发布软件、安装发布版本和验证发布版本）来修复这些错误，以降低它们可能引起的潜在风险，从而确保该软件仍可以最高的性能水平继续运行。标准对维护阶段的技术条款如下。

13.3.1 标准条款

9.2 Software maintenance

9.2.1 Objective

9.2.1.1 To ensure that the software performs as required, preserving the required software safety integrity level and dependability when making corrections, enhancements or adaptations to the software itself. See also 6.6 “Modification and change control” of this European Standard and phase 13 “Modification and retrofit” in EN 50126-1.

9.2.2 Input documents

All relevant design, development and analysis documents

9.2.3 Output documents

1) Software Maintenance Plan

2) Software Change Records

3) Software Maintenance Records

4) Software Maintenance Verification Report

9.2.4 Requirements

9.2.4.1 Although this European Standard is not intended to be retrospective, applying primarily to new developments and only applying in its entirety to existing software if these are subjected to major modifications, 9.2 concerning software maintenance applies to all changes, even those of a minor nature. However, application of the whole this European Standard during upgrades and maintenance of existing software is highly recommended.

9.2.4.2 For any software safety integrity level, the supplier shall, before starting work on any change, decide whether the maintenance actions are to be considered as major or minor or whether the existing maintenance methods for the system are adequate. The decision shall be justified and recorded by the supplier and shall be submitted to the Assessor's evaluation.

9.2.4.3 Maintenance shall be carried out in accordance with the guidelines contained in ISO/IEC 90003.

9.2.4.4 Maintainability shall be designed as an inherent aspect of the software, in particular by following the requirements of 7.3, 7.4 and 7.5. ISO/IEC 9126 series shall also be employed in order to implement and verify a minimum level of maintainability.

9.2.4.5 A Software Maintenance Plan shall be written on the basis of the input documents from 9.2.2.The requirement 9.2.4.6 refers to the Software Maintenance Plan.

9.2.4.6 Procedures for the maintenance of software shall be established and recorded in the Software Maintenance Plan. These procedures shall also address

1) control of error reporting, error logs, maintenance records, change authorisation and software/system configuration and the techniques and measures in Table A.10,

2) verification, validation and assessment of any modification,

3) definition of the Authority which approves the changed software, and

4) authorisation for the modification.

9.2.4.7 A Software Maintenance Record shall be written on the basis of the input documents from 9.2.2.The requirement in 9.2.4.8 refers to the Software Maintenance Record.

9.2.4.8 A Software Maintenance Record shall be established for each Software Item before its first release, and it shall be maintained. In addition to the requirements of ISO/IEC 90003:2004 for "Maintenance Records and Reports" (see ISO/IEC 90003:2004, section "Maintenance"), this Record shall also include

1) references to all the Software Change Records for that software item,

2) change impact assessment,

3) test cases for components, including revalidation and regression testing data, and

4) software configuration history.

9.2.4.9 A Software Change Record shall be written on the basis of the input documents from 9.2.2.The requirement in 9.2.4.10 refers to the Software Change Record.

9.2.4.10 A Software Change Record shall be established for each maintenance activity. This record shall include

1) the modification or change request, version, nature of fault, required change and source for change,

2) an analysis of the impact of the maintenance activity on the overall system, including hardware, software, human interaction and the environment and possible interactions,

3) the detailed specification of the modification or change carried out, and

4) revalidation, regression testing and re-assessment of the modification or change to the extent required by the software safety integrity level. The responsibility for revalidation can vary from project to project, according to the software safety integrity level. Also the impact of the modification or change on the process of revalidation can be confined to different system levels (only changed components, all identified affected components, the complete system). Therefore the Software Validation Plan shall address both problems, according to the software safety integrity level. The degree of independence of revalidation shall be the same as that for validation.

9.2.4.11 A Software Maintenance Verification Report shall be written, under the responsibility of the Verifier, on the basis of the input documents from 9.2.2.

Requirements from 9.2.4.12 to 9.2.4.14 refer to the Software Maintenance Verification Report.

9.2.4.12 Once the Software Maintenance Plan has been established, verification shall address

1) that the Software Maintenance Plan meets the general requirements for readability and traceability in 5.3.2.7 to 5.3.2.10 and in 6.5.4.14 to 6.5.4.17 as well as the specific requirements in 9.2.4.6,

2) the internal consistency of the Software Maintenance Plan.

9.2.4.13 Once the Software Maintenance Record has been established, verification shall address

1) that the Software Maintenance Record meets the general requirements for readability and traceability in 5.3.2.7 to 5.3.2.10 and in 6.5.4.14 to 6.5.4.17 as well as the specific requirements in 9.2.4.8,

2) the internal consistency of the Software Maintenance Record.

9.2.4.14 Once the Software Change Record has been established, verification shall address

1) that the Software Change Record meets the general requirements for readability and traceability in 5.3.2.7 to 5.3.2.10 and in 6.5.4.14 to 6.5.4.17 as well as the specific requirements in 9.2.4.10,

2) the internal consistency of the Software Change Record.

9.2.4.15 The maintenance activities shall be carried out following the Software Maintenance Plan.

9.2.4.16 The techniques and measures from Table A.10 shall be chosen. The selected combination shall be justified as a set satisfying 4.8 and 4.9.

9.2.4.17 Maintenance shall be performed with at least the same level of expertise, tools, documentation, planning and management as for the initial development of the software. This shall apply also to configuration management, change control, document control, and independence of involved parties.

9.2.4.18 External supplier control, problem reporting and corrective actions shall be managed with the same criteria specified in the relevant paragraphs of the Software Quality Assurance (6.5) as for new software development.

9.2.4.19 For each reported problem or enhancement a safety impact analysis shall be made.

9.2.4.20 For software under maintenance, mitigation actions proportionate to the identified risk shall be taken in order to ensure the overall integrity of the system whilst the reported problems are investigated and corrected.

9.2 软件维护

9.2.1 目的

9.2.1.1 确保软件按照要求执行，并在对软件自身做纠正、功能增强和修改时保持软件安全完整性等级和可靠性。参考本标准 6.6“修改和变更控制”和 EN 50126-1 中第 13 章“修改和改进”。

9.2.2 输入文档

所有相关设计、开发和分析文档。

9.2.3 输出文档

1）软件维护计划；

2）软件变更记录；

3）软件维护记录；

4）件维护验证报告。

9.2.4 要求

9.2.4.1 虽然本标准主要应用于新技术的开发，但是仅当已有系统要进行主要修改时，本标准才能完全适用。9.2 关于软件维护适用于所用的变化，包括那些次要的属性。然而，在现有软件进行升级和维护过程中建议采用应用程序的全部欧洲标准。

9.2.4.2 对于所有软件安全完整性等级，供应商应该在开始修改工作前，判断维护工作是主要的还是次要的，以及系统维护方法是否充分。且供应商应该进行记录，并提交到评估者处进行评估。

9.2.4.3 维护应该依据 ISO/IEC 90003 中包含的指南进行。

9.2.4.4 维护性作为软件设计固有的组成部分，特别要遵循 7.3、7.4 和 7.5 中的要求，并且采用 ISO/IEC 9126 系列来实现和验证可维护性的最低水平。

9.2.4.5 软件维护计划应该以 9.2.2 中输入文档为基础编写。9.2.4.6 中的要求涉及软件维护计划。

9.2.4.6 应建立软件维护规程，并记录在软件维护计划中。这些规程应包括：

1）对错误报告、错误日志、维护日志、更改授权和软件/系统配置以及表 A.10 中技术措施的控制；

2）任何修改的验证、确认和评估；

3）规定审批软件更改的主管部门；

4）修改授权。

9.2.4.7　软件维护记录应该以 9.2.2 输入文档为基础进行编写。9.2.4.8 中的要求涉及软件维护记录。

9.2.4.8　每个软件项目在首次发布前，应建立软件维护记录，并对其进行维护。除了 ISO /IEC 90003:2004 中对“维护记录和报告”（查看 ISO/IEC 90003:2004 维护部分）的要求外，记录还应该包括：

1）对软件项目所有软件修改记录的索引；

2）变化影响评估；

3）组件的测试案例，包括再确认和回归测试数据；

4）软件配置历史。

9.2.4.9　软件变更记录应该以 9.2.2 中输入文档为基础进行编写。9.2.4.10 中的要求涉及软件变更记录。

9.2.4.10　每个维护活动应该建立软件变更记录，记录应该包括：

1）变更或修改请求、版本、错误性质、变更需求和变更来源；

2）维护活动对整个系统影响的分析（包括软件、硬件、人机交互以及环境和可能的交互）；

3）修改或变更的详细规格说明；

4）按选定的软件安全完整性等级对修改或变更的再确认、回归测试和再评估。再确认的职责可根据软件安全完整性等级，随项目的不同而不同。修改或变更对再确认过程的影响也可限制在不同的系统等级（仅仅是已变更的模块、所有标识出受影响的模块、整个系统）。因此，软件确认计划应该根据软件安全完整性等级说明这两方面的问题。再确认的独立性程度应与确认时的一样。

9.2.4.11　软件维护验证报告应该由验证者负责，以 9.2.2 输入文档为基础编写。

9.2.4.12　一旦建立软件维护计划，验证应该包括：

1）软件维护计划应该满足 5.3.2.7 到 5.3.2.10 和 6.5.4.14 到 6.5.4.17 中可读性和可追溯性的一般要求，以及 9.2.4.6 中的特定要求；

2）软件维护计划的内部一致性。

9.2.4.13　一旦建立软件维护记录，验证应该包括：

1）软件维护记录应该满足 5.3.2.7 到 5.3.2.10 和 6.5.4.14 到 6.5.4.17 中可读性和可追溯性的一般要求，以及 9.2.4.8 中特定要求；

2）软件维护记录的内部一致性。

9.2.4.14　一旦建立软件变更记录，验证应该包括：

1）软件变更记录应该满足 5.3.2.7 到 5.3.2.10 和 6.5.4.14 到 6.5.4.17 中可读性和可追溯性的一般要求，以及 9.2.4.10 中特定要求

2）软件维护计划的内部一致性。

9.2.4.15　维护活动应该按照软件维护计划进行实施。

9.2.4.16　应该选择表 A.10 中的技术和措施，选择的组合应该满足 4.8 和 4.9 的要求。

9.2.4.17　维护阶段的技术水平、工具、文档、计划和管理应和系统的初始开发阶段相

同。配置管理、更改控制、文档控制和相关组织的独立性也同样如此。

9.2.4.18 对于新开发软件，应用“软件质量保证”条款中相关段落规定的类似准则来管理外部供应商控制、问题报告和纠正工作。

9.2.4.19 对每个报告的问题或优化应该进行安全影响分析。

9.2.4.20 对于维护的软件，应该采用与识别风险相称的缓冲活动来确保整个系统的完整性，同时保证检查，纠正报告的问题。

13.3.2 条款理解与应用

1. 软件维护计划

软件维护计划内容一般应包括维护目标、维护策略、维护方法和时间安排。

软件维护目标是改正软件系统在使用过程中发现的隐含错误，扩充在使用过程中用户提出的新的功能及性能要求，其目的是维护软件系统的“正常运作”，确保软件能持续使用，满足日常生产和应用的需求。

软件维护策略包括：

（1）对错误报告、错误日志、维护日志、更改授权和软件/系统配置的控制。

（2）对每次维护进行验证、确认和评估。

（3）对于软件安全完整性等级 3 或 4，合同发包方应在开始任何修改工作前，判断维护工作是主要的还是次要的以及系统维护方法是否充分。而对于软件安全完整性等级 0、1 或 2，同样的判断应由供应商来做。

（4）维护阶段的技术水平、工具、文档、计划和管理应和系统的初始开发阶段相同。

（5）配置管理、更改控制、文档控制和相关组织的独立性和系统的初始开发阶段相同。

（6）应规定审批软件更改的主管部门，软件变更应该得到授权。

（7）维护的记录统一记录到软件维护记录中。

软件维护方法包括改进性维护、适应性维护、完善性维护和预防性维护四种。

（1）改正性维护：是指改正在系统开发阶段已发生而系统测试阶段尚未发现的错误。这方面的维护工作量要占整个维护工作量的 17%～21%。所发现的错误有的不太重要，不影响系统的正常运行，其维护工作可随时进行：而有的错误非常重要，甚至影响整个系统的正常运行，其维护工作必须制订计划，进行修改，并且要进行复查和控制。

（2）适应性维护：为了使软件适应信息技术变化和管理需求变化而进行的修改。这方面的维护工作量占整个维护工作量的 18%～25%。由于目前计算机硬件价格的不断下降．各类系统软件层出不穷，人们常常为改善系统硬件环境和运行环境而产生系统更新换代的需求；企业的外部市场环境和管理需求的不断变化也使得各级管理人员不断提出新的信息需求。这些因素都将导致适应性维护工作的产生。进行这方面的维护工作也要像系统开发一样，有计划、有步骤地进行。

（3）完善性维护：这是为扩充功能和改善性能而进行的修改，主要是指对已有的软件系统增加一些在系统分析和设计阶段中没有规定的功能与性能特征。这些功能对完善系统功能是非常必要的。另外，还包括对处理效率和编写程序的改进，这方面的维护占整个维护工作的 50%～60%，比重较大．也是关系到系统开发质量的重要方面。这方面的维护除了要有计划、有步骤地完成外，还要注意将相关的文档资料加入到前面相应的文档中去。

（4）预防性维护：为了改进应用软件的可靠性和可维护性，为了适应未来的软/硬件环境的变化，应主动增加预防性的、新的功能，以使应用系统适应各类变化而不被淘汰。例如将专用报表功能改成通用报表生成功能，以适应将来报表格式的变化。这方面的维护工作量占整个维护工作量的约 4%。

2. 软件变更记录

在现代软件工程范围内变更控制的现实被 James Bach 总结如下：

变更控制是至关重要的。因为代码中一个极小的错误变更可能带来产品大的故障。对大型的软件产品，无控制的变更将迅速导致混乱。因此，在维护过程中，所有软件的变更应该得到控制，变更过程应按照规定流程执行。典型的软件变更流程如下：

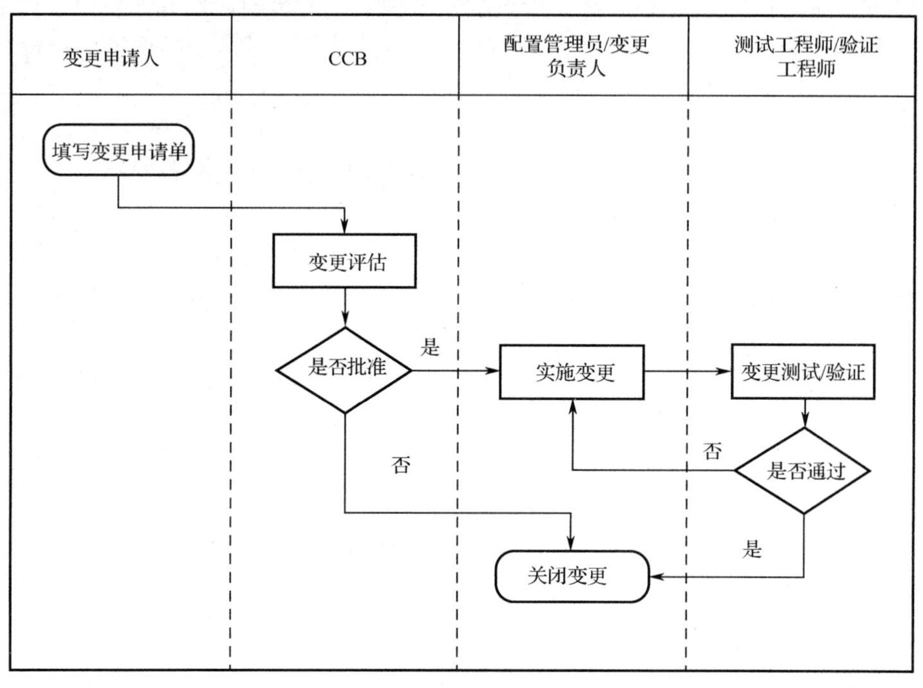

图 13-1　软件变更管理控制流程

首先由变更申请人确定变更，填写《变更申请单》中的变更原因和变更内容，并提交给项目配置管理员。配置管理员对申请人填写的内容是否清晰、明确和完整进行检查并提交配置经理进行审核，对于不符合要求的申请应退回给申请人重写。变更控制的一个重要环节就是变更评估，变更评估分析变更对系统功能、接口、成本、进度以及约定需求的影响，同时还要分析对产品安全性、可靠性、可维护性和性能的影响。项目经理组织项目组成员对变更进行评估，评估的结果记录在《变更申请单》中，根据批复意见实施后续变更工作。如果评估的结果是不发生变更，则将评估结果返回变更申请人，关闭变更。如果变更被批准，项目经理将变更任务分配至变更负责人，由变更负责人实施变更。变更完成后，验证经理需要对变更的结果进行验证。经验证，若变更后仍然符合系统的要求，则配置经理关闭变更。如果经验证变更后不符合系统的要求，则对变更进行重新评估，采取必要的纠正措施，直至最后通过。

每个维护活动应该建立软件变更记录，记录应该包括：

（1）变更或修改请求、版本、错误性质、变更需求和变更来源；

（2）维护活动对整个系统影响的分析（包括软件、硬件、人机交互以及环境和可能的交互）。

（3）修改或变更的详细规格说明。

（4）按选定的软件安全完整性等级对修改或变更的再确认、回归测试和再评估。再确认的职责可根据软件安全完整性等级，随项目的不同而不同。修改或变更对再确认过程的影响也可限制在不同的系统等级（仅仅是已变更的模块、所有标识出受影响的模块、整个系统）。因此，软件确认计划应该根据软件安全完整性等级说明这两个方面的问题。再确认的独立性程度应与确认时的独立性程度一样。

3. 软件维护记录

本文档主要用来记录软件维护过程中的信息，详细记录每一次维护活动。每个软件项目在首次发布前，应建立软件维护记录，并对其进行维护。

维护对象包括 EBCU 控制软件，需要记录维护以下相关信息：

- 报告人；
- 报告时间；
- 维护人员；
- 软件故障描述；
- 解决情况；
- 解决时间；
- 对该软件所有软件修改记录的参照；
- 修改结果信息；
- 部件的测试用例，包括再确认和回归测试数据；
- 软件配置历史；
- 对软件项目所有软件变更记录的索引；
- 变化影响评估。

对于被维护的软件，应该采用与识别风险相称的缓冲活动来确保整个系统的完整性，同时保证检查，纠正措施的落实。软件维护记录示例见表 13-4。

表 13-4 软件维护记录

维护编号	01	报告人员	彭学前	时间	2016.12	维护人员签字	唐亮
维护信息	所属部门	制动产品开发部					
	故障描述	自检过程中遮断阀故障判断不稳定					
解决情况		修改比例阀与遮断阀时序；遮断阀能正常动作时，不会报遮断阀故障					
软件修改记录编号		XGJL001					
软件测试用例编号		CSYL001					

续表

维护编号	01	报告人员	彭学前	时间	2016.12	维护人员签字	唐亮
软件变化影响评估	本次对软件进行了修改维护，对整个系统性能没有影响，不影响系统安全						
软件配置历史	对软件进行版本升级						
报告人员确认签字							

此外，维护应该依据 ISO/IEC 90003 中包含的指南进行，并按照 ISO/IEC 9126 系列来实现和验证可维护性的最低水平。

参考文献

[1] The International Electrotechnical Commission.IEC62279 Railway applications-Communication, signaling and processing systems – Software for railway control and protection systems[M].2015.

[2] 史学玲. 功能安全标准的历史过程与发展趋势[J]. 仪器仪表标准化与计量，2006（2）: 6-8.

[3] 靳江红，吴宗之，胡玢. 对功能安全基础标准 IEC61508 的研究[J]. 中国安全生产科学技术，2009，5（2）:71-75.

[4] 李佳玉，员春欣. IEC61508 功能安全国际标准及安全性分析[J]. 中国铁路，2001（1）: 44-45.

[5] 方来华，吴宗之，魏利军，等. 安全仪表系统的功能安全测试研究[J]. 化工自动化及仪表，2010，37（3）:1-6.

[6] 王春喜. 过程工业部门仪表型安全系统的功能安全[J]. 仪器仪表标准化与计量，2005（6）:1-3.

[7] 李跃峰. 功能安全国际标准的研究[D]. 浙江大学，2007.

[8] 王春喜，欧阳劲松. 系统功能安全测试技术研究[J]. 自动化仪表，2006，27（s1）:25-27.

[9] 李佳嘉. 贯穿于全生命周期的功能安全[J]. 自动化仪表，2006，27（z1）:21-24.

[10] 鲁晓玲. 安全仪表系统的功能安全评估研究[D]. 首都经济贸易大学，2008.

[11] 刘建侯. 仪表型安全系统功能安全评估的应用研究[J]. 自动化仪表，2006，27（z1）: 13-16.

[12] 方来华. 安全系统的功能安全的发展及实施建议[J]. 中国安全生产科学技术，2012，08（9）:85-90.

[13] 刘金涛，唐涛，赵林，等. 基于 UML 模型的 CTCS-3 级列控系统功能安全分析方法[J]. 铁道学报，2013，35（10）:59-66.

[14] 刘金涛，唐涛，赵林，等. 基于控制关系模型的 CTCS-3 级列控系统功能安全分析方法[J]. 铁道学报，2015（8）:36-43.

[15] 赵媛喆. 列控中心功能安全分析应用研究[D]. 西南交通大学，2009.

[16] 文华，钮英建. 功能安全评估在安全评价中的应用体系研究[J]. 中国安全生产科学技术，2011，07（8）:116-119.

[17] 冯晓升. IEC61508 电器的/电子的/可编程电子安全一相关系统的功能安全简介（之一）[J]. 仪器仪表标准化与计量，2000（6）:13-14.

[18] 王春喜. 功能安全标准及应用研究[C]// 全国故障诊断与安全性学术会议. 2005.

[19] 王浩，王彦邦，王平. 基于 EPA 的功能安全通信方法研究和实现[J]. 自动化与仪表，2010，25（1）:21-24.

[20] 孙怀义，石祥聪. 可靠性、安全性与功能安全的关系研究[J]. 机械与电子，2010（s1）:23-25.

[21] 刘建侯. 功能安全技术基础[M]. 北京：机械工业出版社，2008.

[22] 李佳嘉. 功能安全（SIL）认证[C]// 工业仪表与自动化学术会议. 2007.

[23] 黄敏燕. CBTC 车载 ATP 系统功能安全分析[D]. 西南交通大学，2014.

[24] 邓璇炽，蒋大明. 功能安全在城市轨道交通中的应用研究[J]. 铁路计算机应用，2011，20（6）:56-58.

[25] 刘金涛，唐涛，赵林，等. 基于 STPA 的 CTCS-3 级列控系统功能安全分析方法[J]. 中国铁道科学，2014，35（5）:86-95.

[26] 梁霄. 现代有轨电车信号系统工程的功能安全管理及实践[J]. 铁道通信信号，2018（1）.

[27] E R Baker ，M J Fisher. Chapter 1-Organizing for quality management， in Software Quality Assurance Handbook， 4th ed. G Gordon Schulmeyer，Ed Norwood. MA: Artech House，2008：1-34."

[28] W A. Babich， Software Configuration Management，Chichester.U K：John Wiley & Sons，1991.

[29] R S. Pressman，Software Engineering：A Practitioner' s Approach，7th ed，New York：McGraw-Hill，2010.

[30] GB/T 2900.99—2016 电工术语可信性[S].北京：中国标准出版社，2016.

[31] 刘滨.软件验证与确认[S]. 北京：国防工业出版社，2011.

[32] 赵廷弟.安全性设计分析与验证[S]. 北京：国防工业出版社，2011.

[33] 石君友.测试性设计分析与验证[S]. 北京：国防工业出版社，2011.

[34] 何贵新，王纬，王方德，等. 软件能力成熟度模型[S]. 北京：清华大学出版社，2000.

[35] Mark J. Christensen，Richard H. Thayer. 软件工程最佳实践[S]. 王立福，赵文，胡文惠，译. 北京：电子工业出版社，2003.

[36] Doron A. Peled. 软件可靠性方法[S]. 王林章，卜磊，陈鑫，等译. 北京：机械工业出版社，2012.

[37] Fergus O' Connell 著.成功的软件项目管理——银弹方案[S]. 郭广云，等译. 北京：机械工业出版社，2003.

[38] Capers Jones.软件评估、基准测试与最佳实践[S]. 韩柯，等译. 北京：机械工业出版社，2003.

[39] 肖刚，古辉，程振波. 实用软件文档写作[S]. 北京：清华大学出版社，2005.

[40] Nina S Godbole. 软件质量保障原理与实践[S]. 周颖，廖力，周晓宇，等译. 北京：科学出版社，2010.

[41] 刘小方，程绪建. 装备软件质量检验与监督[S]. 北京：国防工业出版社，2012.

[42] 沈小明，王云明，陆荣国，等. 机载软件研制流程最佳实践[S]. 上海：上海交通大学出版社，2013.

[43] Leanna Rierson. 安全关键软件开发与审定——DO-178C 标准实践指南[S]. 崔晓峰，

译.北京：电子工业出版社，2015.

[44] 石柱.软件质量管理[M]. 北京：航空工业出版社，2003.

[45] 吴坚，吴刚. 软件质量模型的研究[J]. 计算机工程与科学，2006（08）：125-127.

[46] 梁成才，汤伟，肖丽雯，等. 软件质量的定量评定方法[J]. 计算机工程，2003（14）：95-97.

[30] 赵一鸣. 基于 ISO9126 质量模型的软件质量评价方法[J]. 计算机工程与应用，2002，93～94.

[47] 赵雪峰. 通用应用软件质量评价指标体系研究[D]. 浙江大学报，2006.

[48] Watts.Humphrey. 软件过程管理[M]. 北京：清华大学出版社，2003.

[49] Mary Beth Chrissis, Mike Konrad, Sandy Shrum.CMMI——过程集成与产品改进指南[M]. 北京：清华大学出版社，2004.

[50] 彭芸. 软件质量控制和定量评估的研究[D]. 山东科技大学，2004.

[51] 李心科. 软件故障分析及质量评估方法的研究[D]. 合肥工业大学，2001.